Harry Graeber

Misshandelte Zukunft

Unfassbare Kindheitserlebnisse in Kinderheimen im Nachkriegsdeutschland

www.misshandelte-zukunft.de

pg verlag, München
www.pg-belletristik.de

Harry Graeber

Misshandelte Zukunft

Unfassbare Kindheitserlebnisse in Kinderheimen im Nachkriegsdeutschland

www.misshandelte-zukunft.de

pg verlag, München
www.pg-belletristik.de

Impressum

ISBN-10 3-937624-61-9
ISBN-13 978-3937624-61-7

Graeber, Harry
Misshandelte Zukunft - Erschütternder Erlebnisbericht eines Heimkindes im Nachkriegsdeutschland
2. veränderte Auflage (neu lektoriert, neue Rechtschreibung)
pg verlag, München, 2006
Bibliografische Information Die Deutsche Bibliothek: dnb.ddb.de

Umschlaggestaltung	Dietmar Graeber
	Graeber, Grether und Stey, Bremen, ggunds.com
Fotos	privat
Lektorat, Satz	pg verlag
Herstellung	Riedmann, Bregenz

www.pg-belletristik.de

Für Hildegard

Wir werden sterben,
doch unsere Kinder
werden an den Folgen des Bösen lei-
den,
das ihren Geist
für immer entstellt hat.

MARIA MONTESSORI

Vorwort

Nach annähernd vierzehn Jahren wurde ich aus der allumfassenden staatlichen Fürsorge als Sozialwaise entlassen und fühlte mich fast so, als würde ich gerade erst das Licht der Welt erblicken. Schutzlos, ängstlich und unsicher tastete ich mich in die gnadenlose Freiheit hinaus: in die Welt der Erwachsenen. Ich war dabei voller Fragen, Fragen an das neue Leben, auf das ich nicht vorbereitet war, Fragen nach seinen neuen Inhalten und vor allem nach dem Sinn dieses neuen Lebens.

Die allerwichtigste Frage aber, die ich in den Folgejahren mit mir herumtrug und die, wenn man sie an mich richtete, mich stets beharrlich schweigen ließ, weil ich glaubte, mich für einen Makel schämen zu müssen, war die Frage nach meiner Kindheit und nach meinem Elternhaus.

Ich wusste lange Zeit nichts über meine Familie, insbesondere nichts über meinen Vater, und kannte auch die Gründe nicht, aus denen meine Geschwister und ich ins Heim beordert worden waren.

Und so begann ich – zuerst recht zögerlich, aus Angst vor einer vielleicht schmerzlichen Wahrheit – meine älteren Geschwister nach den Lebensumständen, dem Schicksalsweg und der jeweils verlorenen Kindheit zu befragen, ebenso wie auch meine Mutter, die vieles an unerfreulichen Erlebnissen verdrängt hatte und sich nicht gern an die unglückselige Vergangenheit erinnern wollte.

Ihnen allen möchte ich für die unendliche Geduld gegenüber meiner endlosen Fragerei danken, insbesondere Andy, Jürgen und Edeltraud, die schließlich zu dem, was in diesem Buch erzählt wird, beigetragen haben.

Meine Recherchen dienten nicht der Suche nach Schuld, sondern der Erforschung der schicksalhaften Ursachen.

Sie halfen zugleich bei der Aufarbeitung der liebeleeren Kindheitserlebnisse und führten somit letztendlich auch zu einer inneren Versöhnung mit meiner eigenen Vergangenheit.

Wenn sich einige der geschilderten Begebenheiten in den Heimerlebnissen der Geschwister in ähnlicher Art und Weise gelegentlich gleichen mögen, so lag dies an der – zwar pädagogisch unhaltbaren, aber dennoch allgemein vorherrschenden – Praxis der restriktiven Anstaltserziehung jener Zeit in den zumeist repressiven Erziehungsinstitutionen. (Erst sehr viel später sollte sich – mit ausgelöst durch die von Andreas Baader, Gudrun Ensslin und Ulrike Meinhof initiierte „Heimkampagne“ - nach zunächst zaghaften Reformansätzen eine Demokratisierung der Heime durchsetzen und das zum Teil unmenschliche System von widersinnigen Normen, Prügelstrafen, psychischen Knebelungen und Verboten nach und nach abgelöst werden.)

Natürlich wurden die Namen der Betroffenen in diesem Buch geändert.

Die Schilderungen dieser eigentümlichen Heimwelt im Nachkriegsdeutschland und ihrer fragwürdigen Erziehungsmethoden – wobei den Insassen nicht nur jegliche basale Bedürfnisse versagt wurden und die Zöglinge dadurch entmündigt und ohne Selbstverantwortung für die elementarsten Dinge des alltäglichen Lebens in einer Art seelischen Hungerzustandes aufwuchsen – sollen nicht als Anklage verstanden werden. Sie sollen lediglich die autobiografische Situation wiedergeben und zugleich Einblick in das beispielhafte Einzelschicksal bieten. Zugleich soll das Buch ein psychologisches Porträt kleiner Leute und ihrer Schwierigkeiten und Probleme in ihrem Leben in dieser Zeit sein.

„Misshandelte Zukunft“ spiegelt die unermüdliche Suche nach einer neuen Heimat zwischen Ost und West und damit auch ein Stück gesamtdeutscher Geschichte wider und will damit gerade auch die Aufmerksamkeit derer gewinnen, die selbst nicht betroffen sind.

Harry Graeber
Februar 2006

I

Unaufhörlich klopfte der Regen ungestüm gegen die hohen Fensterscheiben, welche an der Innenseite von der Körperausdünstung trüb riechender Menschen milchig grau beschlagen waren und dadurch das erbärmliche Elendsquartier im Raum verhüllten. Vernehmliches Klatschen der Tropfen gegen die glatten, steinernen Fenstersimse übertönte zudem auch das dumpfe Stimmengewirr, welches sonst unüberhörbar aus dem alten Gemäuer und den hohen Rundbogenfenstern nach draußen drang.

Hildegard versuchte - wie die anderen Leute hier auch - die kläglichen Reste einer vermeintlichen Privatsphäre durch an Schnüren aufgehängte Decken und Mäntel in der überfüllten Massenunterkunft notdürftig abzugrenzen. Ein undefinierbarer Geruch hing in dem großen, kahlen Raum, in dem gleichzeitig gekocht und gegessen, geschlafen, rasiert und gewaschen, geflüstert, gestritten, geweint, geliebt und gelebt wurde.

In diesem Gestank wollte Jürgen keinen Tag länger bleiben.

„Du Mama, ich fahr' jetzt weiter zur Oma", tat er seine Absicht kund, „ich nehme Hardy mit, wir sehen uns dann in Nürnberg. Ja?"

Hildegard sah ihn an, apathisch und ängstlich zugleich. Zu viele Sorgen lähmten ihre Gedanken.

„Wir können hier nicht fort" sagte sie irritiert, „wir sind noch nicht registriert und müssen uns außerdem noch im Notaufnahmelager Gießen melden, das weißt du doch. Bei diesen vielen Menschen hier kann das noch Tage dauern, bis man uns weiterleitet."

„Eben", meinte Jürgen trotzig, „und so lange halte ich diesen stinkenden Kuhstall hier nicht mehr aus. Ich gehe!"

Ein ärgerliches Zischen hinter einer herabhängenden Wolldecke ermahnte ihn, leiser zu sprechen. Doch es gab nichts mehr zu sagen. Jürgen hatte für sein Alter einen sehr stark ausgeprägten, festen Willen.

Seine Mutter, die auf einem flachen Feldbett saß, senkte besorgt den Blick. Die kleine Mariele in ihrem Schoß, Jürgens jüngste Schwester, wachte auf und hob verschlafen den Kopf. Hildegard streichelte ihr liebevoll übers Haar und tat einen tiefen Seufzer, der ihren ausgemergelten Körper für einen kurzen Moment heftig aufbäumen ließ.

Konnte sie ihren Sohn aufhalten, in seiner Entschlossenheit? Er war noch nicht mal sechzehn, doch hatte er schon frühzeitig lernen müssen, seinen Mann zu stehen und sich durchzusetzen in der Bitternis seines bisherigen Lebens. Seine Mutter wusste, dass auf ihn Verlass war, aber sie wollte nicht noch einmal ein Kind auf dieser gotterbärmlichen Flucht verlieren – oder gar zwei. Sie wusste aber auch, dass es sinnlos war, zu protestieren. Sie fühlte auch nicht mehr die Kraft dazu. Vielleicht hatte er ja sogar recht, vielleicht war es besser, schon mal zur Oma weiterzufahren, um dort auf den Rest der Familie zu warten.

Stumm sah sie ihrem Sohn zu, wie er seinen erst vier Jahre alten Bruder Hardy aufweckte, sachte aber unnachgiebig, wie er ihm beim Anziehen half und ihm geduldig und sorgfältig die Schuhe zuschnürte.

Sie wollte schreien, ihn festhalten, nicht zusehen, wie ihre Familie immer weiter auseinander bröckelte. Auch wenn es da eine vage Hoffnung in ihr gab, dass er es schon schaffen würde, bis zur Oma, so hatte sie dennoch eine lähmende Angst in sich, die sie hilflos machte.

Innerlich zerrissen und aufgewühlt saß sie auf ihrem niederen Bettgestell und versuchte vergeblich, die Tränen zu unterdrücken, während sie den kleinen Hardy voll Sorge zum Abschied umarmte.

Jürgen steckte sich noch etwas Brot in die Taschen, küsste seine Mama zärtlich aber flüchtig auf die Wange, nahm den Bruder fest an die Hand und ging, ohne sich umzudrehen, zum Ausgang.

Die schwere, dunkle Holztüre des alten Hamburger Schulhauses, welches als Flüchtlingslager diente, fiel scheppernd ins Schloss. Ein kühler Wind strich den Jungs durchs Haar. Im Nu waren sie unangenehm von einem feuchten Frösteln ausgefüllt.

„Ein wenig laufen und es wird uns schon wieder warm werden", tröstete Jürgen seinen jüngeren Bruder. „Als Erstes müssen wir raus aus der Stadt, Richtung Bremen, verstehst Du?"

Hardy verstand nicht, nickte aber stumm.

Jürgen wusste nicht, wo Nürnberg lag, er glaubte nur, dass sie erst einmal nach Bremen mussten. Irgendjemand im Lager, dem er von seinen Plänen erzählt hatte, hatte es ihm so erklärt.

***

Kalter Herbstregen fiel. Jürgen und Hardy liefen an eintönigen, schmutzigen Backsteinfassaden der Industrievorstadt vorbei, stadtauswärts. Die langen, schmucklosen Mauern aus grauen und rostroten Steinen wirkten verdrießlich wie dieser regnerische Oktobermorgen. Nebelschwaden stiegen empor und vermengten sich mit den Nieseltröpfchen zu einer dicken Suppe. Zu dieser frühen Stunde herrschte kaum Leben in den Straßen.

Jürgen lief rasch. Er war groß, schlank und blass. Nasse Haarsträhnen hingen ihm ins Gesicht und der Regen lief ihm über die Wangen, im Wettlauf mit seinen Tränen. Der kleine Junge neben ihm hatte Mühe, den Schritten seines Bruders zu folgen.

Bald hatten sie die letzten Häuser hinter sich gelassen. Langsam saugte sich der Regen in die Kleidung der Brüder. Jürgen trug eine braune Leinenhose und über dem Hemd eine helle Strickjacke. Hardy war mit einem karierten Wollhemd und einer dunklen Stoffjacke bekleidet. Die kurzen Beinchen steckten in anthrazitfarbenen Flanellhosen.

Nässe und Wind drangen durch bis auf die Haut.

Er fror.

Jürgen wusste die Richtung nicht, in welche sie ihren weiten Weg ansetzen mussten. Er wusste nur, dass sie nach Nordbayern zur Großmutter wollten. „Wir müssen erst einmal Richtung Bremen", wiederholte er sich und suchte nach entsprechenden Hinweisschildern.

***

Niemand beachtete die durchnässten Kinder am Straßenrand, die vergeblich versuchten, von einem der vorbeifahrenden Autos ein Stück mitgenommen zu werden. Gerade als sie die Hoffnung schon aufgeben wollten, hielt ein dunkelgrüner Volkswagen mit quietschenden Bremsen auf dem nass glänzenden Kopfsteinpflaster an.

Voll Mitleid betrachtete der Fahrer die armseligen Buben, während er sich über den Beifahrersitz beugte und das Seitenfenster herunterkurbelte.

„Guten Tag", grüßte Jürgen höflich und erklärte mit kurzen Worten den Grund ihrer Wanderschaft: „... wir sind aus der Ostzone geflüchtet und auf dem Weg zu unserer Oma ..." Dabei wischte er sich mit seinem feuchten Ärmel den Regen aus dem Gesicht und putzte sich schniefend die tropfende Nase mit ab, während er weitersprach.

Der Mann hörte mit unbeweglichem Gesicht zu, dann lachte er über die Unkenntnis der beiden, als er von dem geplanten Umweg über Bremen hörte. Er öffnete den Wagenschlag und wartete, bis die Kinder auf der Rücksitzbank Platz genommen hatten.

Laut surrend rollte der Wagen an und durchfuhr wenig später die flache, norddeutsche Heidelandschaft. Kleine Häuschen aus roten Ziegelsteinen säumten die Straße. Wie dicke Tränen tropfte der Regen unaufhörlich von reetgedeckten Dächern herab. Endlich hatten die Brüder Gelegenheit, sich etwas aufzuwärmen und vor sich hinzuträumen - Träumen von einem Zuhause.

Was für ein Zuhause? Sie hatten ja keines mehr.

Hatten sie es in Mecklenburg zurückgelassen oder wird es nun doch wieder im fränkischen Nordbayern sein?

Wie oft schon suchte Jürgens Familie nach einem neuen Zuhause?

Und wie oft schon waren sie wieder auf der Flucht.

II

Das Schicksal wollte es so, dass Jürgen etwas mehr als zehn Jahre zuvor mit seiner Mutter und seinen damals drei Geschwistern das erste Mal auf der Suche nach einer neuen Heimat war.

Hardy war noch nicht geboren.

Es waren die letzten Wintermonate des Zweiten Weltkriegs. Danzig war noch heil, aber die russischen Truppen kamen unaufhaltsam näher und näher.

Hildegard bewohnte ein kleines Reihenhäuschen am Damaschkeweg, auf halber Anhöhe des Bischofsbergs. Von ihrem Küchenfenster aus hatte sie eine wunderbare Aussicht über die Dächer der Stadt, aus denen die Glockentürme der ehrwürdigen Pfarrkirchen von Sankt Trinitatis, Sankt Johann, Sankt Bartholomäi, Sankt Maiwald und Paul, sowie der stumpfe Turm von Sankt Marien emporragten. Unvergesslich ihre Eindrücke, wenn ab und an die Abendröte die Mauern der Stadt zum Erglühen brachte.

Aber nun war es ein anderes Glühen des Himmels, das ihr Angst einflößte: Das feuerrote Leuchten und silbrig gleißende Aufflackern des Horizonts, welches von Tag zu Tag näher kam und immer bedrohlicher heranwuchs, begleitet von dumpfem Schlachtenlärm und einem Unheil verkündenden Grollen der Kanonendonner. Voll Angst und Ehrfurcht betete und flehte sie Richtung Osten, den blutdurchdränkten Himmel an.

Wenn auch die offiziellen Parteipropagandameldungen aus dem Volksempfänger die Leute zum Durchhalten aufforderten und den Kampfesmut gegenüber dem einpreschenden Feind stärken sollten, so wollte Hildegard ihre Kinder auf keinen Fall den todbringenden Gefahren des russischen Rachedurstes aussetzen.

Die Meldungen über die Gräueltaten von bolschewistischen Soldaten an der deutschen Zivilbevölkerung, wonach wehrlose Dorfbewohner auf bestialische Weise gemartert,
Frauen nackt an Scheunentore genagelt und vergewaltigt und hilflose Kinder und alte Menschen feige ermordet wurden, verbreiteten sich wie ein Lauffeuer und lösten eine riesige Fluchtbewegung aus: Nichts wie weg, die Russen kommen!

Hunderttausende auf der Flucht vor der Roten Armee, verfolgt von Angst und Terror, strömten von Ostpreußen her und stauten sich schließlich in und um Danzig. Ein ständig anschwellender Strom von geschundenen Seelen, überwiegend Frauen, Kinder und Greise quälte sich in die Stadt Danzig.

Trotz tobender Schneestürme und eisigster Kälte haben diese flüchtenden Menschen - getrieben vom Entsetzen der wütenden Roten Armee - ihre Heimat verlassen und unter schwierigsten Leiden für ein zukunftsloses Ziel den Kampf auf Tod und Leben aufgenommen.

***

Schweren Herzens hat sich Hildegard diesem jammervollen Elendszug angeschlossen, der länger und länger wurde.

Weil alle Straßen Richtung Westen mehr und mehr verstopfen, kam der Strom aus dem preußischen Golgatha in Danzig schließlich völlig zum Erliegen. Es gab kein vor und auch kein zurück mehr. Das Flüchtlingselend eskalierte und nahm erschreckende Ausmaße an.

Berechtigte Hoffnungen für eine Rettung der zahllosen Menschen konnten jetzt nur noch die in der Danziger Bucht ankernden Schiffe versprechen.

Imposante Wohn- und Fahrgastschiffe, ihren ehemals stolzen Farben beraubt und nun im Dienste der Kriegsmarine schmutzig grau getarnt, wurden für einen Flüchtlingstransport nach dem westlichen Reichsgebiet eingesetzt, ebenso wurde alles für die Rettung der Menschen herangezogen, was noch einigermaßen seetüchtig war. In den Häfen der Danziger Bucht lagen Handels- und Kriegsschiffe neben Fischkuttern und Marinefährprähmen, Ozeanriesen und schwere Kreuzer neben Kähnen und Schiffchen, ein Eisenbahnfährschiff und ein Walfangmutterschiff vertäut. Unter ihnen auch der

KdF-Dampfer „Wilhelm Gustloff": das *Schiff der Freude.* KdF - Kraft durch Freude, das Schiff der Freude!

Freude? Unermessliche Angst herrschte unter den an der Pier frierend zusammengedrängten Menschenmassen.

Hildegard wurde - wie all die vielen anderen Menschen hier am Kai - ihrer Heimat beraubt. „Der letzte offene Weg nach Westen führt über die Ostsee", sagte man ihr. Doch sie fürchtete sich vor einer stürmischen, gefahrvollen Seefahrt und vor dem nassen Tod.

In eisigster Kälte hockte sie mit ihren vier Kindern Edeltraud, Brigitte, Andy und Jürgen auf dem Straßenpflaster, eingehüllt in Decken und Mäntel und wartete darauf, auf eines der Schiffe zu können.

Während sie so kauerte und ihre Kinder an sich drückte, traf ihr Blick auf einen unweit von ihr sitzenden alten Mann, der hemdsärmelig dasaß und geistesabwesend vor sich auf den Boden starrte. Obwohl er in der Eiseskälte nur ein offenes, helles Hemd und eine ärmellose graue Weste darüber trug, schien er nicht zu frieren und trotz seiner gebeugten Haltung wirkte er erhaben und überlegen gegenüber der grauenvollen Szenerie hier am Kai. Von seinen schütteren, aber langen weißen Haaren und aus seinem buschigen, schneeweißen Vollbart hingen winzige, glitzernde Eiszapfen herab. Er hatte gleichzeitig etwas Majestätisches und Mystisches an sich.

Hildegard zog eine kleine Wolldecke, die sie noch im Kinderwagen hatte, hervor, löste sich von ihren Kindern und stand auf, um zu dem Fremden hinüber zu gehen. Mit ein paar Schritten hatte sie den Mann erreicht und legte ihm sachte die aufgefaltete Decke um die Schultern.

Der alte Mann hob bedächtig den Kopf und sie sah nun in seine klaren, aber müden Augen. Die Lippen hinter seinem dichten Bart bewegten sich ein wenig, doch er brachte kein Wort heraus, nur die unzähligen, kleinen Fältchen neben seinen Augen deuteten ein schwaches höfliches, aber trostlos wirkendes Lächeln an. Dann senkte er wieder seinen Blick zu Boden und gerade, als Hildegard zu ihren Kindern zurückgehen wollte, hörte sie ihn leise husten, ehe er plötzlich zu sprechen anfing: „Ich wollte springen, aber sie haben mich festgehalten. Warum bloß? Wo soll ich denn hin, ohne mein Trudchen? Wie gerne wäre ich ihr nachgesprungen."

Seine Augenbrauen hoben sich und er starrte ins Leere.

„Alles haben wir zusammengerafft, als die Kanonendonner näher kamen. Trudchen hatte gerade erst Geburtstag, achtundsiebzig.

Hastig haben wir Bündel geschnürt, ein paar ärmliche Habseligkeiten auf unser kleines Fuhrwerk verladen, den alten Gaul vorgespannt und sind losgezogen. Die Angst vor den Russen hat uns weggejagt von zu Hause ..."

Der alte Mann, der mit unverwechselbarem ostpreußischen Dialekt sprach, erzählte stockend und leise weiter: „Doch sie haben uns eingeholt. Aus der Luft haben sie auf uns geschossen. Die ungeheuren Menschenmassen waren viel zu langsam, alle wollten der gierigen Fratze des blutrünstigen Satans entkommen. Wir kamen nicht schnell genug vorwärts mit unserem Pferdekarren. Den Weg über die zugefrorene Bucht wollten wir nehmen, aber das Eis des *Frischen Haffs* war brüchig und glatt und unser betagter Gaul glitt immer wieder aus. Mein Trudchen wurde krank und war schon bald zu schwach zum Laufen. Ich setzte sie auf den Karren und führte das Pferd am Zaumzeug. Schwer verletzte Soldaten begleiteten unseren Flüchtlingstreck, Alte und Kranke sowie verzweifelte Mütter mit Säuglingen. Viel zu viele Menschen schleppten sich in grimmiger Kälte voran, ein endloser Elendsstrom - und wir waren viel zu langsam. Dann haben sie uns eingeholt. Aus den Schneewolken heraus feuerten sie auf uns mit ihren Bordwaffen. Wie Nebelkrähen tauchten sie immer wieder aus dem Nichts auf und schossen wahllos auf alles, was sich bewegte. Die Menschen schrien vor Angst und warfen sich in den Schnee auf den Boden. Plötzlich brach mein Pferd in das berstende Eis eines Bombentreffers ein und riss den Karren mitsamt meiner Frau in die Fluten. Ich wollte den Gaul noch an der Leine zurückreißen, den versinkenden Wagen festhalten, fand aber selbst keinen Halt und brüllte um Hilfe. Fremde Hände packten mich an den Armen und ließen mich nicht mehr los. Das Pferd wehrte sich im Todeskampf verzweifelt gegen die Eiseskälte und verursachte hohe, brodelnde Wellen, der Karren neigte sich und drückte mein Trudchen unter Wasser. Sie selbst war zu schwach, um ihr eigenes Leben zu retten - und auch zu mutlos. Ich konnte nichts tun, nur zusehen, wie meine Frau mit Pferd und Wagen unterging. Und sie war zu schwach, sich gegen den Tod zu wehren. Ich schrie wie wild und wollte ihr nachspringen, doch jemand zerrte mich von hinten zurück und drückte mich auf das kalte Eis."

Der alte Mann sprach sehr leise und monoton. Hildegard wusste nicht, ob er sie überhaupt wahrnahm oder nicht. Er sah vor sich auf den Boden oder manchmal zum Himmel hinauf.

„Ich konnte nichts tun, nur zusehen", wiederholte er mit erstickender Stimme, schüttelte dabei langsam den Kopf, öffnete seine klaren Augen ganz weit und sah dabei erstaunt aus wie ein Kind unterm geschmückten Weihnachtsbaum. Eine dicke Träne rann ihm über die Wange und versickerte langsam in seinem Bart.

„Kinderwagen mit erfrorenen Säuglingen habe ich gesehen, Pferdekadaver und Leichenhaufen! - Aber ich konnte nichts mehr tun, nur zusehen." Immer wieder schüttelte er langsam und bedächtig seinen Kopf.

Hildegard schnürte es den Hals zu, sie sah zu ihren Kindern hinüber und wollte gerade wieder weggehen von diesem alten Mann mit seiner seltsamen Ausstrahlung, als dieser leise aber heftig zu husten anfing. Sie drehte sich nach ihm um, hielt ihn an den Schultern, weil er sich hilflos gestikulierend an die Brust fasste und sie spürte seinen Körper schwer werden, während dieser unter ihren Händen plötzlich seitlich auf den Boden sank. Nur wenige Augenblicke später röchelte der alte Mann leise sein Leben aus.

Hildegard krampfte in ihrer ohnmächtigen Verzweiflung das Herz zusammen. „„... Nichts tun, nur zusehen", wiederholte sie die letzten Worte des Sterbenden nun leise vor sich hin.

***

Benommen und durch den Schleier ihrer Tränen sah sie über den von Menschen überfüllten Platz und zu den grauen Silhouetten der Häuser dahinter.

Ihre Heimatstadt, die einst so schöne Hansestadt Danzig, auch Königin der Weichsel genannt, nun von Schmutz, Blut und Tod durchtränkt. Die giebelgeschmückten Patrizierhäuser in den Prunkstraßen der Altstadt, die bekannten Profangebäude, wie die Georgshalle, der Stockturm, das markante Krantor an der Uferstraße oder das Uphagenhaus mit der vornehmen Innengestaltung eines Altdanziger Bürgerhauses, der von selbstbewusstem Bürgertum zeugende, kostbar ausgestattete Artushof mit seiner spätgotischen Schönheit und der einst frohen, bürgerlichen Geselligkeit rund um den Neptunsbrunnen oder die Festlichkeit atmende Langgasse und der Lange Markt mit seinen reich verzierten, schweren Haustüren und nicht zuletzt das Staatstheater mit seinen vier mächtigen Säulen an der Eingangsseite - all diese wunderschönen, fensterreichen Giebelhäuser, umrahmt von trutzigen Toren und Türmen, mussten nun traurig das Elend mit ansehen, das sich auf dem Pflaster ihrer altersgrauen Gassen und Plätze abspielte: Da saßen und lagen Mütter mit Kindern und weinende Kinder, die ihre Mütter suchten. Alte und verwirrte Leute, stöhnende, zerlumpte Soldaten mit blutrot getränkten Verbänden um Kopf- und Fleischwunden und zerschossenen Gliedern, Sterbende und schon Erfrorene zwischen hungernden, zitternden Geschöpfen in Hauseingängen und Fluren, Schuppen und Lagerhäusern, auf von Menschen überfüllten Straßen und kalten Kaimauern, gezeichnet von der Ermattung nach den ungeheuren Strapazen der letzten Tage und Wochen. Verzweifelte und erschöpfte Kreaturen, deren abgestumpfte Seelen das Ausmaß dieses Irrsinns nicht mehr zu erfassen vermochten.

- Danzig, nun nicht mehr die Perle unter den Städten des Nordostens und auch nicht mehr der Stolz seiner Bewohner!

Hildegard hockte sich wieder zu ihren Kindern, drückte sie an sich und rieb sie warm.

Ihre Heimat, ihr Zuhause, das Glück ihrer Familie, Ruhe und Behagen ihres Elternhauses musste sie nun zurücklassen.

Würde sie jemals wieder hierher zurückkehren können?

Erfüllt von hoffnungsloser Traurigkeit gingen ihre Gedanken zurück, wie sie im gotischen Backsteinbau der Marienkirche - dem Mittelpunkt ihrer Heimatliebe - andächtig vor dem Schrein des mit reichem Schnitzwerk verzierten Hochaltars niederkniete, oder, wie sie dem Widerhall ihrer Schritte lauschend, in der Vierung unter dem Triumphbalken der Kreuzigungsgruppe hindurchschritt, wie sie sich über das merkwürdige Instrument der *Astronomischen Uhr* wunderte, oder wie sie mit ehrfürchtiger Bewunderung die Grisaillemalerei des *Jüngsten Gerichts* betrachtete.

Dann sah sie in ihrem Geiste den massiven, aber einfachen Bau der Franziskuskirche von Emmaus vor Augen, in der sie zur Erstkommunion ging und vor der sie als Kind einmal von einer Straßenbahn überfahren wurde, aber wie durch ein Wunder völlig unverletzt blieb, weil sie genau zwischen die hohen Räder fiel.

Hier in dieser Kirche hatte sie - Jahre später - am 27. April 1939 Kurt geheiratet. Gedankenversunken drehte sie an ihrem Ehering. Kurt - wenn er jetzt nur hier sein könnte. Wie's ihm wohl ergeht an der Ostfront? Wie wird er sich durchschlagen, er, der viel zu weich ist, um Soldat zu sein. Wird sie ihn überhaupt wiedersehen?

Vielleicht ist er ja schon tot?

Und wenn er doch noch lebt?

Wie sollte er denn seine Familie wiederfinden, jetzt, wo sie das gemeinsame Heim mit unbestimmtem Ziel verlassen hatte?

Das gemeinsame Heim war ein kleines Reihenhaus am Damaschkeweg 64, innerhalb einer Kette von zusammengebauten Häusern. Im Volksmund deswegen auch „D-Zug" genannt. Ein schmales, behagliches Häuschen war es, mit heruntergezogenem Dach, inmitten der Häuserreihe des D-Zuges. Der Hauseingang lag fünf Stufen über der Straßenebene, die Kellerfenster lugten halb aus dem Boden heraus. Vom ausgebauten Dachgeschoss schaute ein breites Giebelfenster zur Straßenseite hin. Auf der vom Damaschkeweg abgewandten Seite lag ein wunderschöner, gepflegter Garten, der nach hinten hinaus eine Länge von vielleicht zwanzig Metern maß. Es waren die üppigen Rosenbeete, auf die sie in ihrem Garten immer ganz besonders stolz war. *Gloria Dei*-Rosen! In den Farben rot, violett, gelb und weiß.

Nun aber hatte sie die Haustüre zum letzten Mal sorgfältig abgeschlossen und sie hatte gewohnheitsmässig nochmal fest am Griff gerüttelt, damit die Türe auch wirklich zu war - wie absurd!

Dann machte sie sich mit dem Kinderwagen, in dem ihre jüngste Tochter Brigitte schlief, dem siebenjährigen Andy, dem fünfjährigen Jürgen und der dreieinhalbjährigen Edeltraud auf den Weg. Sie hatte außerdem noch eine Aktentasche mit den wichtigsten Papieren, ein paar Fotos und eine Milchkanne für auffindbares Wasser unterwegs mitgenommen.

Ein wehmütiger Blick zurück und schon schossen ihr wieder die Tränen in die Augen. Die hinter den Fensterscheiben ordentlich zugezogenen Vorhänge und die saubere Fassade des Hauses boten einen einladenden Eindruck.

Aber sie mussten fort!

Die Russen rückten näher!

Noch war die Stadt heil, aber das Getöse feuernder Panzerschützen und das Geknatter artilleristischer Störungsfeuer war immer deutlicher zu hören, dunkle Rauchschwaden am Horizont kündigten unmissverständlich Hass und Vernichtung an.

Not und Elend beherrschten die Straßen der Stadt.

War es richtig, die Stadt zu verlassen?

Eine Vorsichtsmaßnahme nur, eine vorübergehende Evakuierung, oder sollte es für immer sein?

Vielleicht hätte sie doch bleiben und sich nicht mit ihren Kindern auf eine Flucht mit so ungewissem Ziel einlassen sollen.

Zweifel nagten an ihrem Entschluss.

Hatte sie die Geborgenheit ihres Hauses zu voreilig aufgegeben, um nun die Kinder unnötigen Gefahren auszusetzen?

Zu viele Gedanken, zu viele Zweifel.

Zu viele Fragen, die ihren Verstand an den Abgrund des Wahnsinns zu treiben vermochten.

***

Was sie zum damaligen Zeitpunkt freilich nicht wissen konnte, war, dass den Russen nur wenige Wochen später, nämlich im März 1945 endgültig der Durchbruch zwischen Danzig und Gotenhafen an die Küste gelingen sollte,

- dass kurz darauf die Hafenanlagen gesprengt wurden und mit ihnen die letzten Hoffnungen der Flüchtlinge,

- dass trotz der flugblattmäßigen Aufforderung eines bjelorussischen Marschalls namens *Rokossowski* an die Zweite Deutsche Armee, die Waffen zu strecken und den Widerstand einzustellen, vom dämonenhaften *Führer* das Todesurteil über Danzig verhängt werden sollte, indem er befahl, jeden Quadratmeter bis zur Vernichtung zu verteidigen und dem Feind außer *verbrannter Erde* nichts in die Hände fallen zu lassen,

- dass daraufhin die sinnlose Zerstörung der schönen Stadt begann und Plünderungen, Schändungen, sowie blinde Vernichtungswut an der Tagesordnung stehen sollten,

- dass die Straßen bald durch einen widerwärtigen Anblick von ausgebrannten, verkohlten Häuserreihen, Mauerresten, unüberschaubaren Schutthalden, Tierkadavern und Leichen nicht wiederzuerkennen waren,

- dass Hungererscheinungen sich erkennbar machen und der Schnitter Tod reiche Ernte erhalten würden,

- dass die geliebte Heimatstadt nach dem Iwan bald von der viel schlimmeren Rohheit peitschenknallender polnischer Henkersknechte regiert werden sollte, die in einem gesetzlosen Zustand das teuflische Vernichtungswerk zu vollenden schienen und dass deswegen die Russen ihre Haltung wechselten und aus Vernichtern allmählich sogar zu Beschützern der Deutschen gegen die Polen werden sollten,

- dass die Polen es konsequent und erbarmungslos darauf anlegten, alle Deutschen hinauszutreiben und dass Zehntausende von Danzigern in ungeduldiger Verzweiflung auf elenden Transportzügen in Güterwagen aus der Stadt heraus drängten, wobei sie unterwegs noch meist des Letzten beraubt werden sollten.

Danzig - eine Stadt, in der es sich nicht mehr leben ließ und die aus vielen Wunden auszubluten drohte.

***

Von all dem konnte sie natürlich in dieser bitterkalten Stunde des Januarmonats noch nichts ahnen, ebenso wenig, was sie auf dem grauen, endlosen Weg in die Ungewißheit zu erwarten hatte.

In ängstlicher Besorgnis hockte sie an der Schiffsanlegestelle, vor sich den Kinderwagen, neben sich Edeltraud und Jürgen in Decken gehüllt. Die Kinder schliefen. Von dem Ausmaß der Katastrophe schienen sie offenbar überhaupt nichts wahrzunehmen. Andy, der Älteste, hüpfte zwischen den hockenden, liegenden Personen herum, beugte sich in kindlicher Unbekümmertheit über einen toten Soldaten, blies schrill in dessen umgehängte Trillerpfeife, zog diese dann dem vermeintlich „schlafenden Onkel“ über den Kopf weg und untermauerte die grauenvolle Szenerie dieser zusammengeballten Menschenmassen mit grellen, monotonen Pfeiftönen, die wie klagende Hilfeschreie zum Himmel flehten.

***

Endlich dürfen die Wartenden auf die Schiffe.

Mit großer Aufregung und ängstlicher Ungeduld in den Herzen strömt und drängt sich eine Menschenschlange zu den Fallreeps der großen Schiffe. Jeder, der an Bord genommen wird, muss an einer Anmeldestelle vorbei und erhält einen Fahrausweis, nachdem er in die jeweilige Schiffsliste eingetragen worden ist.

Der Andrang wird größer und größer.

***

Die *Wilhelm Gustloff* war als „Kraft-durch-Freude-Schiff“ in Friedenszeiten ursprünglich für etwa 1.500 Passagiere konzipiert worden und hatte nun bereits über 6.000 Flüchtlinge an Bord aufgenommen.

Hildegard gelang es, sich mit ihren Kindern die hölzerne Treppe des Fallreeps hochzuschieben. Das obere Deck war hoffnungslos überfüllt mit Frauen und Kindern, alten und kranken Männern, allesamt in Decken eingehüllt - ein Bild, das sie seit Tagen vom Kai her schon kannte.

„Endlich geschafft, Gott sei Dank“, betete sie vor sich hin, doch die Posten am oberen Schiffseingang wiesen sie und sämtliche nachfolgenden Flüchtlinge mit unnachgiebiger Entschlossenheit wieder ab. „Seid doch vernünftig, wir haben keinen einzigen Platz mehr frei! Zurück! Das Schiff ist voll!“

Keiner wollte freiwillig dieses Schiff der Hoffnung wieder verlassen. Sie wollten nur noch ihr nacktes Leben retten, schoben und drängten weiter.

„Es hat doch keinen Sinn, Leute. Es ist doch auch viel zu gefährlich, noch mehr Menschen an Bord zu nehmen. Da sind auch noch andere Schiffe hier im Hafen! Los, zurück! Macht die Treppe wieder frei!“

Tränenüberströmt wich Hildegard mit ihren Kindern schließlich vor dem Druck der Marinesoldaten zurück.

***

Kurz nachdem das hoffnungslos überladene, schwerfällige „Schiff der Freude“ mit einem gleichmäßigen Brummen der Dieselmotoren im Schneesturm aus der Danziger Bucht ausgelaufen war, wurde es von drei hintereinander folgenden russischen Torpedos tödlich getroffen und riss zwei Stunden vor Mitternacht über 5.000 Menschen in ihrem Sog unbarmherzig mit auf den Meeresgrund der eiskalten Ostsee.

Die Flucht in die Hoffnung endete in einem nassen Massengrab.

***

Im durch Bombenangriffe stark verwüsteten Restdeutschland sollten Millionen von Evakuierten und Flüchtlingen eine neue Bleibe finden.

In dieser Stunde Null der deutschen Geschichte wurden Barackensiedlungen errichtet, die neben ausgedienten Kasernen, Turnhallen und beinkalten Bunkern den Entwurzelten helfen sollten, ein neues Leben aufzubauen.

In einer dieser Baracken begründete also Hildegard mit ihrer Familie ihre neue Heimat.

Das neue Leben konnte beginnen.

Kurt war vom Krieg noch nicht wieder heimgekehrt, das letzte Lebenszeichen von ihm lag über ein Jahr zurück.

Das Leben in der hölzernen Baracke war menschenunwürdig. Fünf Menschen in einem Raum, welcher vielleicht 18 Quadratmeter maß. Kochen, essen, waschen und auf dem Fußboden schlafen, zugedeckt mit Mänteln und alten Leinensäcken.

Nicht nur Hunger und Kälte im Lager ließen das neue Leben fast unerträglich werden, sondern auch die eisige Kälte, die den Flüchtlingen seitens der angestammten Bevölkerung entgegengebracht wurde.

Was der Krieg an Wohnraum und Gebrauchsgütern noch übrig gelassen hatte, reichte schon nicht für die Einheimischen. Lebensmittel und Kleidung waren viel zu knapp. Und nun überschwemmte diese ungeheure Flüchtlingsflut den kärglichen Rest des Reiches und wollte von dem Wenigen auch noch was abhaben.

Die Grundstimmung der alteingesessenen Landsleute gegenüber den Vertriebenen war daher feindselig und nicht selten kam es ohne jeden Grund zu böswilligen Tätlichkeiten gegen die unerwünschten Fremdlinge.
Gnadenlos bekamen die Geächteten aus dem Osten die Bitterkeit des hoffnungslos scheinenden Lebensabschnitts in der neuen Heimat im Westen zu spüren.

Der Name *Flüchtling* hatte nach anfänglichem Mitleid sehr schnell einen negativen Beigeschmack bekommen und wurde gar als Schimpfwort gebraucht.

Mit Kummer im Herzen musste die Mutter mit ansehen, wie ihre Kinder auf dem Weg zur Schule von anderen Kindern angefallen und als „Barackenteufel“ beschimpft wurden. Jürgen und Andy, die sich tapfer gegen die

Attacken zur Wehr setzten, kamen öfters mal mit einem zugeschwollenen Auge, einer aufgeplatzten Lippe oder mit blutverschmierten Handknöcheln nach Hause.

Durch die miserable Versorgungslage der ersten Nachkriegsjahre war es schier unmöglich, die heranwachsenden Kinder auch nur annähernd satt zu bekommen und Hildegard legte sich selbst meist hungrig ins Bett und betete und weinte nächtelang. Die ihr zugewiesenen Lebensmittelmarken teilte sie sich sehr sorgfältig ein.

***

Monate um Monate vergingen in bitterster Not.

Das als Übergangslösung gedachte Lagerleben schien sich allmählich zu einem Dauerzustand entwickeln zu wollen. Eine Wohnung zu finden, war in diesen unseligen Zeiten aussichtslos. Ein Ende dieser misslichen Lage war nirgends abzusehen, kein Hoffnungsschimmer am Horizont zu erkennen.

Dann, an einem unwirschen Apriltag des Jahres 1947 erkundigte sich eine große Gestalt in einem langen Wehrmachtsmantel bei der Lagerverwaltung nach der Familie.

Der Mann wirkte nervös und fasste sich ständig an die Stirn.

Er bedankte sich für die Auskunft und suchte den Weg zum Lager Zwei, Baracke Fünf.

Das Herz klopfte ihm bis zum Hals, als er in den muffigen Flur der Baracke eintrat. Wie war noch die Zimmernummer?

Wieder fasste er sich an die Stirn. Starke Kopfschmerzen machten ihm zu schaffen. Ach ja richtig, Zimmer Vier. Er nahm seine Schirmmütze ab, schluckte und zauderte, ehe er zaghaft anklopfte.

***

Hildegard wusch gerade das Geschirr in einer spröden Emailleschüssel, die auf einer Holzkiste stand, als die gräuliche Zimmertür aufging und ein ihr unbekannter Mann aus dem Dunkel des Flurs in die Stube eintrat.

Er war sehr groß und hager und hatte entsetzliche Narben im Gesicht.

Gerade, als sie den Fremden ansprechen wollte, nannte er, nachdem er sich leise geräuspert hatte, ihren Namen: „Hilde?“

Diese Stimme? Irgendwie war sie ihr wohl bekannt, aber sie passte nicht zu der hageren Gestalt, nicht zu der scheußlichen Visage.

Sie versuchte vergeblich, aus diesem entstellten Gesicht irgendetwas Vertrautes herauslesen zu können. Auf der Stirn prangte ein tiefes, vernarbtes Loch und aus der linken Augenhöhle glotzte ihr eine starre Glasprothese entgegen. Das feste, dunkle Haar war ungekämmt und strotzte wie eine alte Bürste zottig nach allen Seiten.

Verstört trocknete sie sich die nassen Hände an ihrer Schürze ab. „Kuuurt?“ fragte sie lang gedehnt und ungläubig und sah erschrocken den Mann an, der mit gesenktem Kopf nervös seine Mütze in den Händen drehte.

Zu lange hatte er auf diesen Augenblick gewartet und jetzt stand er da, hilflos wie ein kleiner Junge und schämte sich wegen seines abstoßenden Anblicks. Tränen liefen ihm über die zerfurchten Wangen.

Hildegard konnte es nicht fassen. Der längst Totgeglaubte kam zurück.

War er es wirklich?

Vor mehr als drei Jahren hatte sie in Danzig das letzte Lebenszeichen von ihm erhalten. Einen Brief aus der Ukraine, datiert am 15. Februar 1944, Feldpost-Nummer 34 729 C.

Jede Zeile, jedes Wort dieses Briefes kannte sie auswendig, so oft schon hatte sie ihn gelesen.

Dann keine Nachricht mehr, kein Brief und keine Grüße zu Weihnachten.

Und nun stand er auf einmal wieder vor ihr, ihr Mann, den sie eigentlich schon aufgegeben hatte.

Aber er war nicht der, den sie gekannt und geliebt und auf dessen Rückkehr sie insgeheim immer gehofft hatte. Eine missgestaltete, gebrochene Kreatur mit hängendem Kopf und herabsinkenden Schultern, eine Jammergestalt, in der sich die Tragödie des gesamten Krieges widerzuspiegeln schien.

Sein Anblick machte es ihr schwer, sich über seine Ankunft zu freuen. Kein Lächeln und auch keine Träne brachte sie hervor. Dennoch bejammerte ihr gebrochenes Herz diesen erbarmungswürdigen Mann.

Kurt war sehr verlegen und wusste nicht, was er sagen sollte.

Was wollte er denn sagen?

Lange genug sehnte er sich diesen Tag herbei und nun stand er da und fand keine Worte.

Sollte er einfach seine Geschichte vom Krieg erzählen?

Vom Russlandfeldzug?

Von seiner Beteiligung als Gefreiter des Grenadierregiments 284 am Unternehmen Barbarossa, dem gemeinen Angriff gegen die Sowjetunion?

Oder vom glorreichen Vorstoß seiner Heeressgruppe Süd ins Feindesland bis nach Dnjepropetrowsk und von verwegenen Kesselschlachten seiner Armee?

Von Kraft fressenden Gewaltmärschen in unwirtlicher, russischer Winterkälte?

Von verwüstender Zerstörungswut deutscher Landserkameraden oder von Städten und Dörfern, die im Rausch der Siegesfanfaren in Flammen aufgingen?

Vom blutigen Bollwerk des deutschen Ostheers oder von Leichenhaufen auf beiden Seiten?

Oder aber von den roten Angriffsdivisionen, die schließlich mit wütendem Hass ihr Land zurückeroberten?

Oder sollte er erzählen, wie seine Kompanie im Rückzugsgemetzel in der Ukraine bei Kamjanez-Podilskyi eingekesselt und die Truppe durch die unsinnigen Befehle aus dem Führerhauptquartier zum sturen Durchhalten bis an den Rand der totalen Erschöpfung strapaziert worden ist?

- Nein!

Wozu sollte er das alles erzählen?

Er erzählte auch nicht, dass er am 22. März 1944 in der Ukraine, einem Ort namens Redwynzi im Rayon Medshybish, durch die verheerende Splitterwirkung eines Raketengeschützes, der so genannten *Stalinorgel* - von den Russen liebevoll auch *Katjuscha* genannt - schwer verwundet wurde und er deswegen den Rest des Krieges zunächst im Reservelazarett I in Lemberg, Distrikt Galizien und später im Reservelazarett Bad Ems verbracht hat. Die Krankenabteilung des Lazaretts in Bad Ems trug bezeichnenderweise den Namen „*Panorama*".

Es ist schon eine beißende Ironie des Schicksals, dachte Kurt, ausgerechnet *Panorama*, wo sie ihm doch ein Auge rausgeschossen hat. - Die Katjuscha.

Beim Scharmützel in Redwynzi.

Verfluchte Katjuscha von Redwynzi!

Du liegst im Unterstand, hörst das ohrenbetäubende Pfeifgeräusch der Stalinorgel näher kommen, willst in panischem Schrecken wegrennen - zu spät.

Dann vernimmst du ein donnerndes Krachen und spürst nur noch einen zerfetzenden Schmerz im Kopf, einen Schwindel, der dich taumeln und fallen lässt hernach wird es dunkel. Später liegst du dann auf *Panorama* und hast nur noch ein Auge.

„Stirndurchschussfolgen, Verlust des linken Auges, Schwerhörigkeit, Gesichtsverletzungen" - so lautete die lapidare und militärisch knapp gehaltene Entlassungsdiagnose.

Verdammte Katjuscha von Redwynzi!

Weitere Ironie des Schicksals war auch, dass man ihn im April 1945 in Bayern aus der Wehrmacht entlassen hatte.

In Bayern - nur wenige Kilometer von seiner Familie entfernt, die nach zielloser Flucht quer durch ein gebeuteltes Land ebenfalls in Bayern, in einer dieser hölzernen Baracken des Schafhoflagers hauste - was er natürlich nicht wusste, nicht wissen konnte. Deshalb hatte er sich zu seiner Schwester nach Flensburg begeben, wo er Unterkunft fand, und von wo aus er die Suche nach seiner Familie betrieb.

Tag für Tag ging er zum Roten Kreuz und studierte die unendlich langen Listen von Suchmeldungen, die täglich länger und länger wurden.

Das deutsche Flüchtlingsdrama spiegelte sich in den endlosen Namensregistern wider. Der Suchdienst des Roten Kreuzes hatte in dem Nachkriegswirrwarr eine schier unlösbare Aufgabe übernommen: Millionen von durcheinander gewürfelten heimat- und besitzlosen Deutschen, die über Nacht aus ihren gewohnten Lebensbereichen herausgerissen worden sind, suchten nach ehemaligen Zusammenhängen, versuchten, ehemals festgefügte Verbindungen wieder herzustellen, insbesondere die Familie, aber auch den Freundeskreis und Nachbarschaften.

Die Leute vom Suchdienst hatten vorbildliche Arbeit geleistet: Nach jahrelangen, unermüdlichen Bemühungen konnte Kurt nun seine Frau wieder in die Arme nehmen.

Er sprach kein Wort und heulte nur wie ein kleiner Junge.

III

Nicht nur für den Vater war die Wiedereingliederung in seine Familie nach all den Jahren schmerzlich. Für die vier Kinder, die ihn so gut wie überhaupt nicht mehr kannten, stellte er in gewisser Weise eine Bedrohung des altgewohnten Familienlebens dar. Die ganze Fürsorge und Liebe der Mutter, die bisher ganz allein ihnen galt, mussten sie ab jetzt mit einem „Fremden“ teilen.

Und nicht genug damit, sie mussten auch noch auf den Vater, der durch die erlittene Kopfverwundung ungemein stör- und reizbar war, in erhöhtem Maße Rücksicht nehmen. Stundenlang saß er oft da und durfte nicht gestört werden, wenn die in seinem Körper verteilten Splitter der Katjuscha weiter wanderten und die dicken Adern auf seinen Schläfen vor Pein qualvoll schockten.

Er war ein empfindsamer, alter Mann von 34 Jahren.

Aber da gab es auch Tage, an denen seine Schmerzen erträglicher waren. Sodann war er ein guter Vater, wie eben vor dem Kriege auch. Dann schaffte er es, dass Brennholz da war und was zu essen, er organisierte ein paar brauchbare Möbelstücke und warme Kleidung, er reihte sich stundenlang in die Warteschlangen der Fürsorgestelle ein und bettelte um Unterstützung.

Rührend versorgte er seine Familie. Manchmal brachte er eine riesengroße Dose Bratheringe mit nach Hause, die danach wochenlang Tag für Tag den ansonsten recht kärglichen Speiseplan bereicherten. Ein andermal war es ein Fünfundzwanzig-Kilo-Sack Haferflocken, den er irgendwo erstanden hatte und der - dank des kulinarischen Erfindungsreichtums seiner Ehefrau - zu sehr variantenreichen Mahlzeiten lange Zeit herzuhalten hatte.

Fisch und Haferflocken hingen den Kindern bald zu den Ohren raus, füllten aber wenigstens die hungrigen Mägen.

***

Nach unermüdlichen Bittgesuchen bei den Behörden war dem Vater sogar das schier Unmögliche gelungen. Sie bekamen eine andere Behausung zugewiesen. Gerade rechtzeitig zur Geburt des fünften Kindes, Waltraud.

Die Wohnung war am anderen Ende der Stadt, Waldenburger Straße 58, zwar immer noch behelfsmäßig in der Baracke eines ehemaligen Gefangenenlagers, aber immerhin schon drei Zimmer und ein kleines Gärtchen vor den Fenstern. Toilette und Wasserversorgung mussten auf dem Flur noch gemeinsam mit anderen Hausbewohnern geteilt werden.

Endlich konnten sie das erbarmungswürdige Elendsviertel des *Schafhoflagers*, das sich längst zu einem asozialen Flüchtlingsghetto entwickelt hatte, verlassen.

Es war eine gute Wohnung, aber die äußeren Umstände blieben schlecht. Dann saß der Vater wieder stundenlang, ja tagelang da, mit Schmerz pulsierenden Schläfen und stierte in die Luft.

Mehrmals schon hatte er versucht, Arbeit zu bekommen.

Ursprünglich war Kurt gelernter Elektriker. Ein Beruf, der ihm sehr viel Spaß machte und womit er seine Familie leidlich ernähren konnte.

Doch dann kam der Krieg und man machte aus ihm einen Soldaten.

Da hat ihm die Katjuscha den Helm vom Kopf geschossen und ihm seinen Beruf weggenommen.

Minderung der Erwerbsunfähigkeit um tröstliche siebzig Prozent wurde ihm attestiert.

Trotzdem versuchte er wieder zu arbeiten. Er nahm jede Art von Arbeit an, die man ihm gab.

Doch was gab man ihm schon? Ihm, dem Flüchtling? Körperbehindert und asozial!

Als Wagenwäscher bei der Firma Westerlein fror er sich im Februar schier die Beine ab, weil man ihm nicht einmal Gummistiefel zur Verfügung stellte.

Ihm, dem Flüchtling, für eine Mark Stundenlohn.

Und als Hilfsarbeiter in der Blechspielwarenfabrik hänselten ihn die Arbeitskollegen wegen seines hässlichen Anblicks und schickten ihn zum Bierholen.

Ihn, den Flüchtling.

Hatte er mal gute Arbeit, dann konnte er sie infolge seiner Kriegsbeschädigung nicht weiter ausführen, so sehr er sich auch anstrengte. Die starken Kopfschmerzen und die Schwindelanfälle.

- Verfluchte Katjuscha von Redwynzi !

Sodann blieb ihm wieder nur der Gang zum Fürsorgeamt, Zweigstelle Ost.

***

Nachdem er die Strapazen und Wirrungen des Krieges in vollem Ausmaß kennen gelernt hatte, begann für ihn nun ein zermürbender Nervenkrieg mit den Behörden.

Die öffentliche Verwaltung, sonst nicht totzukriegen, die in den Unbilden der Kriegsereignisse fast gänzlich darniederlag und sich nach chaotisch anmutenden Anfängen sehr schnell wieder hochrappelte, blühte nun - wie es schien - besser als je zuvor.

Anträge, Fragebogen, Ergänzungsanträge, weitere Fragen, Erklärungen, Prüfungen, Berechnungen, Anrechnungen, Abrechnungen und Nachberechnungen und das Ergebnis: zum Sterben zu viel, aber zum Leben viel zu wenig.

Kurts Versuche, im Rahmen seiner gesundheitlichen Möglichkeiten ein paar läppische Märker dazu zu verdienen, wurden ihm von den Fürsorgebehörden mit Paragrafen reitender Starrheit sehr übel genommen: „jede Besserung der Einkommens- und Vermögensverhältnisse sind dem Amt alsbald anzuzeigen!“

Also erneute Überprüfungen, Fragen, Erklärungen und Nachberechnungen, natürlich abzüglich der anzurechnenden Arbeitseinkünfte.

Alles drehte sich im Kreis.

Wenn Unterstützung, dann keine Arbeit und wenn Arbeit, dann keine Unterstützung. Also keine Besserung der Einkommensverhältnisse.

Die Besserung der Lebensumstände wurde mit amtlichem Nachdruck verhindert. Die zuständige Amtsperson, welche die Agilität einer Schildkröte im Beamtenverhältnis verkörperte, sah schon in dem Umstand, das Kurt - weil dieser eben nichts anderes anzuziehen hatte - in Bauarbeiterkleidung vor ihm erschien, einen Handlungsbedarf. „Weil der Genannte nach Lage der Dinge tatsächlich arbeitet“, mutmaßte er in einer Aktennotiz, „ist eine Überprüfung des Falles notwendig“.

Dies hatte selbstverständlich eine Änderung der Unterhaltshilfe zur Folge.

Doch der scharfsinnige Beamte konnte dem Kurt nicht beweisen, dass dieser tatsächlich arbeitet.

***

Unterdessen mussten die Kinder auf ihre Art ihr Scherflein dazu beitragen, die Haushaltskasse aufzubessern. Nicht nur an schulfreien Nachmittagen und in den Ferien jagte der Vater sie - nicht selten hungrig und barfüßig - hinaus in die umliegenden Wälder zum Beeren- und Pilzesammeln, welche sie anschließend Körbeweise in den mitgebrachten Kinderwagen luden. Zu Fuß schoben sie ihre wertvolle Fracht zum gut und gerne vierzehn Kilometer entfernten Großstadt, wo sie ihre Waren feilboten und - wenn sie Glück hatten - bei einem Bäcker gegen Mehl und Zucker eintauschen konnten.

Dann tippelten sie den weiten Weg nach Hause zurück und lieferten am Abend brav das mühsam Verdiente ab.

Aber der Vater war nie zufrieden mit dem Ergebnis und schlug auf seine Kinder ein.

Ängstlich sammelten sie deshalb bei trockenem Wetter unterwegs auch noch die Zigarettenstummel von der Straße auf, die sie ihm mitbrachten, um ihn bei guter Laune zu halten.

Sie kannten mit der Zeit die lohnendsten Plätze, wo man viele Kippen finden konnte. Da war zum Beispiel die Endhaltestelle an der Bauernfeindstraße, wo die Straßenbahn, nachdem sie einen großen Bogen fuhr, ihre obligatorische Fahrplanpause einlegte. Sobald die Schaffner ausgestiegen waren, schlichen sich die Kinder unbemerkt in die Wagen hinein, duckten sich und krochen auf allen Vieren, um zwischen den Ritzen des hölzernen Bodenrostes die Zigarettenkippen herauszufischen.

Der Vater freute sich darüber, das wussten sie, und er häufte sogleich die noch brauchbaren Zigarettenstummel auf den Küchentisch, legte sich ein Zeitungsblatt davor, drückte die Kippen zwischen den Fingern und mit den Daumennägeln auf, selektierte die Filter aus und streute die Tabakkrümel mit Bedacht und großer Sorgfalt auf das Papier, wo sich oftmals ein ansehnliches Häuflein bildete. Anschließend faltete er den Bogen mit seinem wertvollen Inhalt pedantisch zu einem kleinen, quadratischen Päckchen zusammen und verwahrte dies hoch droben auf dem Küchenbüfett. Gelegentlich holte er würdevoll sein Vorratspäckchen herunter, stopfte sich ebenso pathetisch sein Pfeifchen und schmauchte voll Wonne kleine graue Wölkchen in die Bude.

Dies war einer der wenigen Zeitpunkte, wo es ihm sichtlich gut ging.

Aber dann fing er wieder an, seine Kinder zu schikanieren, ließ sie abends oftmals sehr lange vor dem Bett knien und beten, während er skurrile Schattenspiele machte, um sie zu erschrecken und wehe dem, der ihn auslachte.

***

Beim Fürsorgeamt meldete Kurt die Geburt des sechsten Kindes, Ingrid.

Neuer Antrag, neue Berechnungen, Erhöhung der Unterhaltshilfe um zwanzig Mark.

Bei der Geburt des siebten Kindes, Hardy, das gleiche Spiel und zwanzig mehr.

Dann das achte Kind, Mariele, und wiederum zwanzig Mark mehr.

Und dann, gesetzliche Erhöhung der Unterhaltshilfe auf Siebenundzwanzig Mark und fünfzig für jedes Kind.

Im April 1954 wurde plötzlich mit wohl beamtenjuristischem Erfindungsgeist aus unerklärlichen Gründen „das Fehlen der gesetzlichen Voraussetzungen zur Weiterbewilligung der Unterhaltshilfe“ entdeckt.

Wie fatal!

Sämtliche Zahlungen mussten selbstverständlich sofort eingestellt werden. Also keinerlei Unterstützung mehr!

Der ständige Kampf ums Überleben nagte an den zerklüfteten Nerven. Kurt quälte sich durch das undurchdringliche Paragrafendickicht, legte mit den bescheidenen Mitteln seines Sprachschatzes Beschwerde ein, bemühte Regierungsräte und Amtsschimmel und - welch ein Wunder - er bekamt Recht.

Noch vor den Weihnachtsfeiertagen des Jahres 1954 wurde ihm durch einen Regierungsbescheid in allerschönstem Amtsdeutsch zugebilligt, „dass ihm aufgrund seines Gesundheitszustandes und nach seinen Einkommens- und Vermögensverhältnissen die Bestreitung des Lebensunterhalts nicht möglich oder zumutbar sei. Weiterhin habe sein mehrmaliger Versuch der Arbeitsaufnahme gezeigt, dass er den guten Willen hatte, sich wieder eine Existenz zu gründen und eben dieser Wille dürfe durch die Versagung der Unterhaltshilfe nicht bestraft werden“.

Und weiter: „Die Unterhaltshilfe ist weiter zu gewähren“ - so der weihnachtliche Regierungsbeschluss.

Hildegard traute ihren Augen nicht, als sie das amtliche Papier gelesen hatte, welches Kurt ihr mit zittrigen Händen überreichte.

Doch von der amtlichen Mitteilung bis hin zur Auszahlung der weiteren Unterstützungsleistungen war unverständlicherweise noch ein langer, steiniger Weg. Weitere Überprüfungen, Anfragen und Erklärungen waren notwendig. Unermüdlich rannte Kurt dem behördlichen Haus die Türe ein. Aber außer einer gelegentlichen und geringen Vorschusszahlung war nichts zu erreichen.

Dazwischen zwangsläufig wieder ein missglückter Arbeitsversuch, wodurch natürlich wieder weitere Nachfragen und Überprüfungen ausgelöst wurden und sich natürlich auch dadurch die Auszahlung noch weiter verzögerte.

Kurt war verzweifelt und dem Wahnsinn nahe.

Viele Monate vergingen, bis endlich ein neuer Bescheid mit einer unerwarteten Überraschung ins Haus flatterte: Die Unterhaltshilfe wurde rückwirkend erhöht und nachbezahlt.

Es war einfach unglaublich!

Am Schluss der dreiseitigen Berechnung des bayerischen Verwaltungsaktes stand der wunderbare Satz: „mithin sind DM 5.020,25 nachzuzahlen".

Das war doch unmöglich - fünftausendundzwanzig Mark und fünfundzwanzig Pfennige!

Und es bestand wirklich kein Zweifel?

Während Hildegard immer und immer wieder diesen einen Satz las, sank Kurt auf einmal mit versagenden Kräften auf einen Stuhl und stierte vor sich hin auf den leeren Küchentisch. Plötzlich brach er in ein zunächst leises, dann ungestümer werdendes, wirres Lachen aus, in seinem Gesichtsausdruck ein unkontrollierbar zuckendes Mienenspiel, wobei nicht zu erkennen war, ob nun sein gesundes Auge lebloser glotzte als seine Glasprothese.

Vollkommen übergangslos verwandelte sich dieses irre Auflachen in einen stillen Weinkrampf, der den Körper des früher einmal so geliebten Mannes heftig schüttelte. Abstruse Gluckslaute drangen aus seiner Kehle.

Welch eine jammervolle Kreatur war aus ihm geworden.

Hildegard wandte sich ab und ging wortlos aus dem Zimmer.

***

Durch die ständig wiederkehrenden unschöne Streitereien hatten sich beide längst auseinander gelebt. Die Gehirnverletzung des dadurch unberechenbaren Ehemannes und dazu diese ständige Geldknappheit.

Jahre um Jahre waren seit ihrer Entwurzelung aus ihrer heilen Heimat schon vergangen und es war nicht ein Tag dabei, an dem sie wirklich Hoffnung schöpfen konnte, dass alles nochmal so wie früher werden könnte.

Kurt hatte noch dazu zu trinken begonnen - immer häufiger und immer mehr.

Zunächst nur, um Schmerzen und Not zuzuschütten, später, weil es längst zur Gewohnheit geworden war. Vorbei waren längst die Zeiten, in denen er sich abends mit einem Glas Milch - sofern welche vorhanden war - begnügte. Der Alkohol nahm ihn längst in seinen Bann.

Verfluchte Katjuscha von Redwynzi!

***

Mit dem Geld der Nachzahlung schaffte Hildegard ein paar Möbelstücke an und richtete die drei Zimmer in der Baracke hübsch ein. Sie kaufte Stoff und nähte Vorhänge, tauschte die abgeschnittenen Hosen ihrer Kinder gegen ordentliche Kleidung aus.

Die eisernen Splitter in Kopf und Körper ihres Mannes wanderten immer weiter und machten ständige Operationen erforderlich. Bald war sein Gesicht von Narben so entstellt, dass die früher so feinen Züge seines Antlitzes überhaupt nicht mehr zu erkennen waren. Die zerschundene Augenhöhle entzündete sich laufend und Kurt nahm die Prothese oft heraus, um sie vom Eiter zu reinigen. Um dem Wundschmerz in seinem Kopf Linderung zu gönnen, ließ er das Glasauge des Öfteren auf dem Küchentisch liegen, ein Ekel erregender Anblick, der die Kinder aber in Schaudern und Verwunderung versetzte: „Wie kann der das bloß?"

Der Gesundheitszustand des Vaters wurde zusehends schlechter. Zeitweise war er nicht mehr zurechnungsfähig und er wurde mehr und mehr zum Pflegefall und zum alkoholsüchtigen Tyrannen.

Er nötigte seine Kinder, Betteln zu gehen und strafte sie hart, wenn sie nichts nach Hause brachten.

Stundenlang trieben sich Jürgen, Andy, Edeltraud, Brigitte und auch die kleineren Geschwister in den umliegenden Stadtvierteln umher, klingelten an sämtlichen Haustüren und baten um ein Stück Brot. Nicht überall wurde ihnen mit Mitleid begegnet. Sie wurden beschimpft, mit dummen Fragen überhäuft oder gar davongejagt. Aber sie trauten sich nicht mit leeren Händen nach Hause zurück. Sie bettelten jeden an, der ihren Weg kreuzte, und hatten bald alle Straßenzüge in Reichweite mehrmals durch. „Ihr wart doch erst gestern hier, los, verschwindet!" wie oft mussten sich die Kinder diesen Satz anhören.

Aber sie waren verzweifelt, hatten Angst vorm Vater und so klingelten sie nach ein paar Tagen immer wieder an den gleichen Wohnungstüren.

Von dem, was sie schließlich mit nach Hause brachten, suchte der Vater sich ohne Bescheidenheit das Beste heraus und aß es gewissenlos auf.

***

Die widrigen Umstände innerhalb der Familie wirkten sich natürlich auch auf das Verhalten der Kinder aus. So sehr die Mutter auch versuchte, die Unzulänglichkeiten des gehirnverletzten Vaters von den Kleinen fern zu halten, es war dennoch unmöglich.

Die Kinder spürten natürlich, dass die Eltern keine Einheitsfront waren, die Festigkeit und Formungskraft vermitteln konnten. Die Mutter wusste, dass sie der schwierigen Aufgabe, den pflegebedürftigen Mann und die vielen Kinder zu hüten und auch noch vor dessen Unberechenbarkeiten zu schützen, nicht mehr gewachsen war.

In der Schule kamen die Misserfolge.

Andy, der Älteste, fiel durch Leistungsabfall und häufigeres Schwänzen der Schule auf. Wegen seiner furchtlosen Aufsässigkeit kam sein Hosenboden mehr als einmal mit der mächtigen Pranke seines hünenhaften Lehrers höchst spürbar in Berührung. Und weit mehr als einmal vermied er es daraufhin, in die Schule zu gehen.

Stattdessen streunte er ziellos durch die Gegend, um was Essbares für sich und seine Familie zu ergattern.

Dabei freundete er sich mit kinderlieben, amerikanischen Soldaten an, die sich selber GIs nannten, und kam so an manche extra Ration Lebensmittel, zumeist in Dosen verpackt. Leckere Sachen brachte Andy mit nach Hause, Dinge, die man im Nachkriegsdeutschland noch nicht kennen gelernt hatte: Erdnussbutter, gute Schokolade, 'ne Flasche Cola oder Andys erste Orange in seinem Leben und natürlich Kaugummi. Alles lieferte er brav bei seinen Eltern ab.

Andy wusste, wie er vor allem den rigiden Vater gnädig stimmen konnte.

Er blieb dem Unterricht nicht deswegen fern, weil ihm das Interesse an der Schule fehlte, sondern weil er die Familie ernähren musste, weil er wollte, dass Vater gut zu ihm war und weil er den Hunger hasste und die Not.

Nach totaler Leistungs- und Gehorsamsverweigerung des sonst recht intelligenten Schülers benachrichtigte der Lehrer das Jugendamt, welches auch sofort einschritt.

Durch Beschluss des Amtsgerichts wurde für Andy daraufhin Fürsorgeerziehung angeordnet, was seine sofortige Einweisung in ein Kinderheim zur Folge hatte.

IV

Mit 12 Jahren steckte man ihn also das erste Mal ins Heim, nach Pfeifferhütte.

Das Haus, welches der Landsitz eines ehemaligen Nazibonzen gewesen sein soll, war von der Anlage her recht hübsch. Vom First direkt unter dem stolzen Giebel schaute ein riesiger Hirschkopf mit starkem Geweih auf eine geräumige, von einem Steingarten umrahmte Terrasse herab. Ein großspuriges, mit mächtigem Baumbestand bewaldetes Areal umgab das Gebäude, das den Charakter eines Jagdschlösschens bot. Auf dem Gelände gab es noch eine kleine Blockhütte und ein so genanntes Teehaus mit hohen Sprossenfenstern. Die Umzäunung des Heimgeländes grenzte direkt der Länge nach an den ausgedienten König-Ludwig-Kanal, an dessen Ufern romantische Schleusenwärterhäuschen von längst vergangenen Zeiten zu träumen schienen. Der Ludwigskanal diente den Heimkindern im Sommer als Freibad und im Winter, wenn er zugefroren war, zum Schlittschuhlaufen.

Die nächste erreichbare Schule befand sich etliche Kilometer entfernt, in Lindelburg. Der Weg dorthin führte über recht abenteuerliches Gelände an einer Kiesgrube vorbei und durch finstere Waldstücke hindurch. Der Dorfschullehrer unterrichtete mehrere Klassen gleichzeitig in einem Klassenzimmer.

Andy saß in seiner Schulbank und lebte aber träumerisch weit weg im Wolkenkuckucksheim, oder er faltete sich aus Papier kleine, feste Munition, die er mit einer aus Daumen, Zeigefinger und einem Gummi improvisierten Zwille in Richtung Tafel zielte, während der Lehrer beispielhafte Darstellungen hinmalte, um den Unterschied zwischen zweiter und dritter Vergangenheit zu erläutern.

Der Lehrmeister drehte sich um, ließ den Blick durch die Klasse wandern und entdeckte Andy, sah, wie der die Augenlider senkte, den Mundwinkel verzog und sich gelassen eine blonde Haarsträhne aus dem Gesicht blies.

„Andy vortreten!“ brüllte er plötzlich so laut und unvermittelt, dass die Buben hinter den Tischen zusammenzuckten.

Langsam stand Andy auf und ging scheinbar lax, doch in unmerklich angespannter Lauerhaltung auf den Lehrer zu, so, dass er durch geschicktes Körperdrehen und Wegtauchen des Kopfes jederzeit einer Ohrfeige oder sonstigen Attacke von ihm hätte ausweichen können.

Der Lehrer sah ihn nur an, mit strengen, stechenden Augen: „Nachdem du offenbar überschüssige Kräfte hast, darfst du jetzt da draußen mein Motorrad putzen“, dabei hob er seinen kräftigen Arm und deutete zum Fenster hinaus, in die Richtung, wo er jeden Tag seine Maschine abstellte. „Und trau’ dich ja nicht eher wieder rein, bevor du nicht damit fertig bist!“

Andy jauchzte innerlich, was Besseres hätte ihm gar nicht passieren können, ihm, dem Freiheitsliebenden. Keine Angst, ich komm’ bestimmt nicht früher rein, dachte er, während er die Türe öffnete und hindurch schlenderte.

Draußen vergrub er beide Hände tief in seinen Hosentaschen, kickte fröhlich mit dem Fuß einen Stein auf die Seite und machte sich ohne übertriebene Eile daran, das Motorrad zu reinigen. Hinter dem Fenster seines Klassenzimmers sah er, wie sein Lehrer wieder betriebsam Formeln und Tabellen an die Tafel malte.

„Heile Welt, alles in Ordnung“, dachte er und wienerte an der verchromten Lenkstange des Motorrades herum. Er wusste auch, wie sein Lehrer sich von dem äußeren Blitzen der Chromteile an seiner Maschine beeindrucken ließ, sodass es nicht viel Mühe kostete, oberflächlich ein paar glänzende Teile zu polieren. Dennoch zog er diese Putzarbeiten so lange hinaus, bis die Schulglocke schellte. Dann ging er nur schnell nochmal ins Klassenzimmer zurück, um seine Sachen zu holen und trat dann mit den anderen Heimkindern den Rückweg an. So ein Schultag war genau nach seinem Geschmack.

Allerdings kam es ganz unverhofft auch mal ganz anders. Der Lehrer ließ Andy wieder mal vortreten, weil er sich daneben benommen hatte. Doch diesmal zog er ein Taschenmesser hervor und überreichte es dem Lausbuben mit den Worten: „Du schneidest jetzt dort drüben von dem Haselnussstrauch einen fingerdicken Ast ab und bringst ihn mir“, und mit einem lauten Gebrüll fügte er unmissverständlich hinzu, wobei er, um seiner Forderung den nötigen Nachdruck zu verleihen, beide Fäuste kräftig in die Hüften stemmte, „... aber s o f o r t und nicht erst, wenn der Unterricht vorbei ist! Hast du mich verstanden!"

Andy zuckte sichtlich zusammen und parierte aufs Wort. Gleichzeitig verstummte das Getuschel in der Klasse.

Er lief hinaus, schnitt einen Ast in der gewünschten Stärke ab und brachte diesen umgehend zu seinem Lehrer, der ihn dabei beobachtet hatte und immer noch dastand, die Hände in die Seiten gestemmt.

Kaum hatte Andy gehorsam den Stock überreicht wurde er von zwei kraftvollen Pranken auch schon gepackt, übers Knie gelegt und mit seiner eigenen Rute verdroschen. Dann ließ ihn die Lehrkraft los, warf mit einer zornigen Geste den Stock unter die Tafel und deutete mit ausgestrecktem, bebenden Zeigefinger ins Klassenzimmer: „Setzen!"

Andy zeigte keinen Schmerz und ging langsam zu seinem Platz zurück.

Wenn Andy mal nachsitzen musste, wurde er vom Lehrer im Klassenzimmer nur so lange zurückgehalten, bis die Mitschüler in der Ferne verschwunden waren. Dann durfte Andy seine Schultasche einpacken und losrennen, bis er die anderen eingeholt hatte.

***

Was kann einem heranwachsenden Kind Schlimmeres passieren, als dass man ihm die Mutterliebe entzieht?

Obgleich Andy seine Familie sehr vermisste, hielt er die Zeit im Heim doch recht gut aus. Hier bekam er regelmäßig etwas zu essen, ohne dass er zuvor dafür betteln gehen musste und er hatte eine Bettstatt für sich ganz alleine, sogar mit eigener Bettdecke, die ihm keiner des Nachts wegzog. Dass er mit mehreren Buben in einem Schlafsaal pennen musste, störte ihn nicht im geringsten, denn anders war er es von zu Hause her ja auch nicht gewohnt.

Die Erzieher waren streng, aber verhältnismäßig menschlich und zumindest physisch fehlte es den Zöglingen in Pfeifferhütte an fast gar nichts.

Unter dieser straffen Obhut erreichte Andy zumindest den Abschluss der Volksschule und wurde deshalb auch nach annähernd zwei Jahren wieder aus der Fürsorgeerziehung nach Hause entlassen.

***

Als ältester Sohn war Andy sich durch ahnendes Erfassen seiner Rolle bewusst, den kranken Vater beim Lebensunterhalt der Familie zu unterstützen. Es galt, so schnell wie möglich Geld zu verdienen.

Bei einer Neonleuchtröhrenfabrik versuchte er sich zunächst als Hilfsarbeiter. Aber der Job war hart und die Kollegen grausam. Sie tratzen den vierzehnjährigen Schulabgänger, wo immer sich eine Gelegenheit ergab.

Da war der boshafte Schweißer, der eine kleine Eisenplatte mit der Sackkarre durch die Lagerhalle transportierte und - nachdem er sich im Rampenlicht eines ausreichend großen Kollegenpublikums wähnte - Andy herbeirief: „He Flüchtling! Komm' her und hilf mir mal abladen!"

Andy, selbstbewusst und ahnungslos, beugte sich unter dem hämischen Blick des tyrannischen Kollegen nach der Platte.

Zu spät spürte er während des Zupackens die abstrahlende Hitze des frisch geschweißten Materials, doch schon klebte die Haut seiner beiden Hände an dem heißen Metall. Laut schrie er auf und hörte noch im Schmerztaumel das höhnische Gelächter der schadenfroh Umherstehenden, ehe er mit dem Kopf hart auf den Betonboden aufschlug.

Zu Hause behandelte ihm seine Mutter die Beule auf der Stirn. Andy heulte vor Qualen und Wut und hielt sich die dick verbundenen Hände vors Gesicht: „Ihr dreckigen Schweine, was hab' ich euch denn getan? Ich bring euch um! - Mama, ich geh' dort nicht mehr hin!"

Für zwei Wochen Arbeitsausfall erhielt Andy elf Mark Krankengeld.

Danach fand er Arbeit in einer Fellgerberei.

Die acht Kilometer Fußweg zum Betrieb hin und zurück machten ihm nichts aus. Doch die Arbeitsmethoden schienen unverändert aus dem Mittelalter übernommen worden zu sein.

Schutzkleidung bekam Andy nicht. Bald schon hatte er kein einziges Kleidungsstück mehr, welches nicht von Gerbsäure durchdrängt und verfärbt war. Gerbsäure an den Händen und in den Haaren, an den Schuhen und am ganzen Körper.

Und wofür?

Der kärgliche Lohn reichte nicht einmal für Arbeitskleidung, geschweige denn für neue Klamotten.

Andy schmiss den Kram hin.

Das Jugendamt holte ihn wieder ins Heim.

***

Zunächst wurde er in die geschlossene Abteilung des städtischen Waisenhauses eingeliefert. Ein paar Tage später erfolgte von dort aus der Transport mehrerer Jugendlicher mit dem Zug übers Land. In einem kleinen Ort in der Nähe von Ansbach, namens Sachsen, stiegen sie aus.

Andy sah sich am Bahnhof aufmerksam um. Ein kleiner Holzbau fungierte als Bahnhofsgebäude. Von der Anhöhe der Geleise aus konnte er in der Ferne einen kleinen Ort erkennen. Auf einem Nebengleis standen noch einige ältere Dampflokomotiven, aus deren angehängten Kohlentendern Birken heraus wuchsen. Seitlich angebrachte Schilder aus unrühmlichen Zeiten waren noch gut leserlich: *Räder müssen rollen für den Sieg!* An die andere Seite des Bahndamms grenzte ein Wald unmittelbar heran.

Andy prägte sich alles gut ein.

Zu Fuß gingen sie weiter und erreichten bald die Ortschaft, die Andy von der Anhöhe aus schon gesehen hatte: Lichtenau.

Wenige Minuten später standen sie plötzlich vor einer riesigen Burganlage. Eine trutzige Festung mit hoch emporragenden Kasematten und einem - wie es von hier aus schien - umlaufenden Burggraben.

Neben dem massiven Eingangstor prangte ein Schild mit bayerischem, weißblauen Rautenmuster und der Inschrift: *Landesjugendhof Lichtenau.*

Als das schwere Holztor hinter dem Jugendlichen laut vernehmbar ins Schloss fiel, zuckte Andy erschrocken zusammen.

Aber nicht das geräuschvolle Schließen des Portals war es, was ihn bis ins Mark erschaudern ließ. Vielmehr stieg in ihm mit einem Schlag entsetzliche Beklommenheit auf, aus dieser monströsen Festung wohl nie mehr lebend rauszukommen. Der überwältigende Anblick der massigen Trutzburg und der schwere Riegel, der das Burgtor verrammelte, wirkten auf Andy so übermächtig und unumstößlich, dass der arme Kerl glaubte, den Rest seines Lebens wie ein in einem Kerker eingemauerter Schwerverbrecher hier verbringen zu müssen.

Nach dem Empfang und der Einweisung steckte man die Neuankömmlinge in den innen liegenden, hermetisch abgeriegelten Bau der geschlossenen Abteilung. Das eigentliche Lehrlingsheim, in dem es - wie Andy später erfahren sollte - hauseigene Werkstätten gab, lag außerhalb des Burggrabens. Diese Nebengebäude beherbergten eine Schlosserei, Schreinerei, Schneiderwerkstatt und eine Schuhmacherei.

Zuerst aber wurde Andy gezwungen, sich einzugewöhnen. Und zwar in der geschlossenen Sonderabteilung - eine Maßnahme, der man sich in der seinerzeit angewandten Heimpädagogik obligatorisch und gerne bediente.

Ein rothaariger Erzieher musterte die Neuen mit durchdringendem Blick.

„Vor dem musst du dich in acht nehmen", wurde Andy sofort gewarnt, „das ist ein wilder Hund."

Aber Andy wollte es gar nicht so weit kommen lassen.

***

Die Neuen spürten die unerbittliche Strenge der Erzieher bald am eigenen Leib.

Das Essen war genießbar, aber immer gerade so knapp, dass Andy ständigen Hunger verspürte. Die Mahlzeiten mussten in der Küche, welche sich in einem Anbau befand, von zwei Essenholern herbeigeschafft werden.

Als zwei Burschen einmal auf der Treppe das schwer beladene Tablett aus den Händen glitt und Kartoffeln und Gemüse zwischen Porzellanscherben die Stufen hinunterpurzelten, strafte der Rothaarige - wie der grobschlächtige Erzieher nur genannt wurde - die gesamte Gruppe der jugendlichen Hungerleider, indem er brüllte: „Das Abendessen wird heute durch stramme Haltung ersetzt!"

Vorfälle wie dieser steigerten natürlich die Wut der Heimbewohner und das Bedürfnis, sich - wenn's denn sein muss, auch illegal - zu beschaffen, was der Hunger forderte. Auch wenn Andy nicht nur von seiner Wesensart her, sondern auch aus Vorsicht im Großen und Ganzen ein Einzelgänger war, so verbündete er sich in diesem Falle mit seinen Zimmergenossen und gemeinsam hegten sie zu viert Pläne aus, wie sie an was Essbares herankommen konnten. Unauffällig orteten sie die vorhandenen Gegebenheiten und eventuelle Möglichkeiten. Tagsüber schien es undenkbar, also blieb nur die Nacht. Aber da wurden gewöhnlich alle Türen verschlossen und die Schlafräume lagen im ersten Stock.

Dennoch wollten sie alles versuchen. Sie teilten sich die nächtlichen Diebstahlstouren und zogen immer zu zweit los.

So stiegen Andy und ein Kumpane gegen Mitternacht durch das kleine Klofenster neben dem Türmchen, welches direkt an den langen Bau mit den Schlafräumen anschloss, hinaus und kletterten barfüßig, damit sie einen besseren Kontakt zur Hauswand finden konnten, die breiten Mauerfugen hinab in den Innenhof. Die Festungsgemäuer schluckten die Schatten der Nachtwandler, die zur Burgmauer huschten. Dort angelangt, stiegen sie über die Brüstung und tasteten sich auf dem Sims, der hoch über dem Burggraben lag, entlang bis hin zum Küchenfenster. Einer der Zimmerkameraden hatte sich natürlich am Tag zuvor zum Essenholen vorgedrängt und in einem unbemerkten Augenblick den Fenstergriff aufgedreht. Die nächtlichen Einbrecher hofften nun, dass keiner vom Küchenpersonal bemerkt hatte, dass das Fenster nur angelehnt und nicht verschlossen war. Doch sie hatten Glück und konnten ungehindert in die Küche gelangen. Sie stahlen sich dort, was die ungesättigten Mägen forderten. Nachdem sie keine Taschen und nur ihre Nachthemden hatten, zogen sie diese aus, knoteten sie zu großen Stoffbehältern zusammen, die sie anschließend mit den geklauten Vorräten füllten, und banden sich diese mit den langen Ärmeln der Gewänder um ihre Körper. Nackt stiegen sie sodann zurück auf die Brüstung. Mit dem Rücken und den seitlich ausgestreckten Händen suchten sie engen Kontakt zur Wand, die vorne am Körper baumelnden Stoffsäcke erschwerten nun die Balance. Der Mauersims war nicht breit und nach vorne leicht abgeschrägt, sie kannten auch die tatsächliche Tiefe des Burggrabens, doch die unbarmherzige Schwärze der Nacht ließ unter ihren, bei jedem Schritt vorsichtig seitwärts vorantastenden Füßen einen Furcht erregenden Abgrund erahnen.

Unangenehme Gedanken der Angst, abzurutschen, vermischten sich mit der Angst, erwischt zu werden. Wobei sie sich aber nicht vorstellen konnten, was wohl schlimmer wäre.

Unbemerkt und ohne Zwischenfälle gelangten sie zurück in ihren Schlafraum.

Doch nicht immer hatten sie Glück, etwas gegen ihren Hunger aufzutreiben. Manchmal war das Küchenfenster wieder verschlossen worden, oder manchesmal war die Speisekammer so ordentlich aufgeräumt, dass es eben nichts zu beißen gab. Ärgerlich und enttäuscht machten sie sich dann auf den Rückweg, oft bei erhöhter Gefahr, wenn es des Nachts mal regnete und auf dem schrägen Mauersims dann kaum noch ein Halt zu finden war.

Es mussten also weitere Möglichkeiten der zusätzlichen Essensbeschaffung eruiert werden.

Die Zöglinge der geschlossenen Sonderabteilung hatten sich jeden Tag zum Arbeitseinsatz im Gemüsegarten einzufinden, welcher direkt unten im Burggraben angelegt war. In kleinen Kolonnen marschierten sie allmorgendlich dorthin und wurden vom zuständigen Gärtner zur Fronarbeit eingeteilt. Kniend oder gebückt verrichteten sie, was man ihnen auferlegte.

In unbemerkten Momenten schob Andy sich jeweils ein Grasbüschel unter die Kniescheiben, um seinen schmerzenden Gelenken somit hin und wieder Linderung zu verschaffen.

Aufmerksam suchten er und seine Zimmergefährten nach Möglichkeiten, Essen hamstern zu können. Doch war es unter der strengen Aufsicht der Erzieher unmöglich, sich unbemerkt an den Ernteerträgen zu bedienen.

***

Andys Gedanken kreisten sich in erster Linie ja nur darum, wie er aus dieser Anstalt möglichst bald verschwinden könne und so suchte er auch während seines Arbeitseinsatzes ständig nach Erfolg versprechenden Lösungen.

Vom Gemüsegarten aus entdeckte er kleine Maueröffnungen im unteren Teil des Burggrabens, die nicht vergittert waren, und - wie er vermutete - offenbar als Luftschächte für den inneren Teil der Burganlage dienen müssten. Für seine Fluchtgedanken taugten diese Mauerschächte sicher nicht, da sie ja lediglich im umlaufenden Burggraben endeten, wohl aber könnten sie möglicherweise für eine Essensbeschaffung nützlich sein.

Im Vorbeigehen kniete er nieder, und tat, als ob er seinen Schuh binden müsse, um herauszufinden, in welche Richtung diese Öffnungen ihren Verlauf nehmen würden. Dennoch konnte er es nur erahnen, weil die Dunkelheit im Innern nichts preisgeben wollte.

Bei nächster Gelegenheit widmete er daraufhin den äußeren Mauern des Burginnenhofes ebenfalls größere Aufmerksamkeit und entdeckte in entlegeneren Winkeln tatsächlich ebenfalls unvergitterte Schachtöffnungen der gleichen Größe wie im Burggraben und ging daher von der Vermutung aus, dass diese zusammenführen müssten. Die Schachtdurchmesser könnten gerade so ausreichend sein, dass er mit ausgestreckten Armen flach darin liegen könnte.

Er teilte seinen Kumpels die gewonnenen Erkenntnisse mit und schon kurz darauf, probierten sie es - wieder zu zweien - aus.

Angespannt und erwartungsvoll stiegen sie nächtens den schon bekannten Weg durchs Klofenster und die Ritzen des Turms hinunter. Auf jedes Geräusch lauernd, blieben sie immer wieder stehen und schlichen schließlich quer über den Hof, der in jener Nacht ausgerechnet von hellem Mondschein erleuchtet wurde, sodass ihre Körper lange, skurrile Schatten auf das alte Kopfsteinpflaster warfen.

Andy wagte es als Erster. Er ging in die Knie, streckte die Hände weit nach vorne und sogleich den Kopf in die Maueröffnung. Ein kalter Luftzug kam ihm entgegen, der seine Theorie bestätigte. Mit Ellbogen und Knien versuchte er mühsam, sich vorwärts zu schieben. Der enge Gang nahm plötzlich ein leichtes Gefälle nach unten, wodurch sein Körper auf dem sandigen Untergrund ein klein wenig leichter vorwärts rutschte.

Absolute Dunkelheit und Totenstille umgab ihn. Er fühlte sich wie in einer Gruft. Sein Körper begann allmählich, klamm zu werden. Irgendwo über ihm spürte er im vorwärts robben den leisen Luftzug eines mündenden Schachts, aber er entschied sich für den Weg, der nach unten führte. Mit den Händen voraus ertastete er so manch krabbelndes Kleingetier, dessen moderige Wohnstätte er nun wohl außerordentlich durcheinander brachte. Wegen der enorm eingeschränkten Bewegungsfreiheit kam er nur zentimeterweise vorwärts.

Wie weit war er denn schon? Wo endet dieser verfluchte Schacht? Lohnt sich eigentlich dieser blöde Aufwand?

Andy begann plötzlich, laut vor sich hinzuschimpfen. Mit Kopf und Rücken scheuerte er an der Schachtoberdecke entlang, Sand rieselte ihm ins Gesicht und er konnte sich nicht einmal die ekligen Spinnenweben aus seinen Haaren streifen. Er hatte während seines Kriechens jedes Zeitgefühl verloren, doch glaubte er auf einmal, eine Zunahme des Luftstroms im Gesicht zu verspüren. War es nur seine Hoffnung? Er kroch so hastig weiter, wie die gemauerte Enge um ihn herum dies zuließ. Nein nein, der Zug wurde stärker und die Luft angenehmer und vorne erkannte er auch dank des hellen Mondlichts draußen einen winzig kleinen Lichtpunkt, der ganz allmählich größer und wahrnehmbarer wurde. „Gott sei Dank! Verfluchte Scheiße!“ stieß er kurzatmig hervor. Dann erreichte er tatsächlich das Ende des Schachts, ließ sich kopfüber heraus auf den nahen Boden fallen und blieb erst mal eine Zeit lang so liegen. Kurz darauf hörte er Schürfgeräusche aus dem Innern des Gemäuers, und wenig später schob sich sein Zimmergenosse allmählich ebenfalls ins Freie.

„So ein Gammel!“ waren dessen erste Worte, während der sich ebenfalls bäuchlings aus dem Mauerloch fallen ließ und danach seinem zuvor noch eingezwängten Brustkorb eine kleine Durchschnaufpause gönnte.

Nachdem sich beide wieder etwas erholt hatten, orientierten sie sich erst mal mit großer Vorsicht und gelangten auch schnell in den heimeigenen Obst- und Gemüsegarten.

Sie gruben Mohrrüben aus, pflückten Tomaten und ernteten, was sie als genießbar wähnten.

Mit vollem Bauch und einigen Vorräten in den vor sich ausgestreckten Händen ging's dann wieder zurück, durch den engen, muffigen Schacht der jahrhundertealten Burgmauern in den Innenhof und die Turmritzen hinauf zum Abortfenster.

Erst, nachdem die Anspannung nachgelassen hatte, spürten sie die Schmerzen ihrer zerkratzten Hände und Kniescheiben und im fahlen Licht der Toilettenbeleuchtung sahen sie, wie sich Blut und Dreck auf ihrer Haut vermischten.

***

Andys Pläne, so schnell wie möglich auszubüchsen, ließen sich während seines gut gesicherten Aufenthaltes in der geschlossenen Sonderabteilung nicht realisieren. Dafür nutzte er aber die erstbeste Gelegenheit, die sich bot, nachdem er der Schuhmacherei als Lehrling zugeteilt worden war.

Die Frau des Meisters drückte ihm eines Tages vertrauensselig eine blecherne Kanne in die Hand und schickte ihn zum Milchholen. Das kam ihm gerade recht.

Kaum durchs Burgtor hindurch, stellte Andy die Milchkanne ans Eck und huschte davon. Den Weg hatte er sich bei seiner Ankunft gut eingeprägt: hinten bei der Kirche durch die schmale Gasse, dann ab in die Wälder und eine steile Anhöhe hinauf.

Bald sah er in der Ferne schon die alten Lokomotiven mit den Birken, die aus den Kohlentendern herauswuchsen und den hölzernen Bahnhof. Von da aus lief Andy immer in Sichtweite des Bahndamms, aber im Schutze des Walds, der ihm Deckung bot.

Der Bahndamm war sein Wegweiser. Fast wie ein Freund zeigte dieser ihm zuverlässig den Weg. Den Weg zurück nach Hause.

Müde von den Strapazen des fünfzig Kilometer langen Fußmarsches legte sich Andy zu Hause ins Bett und schlief gerade ein, als zwei Herren des Jugendamtes an der Wohnungstüre anklopften, um den Ausreißer zurückzuholen.

Zurück zu dem Holzbahnhof, den Lokomotiven mit ihren birkenbewachsenen Kohlenvorratswagen und zurück zur Zitadelle von Lichtenau, dem Landesjugendhof.

Zum zweiten Mal schloss sich das Hoftor hinter Andy mit einem dumpfen Schlag, der ihm nun aber noch markerschütternder vorkam, wie das erste Mal und der ihm noch lange in den Ohren nachdröhnte.

Der Rothaarige funkelte ihn übel wollend an: „Dir werden wir deine Flausen auch noch austreiben. Bis jetzt haben wir hier jeden kleingekriegt!“

Eine neue Eingewöhnungsphase in der geschlossenen Abteilung und Taschengeldsperre sollten ihn zur Vernunft bringen.

Doch Andy ließ sich dadurch nicht einschüchtern. Hier bleib' ich sowieso nicht, dachte er bei sich und suchte nach Möglichkeiten, anderweitig seinen Taschengeldverlust wettzumachen.

Als den anderen Heimbewohnern das wöchentliche Handgeld ausbezahlt wurde, bot er ihnen eine Wette an: „Für fünfzig Pfennige von jedem von Euch springe ich in den Burggraben!“ „Du spinnst, du bist doch lebensmüde“ waren die Antworten wie aus einem Munde „.. das will ich sehen.“

Mit kribbeligem Magen kassierte Andy seine Geldmünzen ein, stieg auf die Kasematten hinauf und sah von oben auf den Komposthaufen herab, den er sich wohlweislich als Landeplatz ausgesucht hatte. Ziemlich klein wirkte der Humushaufen von hier droben. Tags zuvor hatte er ihn noch zusätzlich mit Laub und Erde angehäuft und präpariert, um sich eine gefahrlose Landung zu garantieren.

Aber jetzt von hier oben ...?

Die haben Recht, die anderen, ich spinne und ich muss tatsächlich lebensmüde sein. Scheiße, das konnte gar nicht gut gehen. Worauf hast du dich da bloß eingelassen?

Also zurück?

Nein verdammt! Dann wirst du zum Gespött!

Also los spring endlich! Was hast du schon zu verlieren?

Dieses lächerliche bisschen Leben in der Bewahranstalt? Kein Arsch wird dir nachheulen!

Andy spürte, wie sich das flaue Gefühl in seinem Magen ausbreitete und die Knie allmählich weich wurden und er wollte keine weiteren Gedanken mehr zulassen, also beugte er sich ein wenig vor und sprang kurz entschlossen in die unheilvolle Tiefe.

Die anderen Jungen beobachteten Andys Körper, wie er sich von der Mauer abstieß und mit einem gellenden Schrei in den Burggraben stürzte. Der spinnt tatsächlich, dachten sie mit einer Mischung aus Entsetzen und Sensationsgier, was ihren Gesichtsausdrücken unschwer zu entnehmen war.

Doch der Kompost dämpfe den Aufprall. Andy rollte sich nach der Landung elegant ab, stand auf und klopfte sich in einem Zustand gesteigerten Hochgefühls den Humus aus der Kleidung.

Die Taschengeldauszahlung war eine Hochkonjunktur für die absurdesten Wetten.

Ein Junge war dabei, der fraß einen lebenden, fetten Regenwurm, ein anderer stach sich eine Nadel von außen in die Backe, sodass sie bei offenem Mund von innen zu sehen war. Fast jedes Mittel war recht, sich das Taschengeld durch kuriose oder unmögliche Wetten, welche natürlich außergewöhnlich sein mussten, aufzubessern- selbst wenn es dabei nur um Groschen ging.

***

Einer von Andys Zimmerbewohnern vertraute ihm eines Abends ein Geheimnis an, das ihn lange nicht einschlafen ließ.

„Du kennst doch die Sofie von der Küche?“

„Nee, kenn ich nicht“, gab Andy desinteressiert zurück.

„Na die Sofie Lang, die als Aushilfe in der Küche arbeitet, die kennst du doch.“

„Ach du meinst die Frau Lang?“, erwiderte Andy immer noch gelangweilt, „na klar kenn’ ich die. Was ist mit ihr?“

„Bist du schon mal über die drüber?“ fragte sein Bettnachbar mit einem breiten Grinsen.

„Waaas“ prustete Andy, „... wie meinst du das?“

„Na, hast du mit ihr auch schon ...?“ Dabei hob er die Hand, klemmte seinen Daumen zwischen Zeige- und Mittelfinger und streckte diese Geste feixend dem Andy entgegen. „Stell’ dich doch nicht so blöd! Haste nun, oder haste nich?“

Er sah ihn mit großen Augen erwartungsvoll an.

„Du spinnst wohl“, schnaubte Andy zurück und tippte sich zweimal hintereinander ärgerlich an die Stirn, „die, die ist doch mindestens schon fünfunddreißig!“

„Na und“, antwortete sein Zimmergenosse, „die kann dir doll was beibringen, so scharf wie die ist und die lässt jeden ran. Mir hat sie's neulich jedenfalls ganz schön besorgt.“

„Lass' mich doch in Ruhe mit deinem Scheiß du Perversling! Ich vergreif mich doch nicht an 'ner alten Frau“, beendete Andy die Unterhaltung, drehte sich zur anderen Seite und zog sich die Bettdecke über den Kopf.

Er mochte seinen Zimmergenossen nicht sonderlich, doch die Gedanken an dieses Gespräch ließen ihn keinen Schlaf finden. Plötzlich ging ihm diese Sofie nicht mehr aus dem Kopf, dieses dralle Weib. Immer, wenn er ihr begegnet war, hatte sie die vorderen Knöpfe ihrer Kittelschürze so verführerisch weit geöffnet, dass man in ihren Ausschnitt sehen konnte, wo sich ihre beiden Brüste berührten.

Verlegen hatte er jedes Mal zur Seite gesehen, vergaß aber das betörende Wippen unter ihrem Kleid nie.

Ich muss versuchen, bei ihr zu landen, dachte er jetzt nach diesem Gespräch mit seinem Nebenmann.

Er schloss die Augen und stellte sich vor, wie er dieser Sofie die verwaschene, etwas liederliche Schürze weiter aufknöpfte und merkte, dass sie darunter nichts anhatte. Deutlich sah er vor seinem geistigen Auge den dichten, dunklen Flaum zwischen ihren Beinen und spürte, wie sie sich behaglich und gefügig rekelte, ihn zärtlich streichelte und liebkoste. Er stellte sich das Beben ihrer nackten Körper vor, die sich näher kamen, Sofies schlanke Arme, die sich liebevoll um seinen Nacken legten und er spürte ein wohliges Gefühl in sich aufsteigen. Seine Wunschgedanken lösten einen Erdrutsch leidenschaftlichen Schauderns aus, welches seinen ganzen Leib erfasste. Er genoss das feurige Verlangen bei der Berührung ihrer zarten Haut und umschloss mit seinen Händen sanft die nachgiebigen Rundungen ihres wohl proportionierten Busens, ließ seine Finger langsam und inbrünstig zu ihrer Taille hinabtasten und umschloss voller Begierde ihre schlanke Hüfte. Er zog sie fester zu sich heran und fühlte das volle Maß ihrer Weiblichkeit.

Irgendwann in den frühen Morgenstunden schlief er schließlich doch ein.

Es ergab sich in der Folgezeit jedoch nichts, was seinen erotisierenden Wunschträumen bald hätte Erfüllung versprechen können.

Es fehlte ihm an der ausreichenden Portion Mut, der Sache Nachschub zu verleihen.

***

Und so nutzte er die nächste Möglichkeit zum Abhauen.

Das Heimweh trieb ihn immer wieder nach Hause, wo sollte er denn sonst auch hin.

Im Schutz der Wälder rannte er den Bahndamm entlang seinen Weg, den er schon kannte, und erreichte nach vielstündiger Flucht erschöpft die elterliche Wohnung, wo die Häscher ihn aber schon erwarteten und kehrtwendend zurückbrachten.

Doch der rothaarige wilde Hund kriegte Andy nicht klein. Sein Freiheitsdrang war stärker.

Indessen bekam er durch einen vierzehntägigen Aufenthalt in der geschlossenen Sonderabteilung erneut die Gelegenheit, sich noch besser einzugewöhnen und begreifen zu lernen, dass er sich dem ihm auferlegten Schicksal wohl beugen müsse.

Gebückt kniete er dann wieder stundenlang in der Reihe seines Strafbataillons bei der Feldarbeit und jätete mit einem kleinen eisernen Haken hartnäckiges Unkraut aus dem kargen Boden des Burggrabens. Die trockenen, verhärteten Erdkrumen drückten in seine Kniegelenke. Es war verboten, aufzustehen und sich die Beine zu lockern oder den Rücken zu dehnen. Alles tat ihm von der harten Schinderei weh.

Andy nahm sämtliche Züchtigungen äußerlich scheinbar gelassen hin, denn er hatte im Kopf die tröstliche Gewissheit, dass er früher oder später sowieso wieder abhauen würde und die Tatsache, dass selbst diese so allmächtigen Erzieher ihm diese Gewissheit nicht nehmen konnten, machte ihn mutig und stark und ließ ihn alles leichter ertragen. In diesem Punkt fühlte er sich mit seinem Wissen diesen Erziehern hier haushoch überlegen.

***

Dann kam der Zeitpunkt, wo er wieder in der Schuhmacherei arbeiten durfte.

Die Glocke ertönte zur Frühstückspause.

Heute war Andy an der Reihe, die Brote für die Schuhmacherei aus der Küche zu holen. Eine Tätigkeit, die ihm außerordentlich missfiel, weil dieser Sonderdienst seine Vesperpause gehörig einschränkte.

Er ging über den gepflasterten Hof, trat in das Nebengebäude ein, in dem die Wirtschaftsräume untergebracht waren, und öffnete die Küchentüre.

Unversehens stand Sofie vor ihm.

„Was willst du?“, lächelte sie.

Verwirrt starrte Andy sie wortlos an.

Am unteren Rand seines Blickwinkels nahm er wahr, wie die oberen, offenen Knöpfe der Kleiderschürze einen tiefen Einblick in ihren Ausschnitt freigaben. Ohne dass sie es bemerkt hätte, konnte er seinen Blick jedoch nicht senken und auf ihren Busen fallen lassen, so gerne er es auch täte.

Was meinte sie damit, was ich will? Sollte dies eine doppeldeutige Anspielung sein? Erahnte sie meine Gedanken?

„Ich, äh, ...“ Andy überlegte blitzartig, was er sagen sollte, war jedoch zu schüchtern, einen Impuls zu starten.

„Was ist los mit dir? Was willst du denn?“ fragte sie erneut und ein Quäntchen Ungeduld war nun deutlich aus ihrer Stimme herauszuhören.

„Ich? Na die Brote will ich, und ...“ Andy schluckte und wusste nicht, wie er es anstellen sollte.

Sofie drehte sich um und hob von einem Etagenwagen ein Tablett herab, auf dem Brote, ein Teller mit in rechteckigen Scheiben geschnittener Butter und zwei mit Marmelade gefüllte Gläser, in denen jeweils ein großer Löffel steckte, aufgeschlichtet waren.

Andy nutzte die Gelegenheit und besah sich nun schamlos ihr breites Gesäß.

Schon wandte sie sich ihm wieder zu und überreichte ihm das Servierbrett. Ihr Lächeln war auf einmal verschwunden und hatte einem prüfenden Gesichtsausdruck Platz gemacht. „Hat jemand gequatscht?“ wollte sie in einem unfreundlichen Tonfall wissen.

Andy nahm das volle Tablett und tat so überrascht, wie er nur konnte. „Wieso?“ fragte er unschuldig zurück. „Wer denn? Nee, warum?“

„Na, weil du mich so anstierst. Nun sag’ schon“. Während sie sprach, legte sie ihm freundschaftlich ihre Hand auf seine Schulter, „du willst doch was von mir?“

Ihre Berührung traf Andy wie einen elektrischen Schlag. Er schluckte und sah an ihr vorbei in die Küche. Sie waren allein. Statt einer Antwort senkte er seinen Kopf und blickte nun unverhohlen in ihren Ausschnitt. Ihr Busen, der sich unter dem weißen Stoff ihres Schürzenkleides mit jedem ihrer Atemzüge deutlich hob und senkte, schien viel größer, als er ihn aus seinen Träumen zu kennen glaubte.

Andy fühlte noch immer Sofies Hand auf seiner Schulter, während sie entgegenkommend ihren Oberkörper ein wenig nach vorne über das Tablett beugte, sodass er die Ansätze ihrer verheißungsvollen Brüste noch deutlicher erkennen konnte.

Aufgewühlt hob er den Blick und nahm den viel versprechenden Ausdruck in ihrem Gesicht wahr.

„Komm’ doch morgen Nachmittag nochmal“, hauchte sie leise, „da bin ich drüben im Lehrsaal und bei den Waschräumen. Wann biste denn fertig mit deiner Maloche?“

Ich? Äh, morgen ...?“, stammelte Andy aufgeregt und umklammerte das Tablett noch fester.

„Besuch’ mich doch einfach“ unterbrach Sofie seine Wortfetzen. „Ich wart’ auf dich. Sagen wir so um fünf ?“

Andy nickte kurz und verließ mit den Broten und der Marmelade hastig die Küche. Er stolperte über den Hof und wurde von seinen Arbeitskollegen mit mürrischen und anzüglichen Bemerkungen ärgerlich empfangen. „Hat sich bei den Küchenweibern aufgegeilt und lässt uns dafür verhungern, der Saftarsch“, wurde er wütend angemault.

„Dann hol’ doch deinen Fraß selber du verpisste Kanaille!“ schnauzte Andy furchtlos zurück.

Sie fielen ungeduldig über die Brotscheiben her, bestrichen diese erst mit Butter, dann mit Marmelade und setzten sich auf ihre Schemel, um mit ihren leimverkrusteten, schwarzen Händen gierig das Vesper in sich hinein zu stopfen.

Die Glocke ertönte pünktlich und ohne Rücksicht darauf, ob sie mit dem Essen fertig waren oder nicht und unverzüglich musste die Arbeit wieder aufgenommen werden.

Bevor die Maschinen wieder angeschaltet wurden, schleckte man sich nur noch die klebrige Marmelade von den schmutzigen Fingern und widmete sich dann wieder den Bergen von Schuhen, die zu besohlen waren.

***

Am nächsten Tag konnte Andy kaum das Läuten der Feierabendglocke erwarten, obwohl ihm nicht ganz wohl war bei dem Gedanken an seine ominöse Verabredung.

Als es endlich schellte, verkrampfte sich plötzlich sein Magen. Er zog seine Arbeitskleidung aus und wusch sich Leimreste und den schmierigen Schleifstaub aus den Händen, während er überlegte, ob er nun tatsächlich seine Abmachung einhalten sollte - ich werd' einfach nicht hingehen, beschloss er.

Dann fielen ihm wieder seine Träume ein, mal 'ne richtige Frau zu haben. Jetzt war die Gelegenheit und er wollte kneifen.

Mit beiden Händen bildete er eine Mulde, ließ diese mit kaltem Wasser voll laufen und wusch sich die Wärme aus seinem Gesicht. Ohne sich abzutrocknen, besah er sich im Spiegel - Na du Scheißer. Du willst ein Mann sein? Siehst 'nen Rockzipfel und machst dir sofort die Hosen voll. Sie wird mich auslachen, weil ich mich vielleicht zu blöd anstell'. Arschloch, dann geh' halt nicht hin, wenn du Schiss hast.

Was soll's, ich probier's einfach.

Er drückte sich sein Handtuch ins Gesicht und verharrte so eine Weile, ehe er sich ordentlich die blonden Haare aus der Stirn kämmte.

Dann marschierte er zaghaft los.

Bänglich überquerte er den Burghof, nach allen Seiten sichernd, zog den Türflügel der ehemaligen Stallung auf und betrat den Hausflur, in dem es nach Schmierseife roch und dessen nass gewischter Steinfußboden wie neu glänzte.

Er schritt den Gang hindurch bis hin zu den Unterrichtsräumen, deren Türen offen standen. Er tat in jeden Raum jeweils einen Schritt hinein und sah, dass die Stühle auf den Tischen hochgestellt waren und der Boden ebenfalls noch feucht war.

Anschließend suchte er die Toiletten auf der anderen Seite des Korridors auf.

Er öffnete die Türe und hörte, wie jemand einen quietschenden Wasserhahn bediente, gefolgt von einem Rauschen, welches offenbar von einem voll laufenden Blecheimer herrührte.

Andy wandte sich zur Seite und sah Sofie vor einem Waschbecken stehen.

Unschlüssig starrte er sie an. Sie war nicht schön, eher ein wenig schlampig. Ihre Haare hingen ihr ungepflegt ins Gesicht und ihre Gebärden waren weder weiblich, noch verführerisch oder gar betörend. Einzig ihr Dekolletee war es offenbar, was ihn blind machte.

Andy überlegte noch für einen flüchtigen Moment, ob er nicht doch lieber umkehren sollte, als sie ihn auch schon wahrgenommen hatte. Sie drehte das Wasser zu, wischte sich die feuchten Hände an ihrem Kittel ab und kam ohne Umschweife zur Sache.

„Komm mit da rein", verfügte sie, indem sie ihn an der Hand nahm und sich gleichzeitig nach allen Seiten umsah. Andy gehorchte und ließ sich in eine der Toilettenkabinen führen, deren Türen bis zum Boden reichten. Dann zwängte sie sich an ihm vorbei und verriegelte den Zugang.

„Steh' doch nicht so da", flüsterte sie ihm ins Ohr, „da, fass' mal an." Sie hob seine Hand und legte sie auf ihre Oberweite. Zugleich öffnete sie selbst die vorderen Knöpfe ihrer Kleiderschürze und schob nun seine Hand unter ihren Büstenhalter. Wie elektrisiert berührte er ihre Brust, die sich warm und sehr groß anfühlte. Andy griff fester zu und Sofie gab einen gedämpften Seufzer von sich. Mit beiden Händen drückte und massierte er nun vorsichtig ihre stattlichen Rundungen. Unterdessen löste sie freimütig den Büstenhalter und ließ ihn zu Boden fallen. Dann packte sie Andys Kopf und presste ihn zwischen ihre fülligen Brüste derart hinein, dass ihm die Luft wegblieb. Während er vergeblich versuchte, die Nase ein wenig freizubekommen umschlang sie ihn mit beiden Armen und drückte ihn noch fester an sich.

Endlich gelang es ihm, Atem zu holen und schnell schnaufte er tief durch, doch sie umschlang ihn noch immer und liebkoste ihm nun mit feuchten Lippen den Nacken. Sie löste ihre Umklammerung, ließ sich nun langsam auf den Klodeckel sinken und fingerte nun im Sitzen an seiner Hose herum.

Andy war sehr erregt, obwohl die Situation für ihn alles andere als romantisch war. Nachdem sie seine Hose geöffnet hatte, sah sie ihm seine Erregung deutlich an und schnappte auf einmal unvermittelt kräftig zu, sodass Andy hingebungsvoll die Luft anhielt. Immer noch aufrecht stehend, klammerte er sich jetzt an ihre Schultern. Nach einer Weile ließ sie ihn los und rutschte weiter hinab auf die kalten Kacheln des Bodens, wobei sie ihren Leib fast völlig freigab, indem sie den Stoff ihres Kittels seitlich wegraffte. Andy kniete sich nun über sie und zog an ihrem Slip, bis sie vollkommen nackt war, mit Ausnahme der Schürze, auf der sie lag und welche nur noch ihre Schultern und Arme bedeckte.

Sofie ergriff mit geübten Händen seine emporragende Männlichkeit und schloss dabei genießerisch die Augen. Er umfasste ihre Taille, die sich nicht schlank und fest anfühlte, wie in seinen Träumen und er sah ihre großen, molligen Brüste, die seitlich herabhingen. Dies schien nicht der ranke Körper aus seinen schlaflosen Traumbildern, seidig und anschmiegsam weich oder jugendlich und straff, doch seinen augenblicklichen selbstsüchtigen Erwartungen war dies nun absolut gleichgültig. Sofie zog ihn zu sich herab, schloss ihn energisch zwischen ihren kompakten Schenkeln ein und Andy spürte mit einem Male seine Intensität Glück verheißend tief in ihr drin. Sie schnaufte schnell und flach und brachte ihn bald außer Atem.

Die Lage, in der sie sich auf dem kühlen Fliesenboden befanden, ließ nicht viel Bewegungsfreiheit zu. Andy stemmte sich mit beiden Beinen gegen die Türe der engen Kabine, um Sofies leidenschaftlichen Gebärden kraftvoll entgegenwirken zu können, seine linke Schulter spürte das kalte Porzellan der Toilettenschüssel. Auf dem Gipfel seiner Begierde stieg in ihm auf einmal ein wohliges Wonnegefühl hoch, dass ihm wie die höchste Vollendung von überschäumendem Glück vorkam, dann aber seinen Körper fast schmerzlich erschaudern ließ.

Sein Magen verkrampfte sich, ein Zucken durchfuhr seinen Leib und in seinem Hals würgte es ihn fast zum Erbrechen. „Ich muss sterben!“, rief er mit erstickender Stimme „ich muss sterben.“

„So'n Quatsch“, fuhr Sofie ihn brüsk an, „da stirbt man doch nicht. Das war doch schön.“ Und ebenso brüsk stieß sie ihn nun auch von sich. Ihr Gesicht war rot von der Anstrengung und ihre zerzausten Haare sahen jetzt noch ungepflegter aus. Andy erhob sich mühsam und benommen, stand nun direkt über ihr und sah auf sie herab. Was hatte er nur getan mit dieser Frau, die seine Mutter sein könnte und die mit der Frau aus seinen Träumen nicht im geringsten vergleichbar war.

Plötzlich schämte er sich und plötzlich überkam ihn Angst. Dieser Ort - jeden Moment hätte jemand hereinkommen können. Wenn der Rothaarige mich hier erwischt, der schlägt mich tot. Welch' eine Schande für dieses ehrenwerte Haus, welch' eine Verfehlung, welch' ein Frevel. Die stecken mich doch sofort ins *Moor*.

Schnell zog er sich die Hose zu und wartete, bis Sofie ebenfalls aufgestanden war, sah ihr noch zu, wie sie sich erhob und ihre Kleidung richtete. Dann schloss er die Türe auf und verließ die Toilette. Auf dem Flur hörte er noch, wie sie hinter ihm abriegelte.

V

Wieder mal ist Andy abgehauen.

Und natürlich brachte man ihn wieder zurück.

Ein paar Mal suchte er Trost bei Sofie, die ihm heimlich auch Brot und Milch aus der Küche zusteckte. „Du bist mir ein schöner Wildfang“, flötete sie ihn an und setzte ärgerlich hinzu: „Warum haust du bloß immer ab? Du hast's doch jetzt gut bei mir.“

„Ja, schon“, antwortete Andy nur, ohne den Satz zu beenden, weil er wusste, dass sie ihn eh' nicht verstand. Stattdessen sah er schweigend und sinnierend an ihr vorbei. Sie, die nur herkam zum Essenausteilen, Putzen und um mit den Jungs ihren Spaß zu haben. Dann hatte sie Feierabend und konnte brav nach Hause gehen. Wohin sie ging, wusste er nicht, vielleicht spielte sie die tugendhafte Ehefrau, oder sie lebte allein? Aber sie konnte hinausgehen durch dieses verdammte Tor, wann immer sie wollte, war nicht eingemauert in diesem Verlies.

Nein, er fragte nicht danach, wohin sie ging. Es war ihm egal. Überhaupt redeten sie ohnedies nicht viel. Sie trafen sich und fielen ohne Worte gleich übereinander her.

Jedes Mal, wenn sie es mit ihm in der Toilette getrieben hatte, schämte er sich und schwörte im Weggehen, dass es heute das letzte Mal gewesen sei. Doch es dauerte nicht lange und eine egozentrische Sehnsucht trieb ihn wieder in die Arme der Versuchung.

***

Als Andy eines Tages wie üblich in der Schuhmacherwerkstatt an der Schleifmaschine stand, trat sein Meister an ihn heran, legte ihm freundschaftlich die Hand auf die Schulter und vertraute ihm etwas an: „Am Montag kommst du fort", sagte er mit einem väterlichen Unterton, der fast ein wenig traurig klang.

Andy mochte ihn, aber er mochte dieses Heim nicht, diese Erzieher und diese Schikanen, er hasste das Jugendamt und dessen scheiß Vollstrecker, die ihn immer wieder einfingen und erbarmungslos zurückbrachten.

„Wohin?" fragte er.

„Das weiß ich auch nicht", erwiderte der Meister und klopfte ihm freundschaftlich auf die Schulter. Er konnte Andy gut leiden, denn der war wissbegierig und ein tüchtiger, handwerklich geschickter Schusterlehrling.

„Ich glaube es heißt *Voccawind*", sagte er noch halblaut und wandte sich zum Gehen ab.

Bei dem Namen *Voccawind* schauderte es Andy. Dort muss es grausig sein, dachte er und erinnerte sich an die vielen Gerüchte, die man ihm schon über diese geschlossene Erziehungsanstalt erzählte, von harter Schinderei im Steinbruch und von noch härterem Durchgreifen der Erzieher.

Was sollte er jetzt tun? Nochmal abhauen und abwarten, bis man ihn bei seinen Eltern wieder abholt, oder abhauen und nie mehr nach Hause gehen, sondern ganz woanders hin, immer auf der Flucht vor dem Jugendamt und seinen Häschern? Zur See vielleicht oder nach Amerika, wo ihn keiner kennt?

Bei dem Gedanken, seine Familie möglicherweise nie mehr sehen zu können, wurde er mit einem Male furchtbar betrübt und er schluckte seine Wehmut schnell hinunter.

***

Am besagten Montag wurde Andy von einem Betreuer des Jugendamtes abgeholt und zum Bahnhof gebracht, den er danach nie wieder zu Gesicht bekommen sollte.

Sie stiegen in den Zug. Andy warf sein kleines Bündel nach oben ins Gepäcknetz und sah zum Fenster hinaus. Er sah das verrostete Nebengleis und die darauf abgestellten, alten Loks, die von mannshohem Unkraut umwuchert waren. Er sah die Birken, die nur noch wenige, bunt gefärbte Blätter trugen, und wandte seinen Blick am Waldesrand vorbei in die Ferne, wo er den Kirchturm von Lichtenau entdeckte, der stur erhaben und nichts ahnend über allem hinwegsieht, was unter den Dächern um ihn herum geschieht.

Nichts als kalter Stein, dachte Andy - herzlos und ohne Mitgefühl, wie die Burgmauern der Zitadelle und wie die Erzieher darin. Du kannst damit ein Gefängnis bauen, oder eine Kirche, den Steinen ist das egal, sie tun ihren Dienst, wozu auch immer sie benutzt werden, ähnlich den getreu aus jesuitischen Ordensregeln des Ignatius von Loyola abgeleiteten Vorschriften, wonach sich die Ordensmitglieder von Gott und den Vorgesetzten leiten lassen sollen, als seien sie ein Leichnam, der alles mit sich machen lässt.

Ebenso bewachen dich in blindem, willenlosem Gehorsam die Steine, wenn du zur Haft verurteilt bist, oder sie beschützen dich in einer Kathedrale, wenn du inbrünstig betest, sie erinnern dich als Mahnmal an die Opfer des Krieges, oder erheben sich schließlich über deiner Grabstätte.

Es ist ganz egal, sie tun, was von ihnen verlangt wird.

Aber vielleicht tat er ihnen ja Unrecht, den Steinen, die für den zu allem fähigen Menschen immer und für alles herhalten müssen, vielleicht haben sie ja sogar eine mitfühlende Seele, eine Aura, oder ist es gar eine Art von Geduld, die langmütig alles Irdische überdauert. Also doch Erhabenheit?

Andy schloss kurz die Augen ob seiner irrsinnigen Gedanken.

Mit einem heftigen Ruckeln setzte sich die Eisenbahn in Bewegung und gewann allmählich mehr und mehr an Geschwindigkeit, indessen der Kirchturm für immer in der Ferne verschwand.

Voccawind, überlegte Andy. Er wusste, dass Voccawind in der Nähe der Grenze zur DDR liegen musste, im Coburger Raum; in der Nähe von Hof oder so. Aber die Bahn fuhr gerade an Würzburg vorbei. Die Fahrt dauerte sehr lange, zu lange für Voccawind, schätzte Andy.

Sein Begleiter durfte ihm nicht verraten, wohin die Reise ging.

Eigentlich kein schlechter Kerl, dachte Andy, als der Mann seine Brotzeit mit ihm teilte.

„Hau mir bloß nicht während der Fahrt ab“, bat er den Jungen mit vollem Mund und hob dabei die Augenbrauen.

„Nein nein“, versprach Andy, „wenn ich gehe, dann geh’ ich von dort.“

„Ich hab’ nichts gehört“, sagte sein Gegenüber und biss erneut von der Stulle.

Irgendwann fuhren sie in den Bahnhof von Fulda ein und es kamen noch viele kleinere Bahnhöfe danach.

Wo bringt der einsilbige Kerl mich denn nur hin, grübelte Andy.

Schon gleich vier Stunden Zugfahrt und wir sind noch immer nicht da. Jedenfalls nicht nach Voccawind, das steht fest. Nichts konnte schlimmer sein als Voccawind.

„Hier müssen wir raus“, murmelte sein Begleiter, als der Zug an einer kleinen Station anhielt, deren Namen Andy noch nie gehört hatte. Sie stiegen aus, verließen den Bahnhof und begaben sich in einen davor wartenden Linienbus. Brummend fuhr der Bus an.

Die Fahrt führte über hügelige, bewaldete Straßen, durch ein winziges Gebirge hindurch, bis zum Rande eines kleinen Dorfes, namens Rengshausen im Knüllwald, wie das Ortsschild stolz verkündete.

Andy trabte neben dem Vollzugsbeamten her und sah sich um. Man hatte ihm ja schon alle möglichen Erziehungsanstalten angedroht, sie schienen ihm wenigstens dem Namen nach geläufig, aber von diesem Knüllwald hier war ihm bisher nichts bekannt.

Der Weg führte bergauf. Gleichmäßiger, dichter Regen setzte ein. Andy zog seine Jacke über den Kopf und tastete in gewohnter Manier mit den Augen die Gegend ab. Über Rengshausen hatte er noch nie etwas gehört.

„So, wir sind da“, wurden seine Gedanken unterbrochen, „da vorn ist dein neues Heim.“

Andy blieb stehen und blickte in die Richtung, die ihm gedeutet wurde. Er sah eine Ansiedlung von verschiedenen Gebäuden. Das Haupthaus, ein vierstöckiger, lang gezogener Bau, mit vielen, regelmäßig angeordneten Fenstern, daneben einige niedrige, ebenerdige Gebäude, deren Funktionen er von hier aus nicht erkennen konnte. Vielleicht auch Schreiner-, Schneider- und Schusterwerkstätten wie in Lichtenau, mutmaßte er im Stillen.

„Das Burschenheim *Beiserhaus*“, ergänzte sein Begleiter mitten in seine Gedanken, wortkarg wie eh und je und forderte ihn zum Weitergehen auf: „Komm!“

Nach wenigen Schritten standen sie vor dem rundbögigen, zweiflügeligen Eingang des Hauptgebäudes.

Der Mann klopfte laut an.

Wieder ein massives Holztor, dass hinter mir verriegelt wird, dachte Andy und legte den Kopf in den Nacken, um nach oben zu sehen. In der Rundung des Portals waren Worte eingemeißelt, die ihm wie eine einzige, gemeine Lüge erschienen und ihm nach alledem, was er in seiner bisherigen Heimlaufbahn kennen gelernt hatte, wie beißender Hohn vorkamen. Worte, mit sarkastischem Hochmut in Stein gehauen, von Leuten, die nichts kapierten. Worte, die so hinterhältig und infam von ihm verlangten, er solle sich nackt und schutzlos ausliefern, sein Allerletztes, was ihm noch verblieb, hergeben, nicht mehr über sein Schicksal nachdenken oder selbst darüber bestimmen dürfen und nichts mehr fühlen, das sollte von nun an, wenn er diese Pforte betritt, andere für ihn übernehmen, die sich zu Herrengöttern erhebend anmaßen, zu wissen, was gut für ihn sei.

Andy starrte gebannt auf diese wenigen, aber entsetzlich zynischen Worte aus Stein und seine Gedanken verdüsterten sich, als er sie langsam und mit aufsteigender Wut las: GIB MIR, MEIN SOHN; DEIN HERZ.

Ihr blutrünstigen Aasgeier, ihr wollt mein Herz? Da könnt’ ihr ganz schön lange warten. Was versteht ihr denn von meinem Herzen? Eher will ich krepieren dann bin ich nämlich genauso tot, als wenn ich euch mein Herz anvertrauen würde. Ihr müsstet es mir schon aus dem lebendigen Leibe herausreißen. Lieber würde ich sterben, als euch mein Leben anzuvertrauen, oder mein Herz! Habt ihr nicht vielleicht auch ‘ne Garderobe, wo ich mein

Hirn abgeben kann, bis ihr mich wieder rauslasst? Ja, ich bin ganz sicher! Ihr habt so was, klar habt ihr so was.

Die Türe öffnete sich und Andy war sich ganz sicher, als er die Schwelle betrat, dass er diese steinernen, herzlosen Worte niemals beachten würde.

***

Der Diakon dieser klerikalen Fürsorgeanstalt sah streng über den oberen Rand seiner Hornbrille, als Andy in dessen Heimleiterbüro geführt wurde.

Dann nickte er ihm zum Gruße knapp und ernst zu, begann in einer Akte zu blättern, die vor ihm auf dem Schreibtisch lag und fing ohne Umschweife zu lesen an:

„Das Jugendamt hat bei dir eine drohende Gefährdung und Verwahrlosung festgestellt und verfügt, dass durch geeignete, erzieherische Maßnahmen eine Einstellungs- und Verhaltensänderung erreicht werden soll, auch wenn noch die nötige Einsicht und der Wille zur Besserung fehlen."

Er sah kurz auf und schielte wieder über seine Brille.

„Wir sind ein Heim für schwer erziehbare Jugendliche, in dem die bewährten Erziehungsziele Zucht und Ordnung ihre Bedeutung haben ..."

Andy konnte sie nicht mehr hören, diese öden Sprüche und ließ seinen Blick zum Fenster hinauswandern, stellte sich in Gedanken den Weg vor, auf dem er hergeführt worden war.

„... ebenso wie die kollektive Durchsetzung allgemein gültiger Normen und die Vermittlung christlicher Werte, die zum Orientierungsmaßstab werden sollen ..." dröhnte es durch das Empfangszimmer des Heimleiters.

Sie hatten alle Recht, dachte Andy, der Wille zur Besserung fehlte ihm. Was meinen die eigentlich mit *Besserung*? Soll ich tatsächlich mein Hirn an der Garderobe abgeben und mein Herz, um dann meinen Kadaver dem blinden Gehorsam zum Fraß vorzuwerfen?

„...Der Autorität unserer Heimordnung haben sich alle Jugendlichen unterzuordnen. Arbeitsgewöhnung, handwerkliche Befähigung, sportliche Ertüchtigung, ..." fuhr der Diakon unbeirrt fort.

Andy hing seinen Gedanken nach und die Phrasen verloren sich im Raum - wenn ich den Bahnhof wiederfinde, kann ich mich an den Gleisen orientieren.

„... Allgemeine Bildungsveranstaltungen, Gottesdienste und Andachten dienen der seelisch-geistigen Förderung." Der Direktor aalte sich im vermeintlichen Wohlklang seiner Worte.

Wie heißt dieser gottverdammte Bahnhof, überlegte Andy und ärgerte sich, dass er, obwohl er sich den Namen unter allen Umständen hatte merken wollen, ihn nun doch vergessen hatte.

„... Die Erziehung gilt vorrangig zur Ein- und Unterordnung als Anpassungsleistung an die Gesellschaft. Müßiggang soll und muss daher tunlichst vermieden werden, das ist unser pädagogischer Auftrag, ..."

Unterordnung verstand Andy noch. Wer, ich? - Der Bahnhof, wie heißt denn der Bahnhof, grübelte er angestrengt und lief in Gedanken den Weg dorthin nochmals zurück.

Der beinahe kahlköpfige Heimleiter ging nun im Zimmer auf und ab. „... welchen wir zu Gunsten von den Heranwachsenden, die entwurzelt, verstört, verängstigt, verroht und verschlagen bei uns Zuflucht finden, ausüben."

Egal, dachte Andy, ich werde ihn wiedererkennen, den Bahnhof und dann die Schienen entlanglaufen, bis Fulda ...

Auf einmal war es still um ihn herum, was ihn aus seinen Gedanken herausriss. Der Herr Direktor hatte seine viel sagende Begrüßungsansprache beendet und stand auf.

Daraufhin führte er den Neuankömmling durchs Haus, an den Schlaf- und Wohnsälen vorbei ins oberste Geschoss, in dem sich die geschlossene Abteilung befand. Mit rasselndem Schlüsselbund wurde die schwere Türe entriegelt und Andys obligatorische Eingewöhnungszeit begann - wie nicht anders zu erwarten - in Form eines Gewahrsams.

Hatte er da soeben irgendetwas falsch verstanden? Die wenigen Worte, die zu ihm durchdrangen, wollten die nicht was von *christlichen Werten* und *seelisch-geistiger Förderung* ausdrücken, meinten wohl aber *Misstrauen* und *seelisch-geistige Unterdrückung?*

Andy musste seine Klamotten ausziehen und bekam heimeigene, derbe Einheitskleidung verpasst. Die Halbwüchsigen der geschlossenen Abteilung, kurz nur *GA* genannt, wurden in der Gärtnerei oder Landwirtschaft beschäftigt, um eben *„Müßiggang zu vermeiden"*, wie sich der werte Herr Direktor unmissverständlich ausgedrückt hatte.

„Arbeitseinsatz Landwirtschaft!" lautete Andys morgendlicher Weckruf. Unter strenger Beaufsichtigung marschierte die Kolonne zusammengewürfelter Jugendlicher, die aufgrund der unterschiedlichsten Schicksale am Rande der Gesellschaft standen, die sich in nutzlosen Versuchen gegen die festgefügten, sozialen Ordnungen und Forderungen wehrten und nicht selten die Spielregeln und Gesetze missachteten, zur Feldarbeit auf die umliegenden Äcker. Vagabundierende, einfältige Raufbolde zumeist, charakterlich deformiert, die aus verarmten, asozialen Verhältnissen stammten, ohne eine echte Chance, die Fesseln des niederen, sozialen Standes jemals lösen zu können.

Andy wollte sich jedenfalls der ihm zugewiesenen Rolle nicht fügen und sondierte gründlich die Gegebenheiten. Er bemerkte sehr schnell, dass es in jeder Arbeitsgruppe devote Schleimer gab, die den Erziehern bei der Überwachung der Kameraden auf freiem Felde in vorauseilendem Gehorsam zur Hand gehen würden, wenn es erforderlich werden sollte. Bornierte Kameradensäue, die für eine Extrazigarette oder für ein paar billige Vergünstigungen nicht nur ihre eigene Mutter, sondern auch noch ihre Seele verraten und verkaufen würden. Armselige Schweine, doch gefährlich, allerdings wegen ihrer schleimigen Art bei den Heimgefährten und den Erziehern gleichermaßen unbeliebt. Billige Kopfgeldjäger, die in ihrer Funktion als Fänger lediglich als Mittel zum Zweck benutzt wurden.

Andy übte sich in Geduld und wartete ab.

Etliche Wagenladungen hat er bei den Kartoffelernteeinsätzen in dieser Zeit aufgeladen, für einen Kanten Brot und für eine Zigarette. Mit müden Knochen saß er abends hinter gesicherten Fenstern, von der Außenwelt abgeschlossen im Gemeinschaftsraum.

Seine Gedanken, die er niemals mit jemandem teilte, verfolgten nur ein Ziel: „Menschenskinder, das mach' ich nicht lange."

***

Die übrigen, unfreiwilligen Mitbewohner seiner „GA" rauchten genüsslich ihre Zigaretten, manche pafften kleine Ringe in die Luft, denen sie schläfrig und gelangweilt nachträumten. Selten las einer in einem Buch, andere stänkerten sich gegenseitig an und machten sich übereinander lustig - zumeist über die Unterlegeneren - oder sie maßen ihre Kräfte durch Armdrücken oder verbale Angebereien.

Einer blätterte in einem kleinen Taschenkalender.

„Kann ich mal sehen?" bat Andy ihn halblaut.

„Von mir aus, da", gewährte der ihm seine Bitte und streckte ihm das winzige Büchlein entgegen.

Andy besah sich die Seiten nur oberflächlich und fand dann nach einigem Umherblättern, was er suchte: eine Landkarte im Miniaturformat, winzig klein zwar, ganz Deutschland in der Größe von weniger als einer halben Hand etwa abgebildet, aber als grobe Übersicht für seine Zwecke durchaus ausreichend.

„Gibst du mir den Kalender für ein paar Zigaretten?", schlug er dem Kumpel vor.

„Nein, den brauch' ich selbst", war die deutliche Antwort.

„Dann verkauf' mir wenigstens die Landkarte", flüsterte Andy leise.

„Willst wohl abhauen, was?" erwiderte der andere viel zu laut und sah ihm für einen kurzen Moment prüfend in die Augen.

„Halt's Maul, blöder Sack" zischte Andy ihn an und guckte sich erschrocken um.

„Soll' mir scheißegal sein. Also gut, rück' drei Zigaretten rüber und sie gehört dir", zwinkerte der Zimmerkamerad, riss die Doppelseite aus dem Bändchen heraus und wartete, bis Andy die Zigaretten aus seiner Brusttasche hervorkramte, mit den Fingern behutsam gerade bog und sie ihm dann auf die Bettkante legte, ehe er seinerseits die Landkarte aushändigte.

Abends nach dem Umkleiden war es den Zöglingen der geschlossenen Sonderabteilung nicht erlaubt, die Nacht zusammen mit ihren Klamotten in einem Raum zu verbringen. Tageskleidung und Schuhe wurden aus Sicherheitsgründen in einem Nebenraum weggesperrt, welchen sie nur mit dem Schlafanzug bekleidet wieder verlassen durften.

Aber auch diese Zeremonie war dem Andy aus seiner bisherigen Heimkarriere längst nur zu gut bekannt, eine Vorsichtsmaßnahme, welche die Jugendlichen - die hier *Zuflucht suchten*, wie sich der Heimleiter so gewählt ausgedrückt hatte - an einer möglichen Flucht hindern sollte. Auch die Art der heimeigenen Einheitsklamotten war so ungewöhnlich und auffällig, dass ein fliehender Zögling unschwer auch sofort als sein solcher zu erkennen war.

Dies wusste Andy natürlich alles, aber im Schlafanzug irgendwo gesichtet zu werden, war wohl noch ungewöhnlicher und es erschien ihm daher weniger auffällig, tagsüber im groben Drillichanzug abzuhauen und wie immer den Schutz der Wälder aufzusuchen. Zudem bot das feste Gewebe dieser derben Arbeitskleidung einen zusätzlichen Schutz vor Dornen und Gestrüpp, wenn er sich mal unversehens ins Unterholz werfen musste.

Eines Tages beim Kartoffelklauben sah er seine Chance gekommen. Der Erzieher stand am anderen Ecke des Ackers in ausreichender Entfernung.

Obwohl Andy sich sehr vorsichtig umsah, ahnte sein Nebenmann, mit dem er die vollen Körbe auf den Wagen kippte, was er vorhatte.

„Mensch, tu das nicht!" warnte der ihn mit schmalen Lippen und funkelte ihn drohend an.

Andy erkannte in ihm sofort einen jener Arschkriecher, die sich als Kopfgeldjäger missbrauchen ließen: „Warum denn nicht", wollte Andy wissen „ich mach' jetzt einen Sprung."

„Wenn du jetzt einen Sprung machst, muss ich dir hinterherrennen", versuchte der andere, ihn einzuschüchtern.

„Nimm dein Maul bloß nicht so voll, du Schleimspur, sonst hau' ich dich unter den Wagen drunter!" zischte Andy sein widerwärtiges Gegenüber an und peilte gleichzeitig aus zusammengekniffenen Augen nochmal die Lage, versetzte dem unterwürfigen Aufpasser ohne Vorwarnung mit der gebündelten Energie seiner ganzen Kraft einen blitzschnellen, kräftigen Faustst0ß in die Magengrube und rannte pfeilschnell los, über das freie Feld und auf den Wald zu.

Der Wald war weit weg.

Andy eierte über die Ackerfurchen und wagte nicht, sich umzusehen.

Hinter sich nahm er aufgeregte Rufe wahr: „Halt! Was hast du vor! Stehenbleiben! Fangt ihn!"

Und plötzlich glaubte er auch, das Keuchen und Stampfen des devoten Kopfgeldjägers, welcher sich wohl zu schnell wieder aufgerappelt hatte, zu vernehmen.

Wenn ich erst einmal im Wald bin, dann habt ihr mich gesehen, dachte er und rannte wie um sein Leben.

Der Fänger war weitaus langsamer. Bis der den Wald erreicht hatte, war von dem Ausreißer keine Spur mehr zu entdecken.

Mit hängendem Kopf und einem „verfluchter Scheißkerl" auf den Lippen kehrte der Lakai nach einiger Zeit vergeblichen Suchens zu den anderen zurück.

***

Andys Ziel war - wollte es ihm immer wieder auch noch so sinnlos erscheinen - die elterliche Wohnung.

Er fand die Bahnstation, deren Namen er vergessen hatte, und orientierte sich wie gewohnt an den Gleisen, immer in Sichtweite zu den Wäldern, in denen er notfalls Schutz und Deckung finden konnte.

In der späten Abenddämmerung durch die Dörfer zu gehen, wollte er möglichst vermeiden und machte in sicherer Entfernung jeweils einen großen Bogen um ländliche Ansiedlungen, um als Fremder kein unnötiges Aufsehen zu erregen.

Auf der Lichtung eines dichten Mischwaldes entdeckte er einen massiven, ordentlich gezimmerten Jägerstand, der eine gute Übersicht bot und den er sich deshalb als Nachtquartier auserkor. Behutsam stieg er die ächzenden Birkenholzsprossen empor, lugte in alle Richtungen und rollte sich dann, als er sich in Sicherheit wähnte, auf dem aus runden Stämmchen zusammengefügten Fußboden wie ein Tier zusammen.

Die Nacht war sternenklar und kühl. Die verwunderlichsten Geräusche drangen aus dem nahen Wald zu ihm herüber. Ein gleichmäßiges Rascheln, das sich erst wie Schritte anhörte, dann wieder ein tierhaftes Scharren und das Knacksen von dünnen Zweigen, untermalt von glucksenden, zwitschernden oder knurrenden Urlauten der Tierwelt, die mit zunehmender Nacht leiser und rarer wurden und irgendwann schließlich fast gänzlich verstummten. Nur die eigenartig röchelnden Stimmäußerungen einer irgendwo in der Nähe nistenden Eule waren die ganze Nacht hindurch zu hören. Manchmal glaubte Andy sogar, ohne dass er jedoch etwas sehen konnte, ihren unhörbar leisen Flug über seinem Nachtquartier wahrzunehmen.

Die Lichter des Dorfes in der Ferne erloschen nicht restlos. Andy fröstelte und fühlte sich einsam und fand, nicht zuletzt auch wegen der geisterhaft gespenstischen Rufe der Nachteule, nur kurze oberflächliche Schlafphasen, die ihm keine rechte Erholung von den Strapazen des Fußmarsches boten.

Im Morgengrauen, als die Müdigkeit ihn letztendlich doch soweit übermannt hatte, dass er einigermaßen fest eingeschlafen war, wurde er durch seltsame Schnarchgeräusche geweckt, die ihn aus seinen unruhigen Träumen herausrissen. Er verhielt sich absolut still und hob und drehte nur vorsichtig den Kopf, bis er fast sicher war, dass das eigenartige Grunzen und Schnarren unmittelbar unterhalb seines Verstecks hervorkommen musste. Verstört rieb er sich die Augen, sah behutsam durch die Ritzen seines Fußbodens und entdeckte zu seiner Erleichterung zwei Wildschweine, die mit ihren kurzen, dicken Rüsseln in den Erdkrumen herumstocherten. Die Tiere waren gedrungen und kurzbeinig, und eines der beiden hatte aufwärts gekrümmte, kräftige Eckzähne, die wie gefährliche Krummsäbel aussahen. Noch nie hatte Andy Wildschweine aus dieser Nähe beobachten können und glücklicherweise befand er sich offenbar hier oben außerhalb ihrer Geruchswahrnehmung. Die Paarhufer nahmen ihren Beobachter nicht wahr und verhielten sich daher völlig ungestört. Jedes der Schweine trug einen zottigen graubraunen Pelz und hatte einen kurzen Stummelschwanz. Das Tier mit den bedrohlichen Eckzähnen hob hin und wieder seinen gestreckten Kopf und reckte seine Rüsselscheibe in die Höhe. Andy konnte jetzt gut die relativ kleinen Augen erkennen, doch der Keiler mit seinem seitlich zusammengedrückten, kräftigen Rumpf nahm noch immer keine Notiz von ihm.

Hey, wenn ich jetzt ein Jäger wäre, ging's euch schlecht, sprach Andy mit lautloser Stimme, meinte es aber nicht so, sondern fühlte sich nur als Leidensgenosse, als ein Gejagter genau wie diese Viecher.

Er wartete, bis die Wühlschweine ihre Position aufgaben, von dannen trotteten und anschließend die Luft im wahrsten Sinne des Wortes wieder rein war. Dann tigerte er los.

Über Fulda suchte er entlang der Bahnstrecke und mithilfe seiner kleinen Deutschlandkarte den Heimweg.

Tagelang war er unterwegs.

Eine Nacht verbrachte er in einem Heuschober, eine weitere unbemerkt im hintersten Eck eines Kuhstalls und roch am nächsten Tag auch genauso.

Zu Hause angelangt konnte er sich gerade zwei Tage lang von den Anstrengungen seines Gewaltmarsches erholen, als es an der elterlichen Tür anklopfte und die Polizei ihn abholte und er dann von einem Jugendamtsbediensteten natürlich wieder zurückgebracht wurde.

***

Die Konsequenz für seine Flucht war natürlich eine Verlängerung seines Gewahrsams in der „GA" und außerdem wurde Andy nun nicht mehr für Arbeitseinsätze im Freien, sondern nur noch für die Dreckarbeiten in Stall und Kartoffelkeller eingesetzt.

Hier innerhalb des Heimgeländes war die Bewachung der Zöglinge strenger und auch einfacher.

Doch Andy gab seine Hoffnungen niemals auf.

Abhauen am Tage war nun nicht mehr möglich. Deshalb bereitete er sich sehr gründlich auf einen nächtlichen Ausbruchversuch vor.

Mehrere Tage brauchte er für die Vorbereitungen und präzise Beobachtungen der Gewohnheiten seiner Aufsichtspersonen waren erforderlich.

In den folgenden Nächten besuchte er mehrmals sehr geräuschvoll die Toilette, benutzte laut und übertrieben lange die Spülung, um zu testen, inwieweit nächtliches Rumoren von den Erziehern oder den Mitbewohnern registriert werden würde. Er benahm sich absichtlich etwas lauter, schlurfte den Gang entlang, hüstelte und schniefte, aber es wurde offenbar alles dem normalen Nacht-Lärmpegel zugerechnet, ging man ja ohnedies auch davon aus, dass in der absolut verschlossenen Abteilung im vierten Stock direkt unter dem Dach keine Fluchtmöglichkeit bestand.

Also hatte er in dieser Hinsicht doch einen gewissen Spielraum.

Das Dachfenster in der Kleiderkammer war nicht vergittert, der Raum für die Kleider jedoch gewöhnlich versperrt. Als er, wie jeden Abend seine Klamotten in diesem Raum ablegte, drehte er in einem unbeobachteten Moment den Fenstergriff in die geöffnete Position und lehnte den Flügel dicht an, damit niemand Verdacht schöpfen konnte. Seine schweren genagelten Arbeitsschuhe band er mit den Schnürsenkeln aneinander und deponierte sie im Fach bei den Klamotten, wo er sie im Dunkeln sofort würde ertasten können.

In der von ihm auserwählten Nacht stand Andy auf, ging auf den Flur hinaus und lauschte an sämtlichen Türen. Alles schien zu schlafen. Er ging zum Pinkeln und verhielt sich aber um ein Vielfaches leiser als sonst.

Leise öffnete er das Fenster der Toilette. Dichter Nebel lag über der Bewahranstalt. Die Lampen im Hof waren von hier oben wie hinter einem dicken Schleier nur noch schwach zu erkennen. Andy stieg hinaus auf die Dachschräge und ließ sich - barfuß und nur mit dem Schlafanzug bekleidet - im Hocken vorsichtig bis zum Schneegitter hinabgleiten. Sofort kroch ihm die Feuchtigkeit am Hintern hoch.

Das Dach war nass und rutschig und der Nebel kalt. Mit den nackten Fußsohlen fand er jedoch genügend Halt auf den Ziegeln und tastete sich seitwärts zum Giebelfenster der Kleiderkammer vor, drückte von außen gegen die Scheibe und drückte nochmal, bis das Fenster mit einem leisen Knacken gottseidank endlich aufging.

Behutsam stieg er in die Stube und lauschte zunächst, ehe er sich seine Hose und den Kittel überzog und die zusammengebundenen Schuhe um den Hals hängte. Dann kletterte er wieder hinaus aufs Dach und zurück, an seinem Klofenster vorbei bis hin zu der Stelle, wo die Dachrinne in einen großen trichterähnlichen Blechkasten mündete, der das nach unten verlaufende Fallrohr verband.

Andy hängte sich an die Dachrinne, ließ sich bäuchlings über den Trichterkasten herabrutschen. Das Blech gnatzte laut.

Andy hielt inne und lauschte. - Nichts war zu hören! Also weiter!

Dann turnte er langsam und vorsichtig - mit einer Hand den Blitzableiter umklammernd - das Regenrohr herab.

Das Eisen war kalt und rau.

Die Hände rissen auf und bluteten.

Er biss die Zähne zusammen und hatte Angst. „Bloß hier nicht runterfallen“, bangte er.

Noch ein Stockwerk über dem Boden.

Das Blech der Regenrinne gnatzte ein wenig lauter.

Ehe Andy nochmal innehalten wollte, wurde plötzlich ein Fenster aufgerissen und ein Präfekt brüllte in die Stille: „Was machst du denn da!“

Andy erschrak fürchterlich und ließ sich die letzten Meter herabfallen. Laut stürzte er auf das Pflaster. Die Knobelbecher wirbelten ihm um den Kopf herum, sein linker Fuß schmerzte stark von dem Aufprall.

Sofort war er wieder auf den Beinen und humpelte los, hinten herum, zwischen den Wirtschaftsgebäuden hindurch, über Stacheldrahtverhau und durch eine sumpfige Wiese. Erst im Wald gönnte er sich eine Verschnaufpause und spürte auf einmal das Pulsieren der Schmerzen an Händen und Füssen.

Er verhielt sich absolut ruhig, kauerte sich in die Kuhle einer knorrigen Baumwurzel und verharrte dort so bis zum Morgengrauen, ehe er weiterlief.

Fast genau den gleichen Weg, den er schon mal marschiert war, legte er zurück. Genau auf demselben Jägersteig bezog er abends wieder sein Nachtquartier. Und er fand die Bäckerei wieder, bei der er sich aus den riesigen Körben am Hintereingang zur Backstube heimlich ein paar Semmeln herausnahm und unter die Jacke stopfte. In einem anderen Haus stahl er sich ein Stück Speck aus einem offen stehenden Fenster. Wasser trank er aus Dorfbrunnen oder wie ein Tier aus den Bächen und Rinnsalen in Wald und Flur.

Die nächste Nacht verkroch er sich halb krank und todmüde in einem Strohhaufen. Er krümmte sich vor Müdigkeit und Elend wie ein Embryo zusammen. Ein aufgeregtes Quiecken und Pfeifen tönte um ihn herum, das er sich zunächst nicht erklären konnte. Während er bewegungslos verweilte, um sich seines Verstecks sicher sein zu können, huschten ihm plötzlich kleine Mäuse über sein Gesicht und seinen Körper.

Er konnte sie nicht sehen, die lebhaften kleinen Nager, aber er konnte sie spüren, langschwänzige, kurzbeinige, federleichte Tiere, die sich die Nacht offenbar in seinem Heuhaufen und auf seinem Körper mit Verfolgungsrennen vertrieben. Sie scharrten und nagten, kletterten und sprangen und schienen wohl gerade nachts besonders gesellig und aktiv zu sein und nun vor allem ausgerechnet in Andys Schlafquartier.

Noch vor Anbruch der Morgendämmerung stand Andy wie gerädert auf und schlich aus seinem Versteck. Er rannte die Straße runter, humpelte und lief den ganzen Tag, einem fragwürdigen Ziel entgegen: nach Hause!

Obzwar ihm im Stillen vollkommen klar war, dass sie ihn sehr schnell zurückholen würden, so wollte er dennoch nur eins, sein Zuhause - wie immer dies auch geartet sein mochte.

Die in den Nervenfaserbahnen unterhalb seiner Hirnrinde verlaufenden und von innigsten Wünschen geprägten Informationen vermittelten ihm außerdem die leise Hoffnung, dass seine Häscher den erfolglosen Jagdeifer nach ihm irgendwann aufgeben würden, es sei denn, sie könnten eine Umstrukturierung seiner Gesamtpersönlichkeit erreichen und ihn dadurch zu einer pflegeleichten Beute machen. Doch so lange seine Sinneszentren den steten Tropfen eines Freiheitsdranges verinnerlichten, der den Stein der erzieherischen Haftmethoden höhlt, solange würde er diesen Kampf mit seiner ganzen Kraft immer wieder aufs Neue aufnehmen müssen.

„Ich schaff' es!" hämmerte es in seinen Gedanken rhythmisch wie vorwärts treibende, aufpeitschende Marschmusik. „Ich schaff' es, ich schaff' es! Aber ich schaff's nicht, weil es euer Verdienst ist," sprach Andy mit seinen imaginären Verfolgern und drehte sich dabei um, „... sondern weil ihr es mit allen euch zur Verfügung stehenden Mitteln um jeden Preis verhindern wolltet. Nur deswegen schaff' ich es. Da habt ihr euch wohl irgendwie verrechnet, wie? Pädagogisch verrechnet!"

Am späten Nachmittag war er am Ende seiner Kräfte. Seine Füße trugen ihn nicht mehr. Wie im Trancezustand bewegte er sich fort, taumelte, fiel hin und lief, nachdem er sich mühevoll aufgerappelt hatte, mit blutigen Knien torkelnd wie ein Betrunkener weiter.

Am Rande eines dichten Mischwaldes lies er sich ins hohe Gras fallen und legte sich flach auf den Rücken. So war er von der Straße aus nicht zu sehen. Er streckte die bleischweren Glieder von sich und döste in das helle Grau des Himmels.

„Gleich schaff' ich's wieder."

Das Ruhen des Körpers tat ihm gut.

Er schloss die Augen und blinzelte durch die Wimpern.

Hoch droben über den Baumwipfeln von gut und gerne dreißig Metern hohen Rotbuchen verfolgte er den eleganten Flug eines breitflügeligen Mäusebussards, der stolz und scheinbar schwerelos über ihm kreiste. Majestätisch und ohne einen einzigen Schwingenschlag hielt er sich langsam dahinfliegend in der Luft, drehte seine Bahnen wie eine riesige Spirale von oben nach unten und völlig ohne jede Hast. Einen Augenblick segelte er gerade so tief, dass Andy den krummen, kräftigen Schnabel, die großen Augen und die scharfen Krallen des Greifs erkennen konnte.

„Na du Flugkünstler", sprach Andy ihn stumm an „dein scharfer Blick hat mich sicher längst in deinem Revier erspäht. Aber keine Angst, ich tue dir nichts, aber ich tauge auch nicht als Jagdopfer - jedenfalls für dich nicht. In diesem Punkt bin ich auch schon vergeben, weißt du, mein Kadaver gehört einer buckligen Teufelsbrut."

Unbeirrt setzte der Raubvogel mit seinem gedrungenen Körper, dem braunschwarzen Gefieder und der etwas helleren Unterseite seinen gewandten Gleitflug fort.

„Hey, nimm' mich doch mal mit und zeig' mir diese Scheißwelt von da oben", sprach Andy stimmlos weiter, er war dem Raubvogel neidisch ob seiner außerordentlichen Flugfähigkeiten.

„Von oben wirkt gewiss auch diese Brut kleiner und unbedeutend auch ihre idiotischen Einfälle zu ihren Erziehungsmethoden hinter vergitterten Bauten mit massigen Holztoren. Ich komm' dir auch ganz sicher nicht ins Gehege, das kannst du mir glauben."

Andy schloss die Augen wieder und verschwendete einen träumerischen Moment an die Fantasie, fliegen zu können. Einfach wegschweben von diesem vertrackten Irrsinn.

Weil er Hunger hatte, drehte er sich bäuchlings und kroch auf allen Vieren zwischen den weißlich-grauen Stämmen der Buchengewächse herum, um nach den dreikantigen Früchten der Bucheckern zu suchen. Er fand auch ein paar Waldbeeren und nussig schmeckende Eicheln, legte sich schließlich wieder ins Gras und genoss sein paradiesisches Mahl.

Nach einer Weile sprang er wieder auf und setzte seinen ursprünglich eingeschlagenen Weg fort.

***

Gegen Abend kam er durch ein Dorf.

Unbemerkt konnte er die Häuser passieren. Außerhalb am anderen Dorfrand sah er ein Motorrad, welches am Stamm eines alten Lindenbaumes angelehnt war. Es war eine betagte Maschine, ‘ne alte NSU-Fox, mit einem großen, bequemen Gummisattel, der Zündschlüssel steckte und so nutzte er die Gelegenheit.

Andy sah sich kurz um und schob dann kurzerhand das Gefährt weg. Noch nie im Leben hatte er so ein Ding selbst gefahren, aber sein Onkel Hans hatte ein Motorrad und so hatte er öfters schon Gelegenheit, zuzusehen. Er probierte also herum, drehte den Schlüssel im Zündschloss, drückte Knöpfchen und bewegte Hebel. Er schob und rannte, löste den Kupplungshebel und zu seiner Überraschung sprang das Motorrad tatsächlich auch an, ruckelte erst ein wenig, puffte und schnell schwang sich Andy auf den komfortabel gefederten Sattel, drehte sachte am Handgriff und fuhr davon.

Unsicher zunächst und ohne Licht tuckerte er in die aufkommenden Nebelschwaden des früh hereinbrechenden Abends hinein.

Dann erfüllte ihn ein überwältigendes Gefühl, vollkommen kraft- und schwerelos dahinzugleiten, dabei die ermüdeten und geschundenen Knochen zu schonen und dennoch dem Ziel immer näher zu kommen. Der Fahrtwind fing sich in seinen Haaren.

Allmählich fühlte er, wie sein Geist, der ebenso wie sein Körper bis zur Erschöpfung geschwächt und dem Aufgeben nahe war, wieder von Kraft und Energie beflügelt wurde. Übermütig fing er an, kleine Schlangenlinien zu fahren, erst ganz zaghaft, dann immer selbstsicherer. Unvermittelt musste er mitten in das gleichmäßige Brummen des Motors hinein hochmütig auflachen, dass er wieder mal entkommen war und dass er nun erneut seiner kleinen Freiheit entgegenbrauste.

Gerade, als es ihn im Fahrtwind zu frösteln begann, fing das Fahrzeug mit einem Male zu tuckern an, wurde zusehends langsamer, ruckelte und blieb schließlich stehen. Andy versuchte noch ein paar Mal vergeblich, neu zu starten, lehnte dann die alte NSU an einen Baum und ging wieder zu Fuß weiter.

Der Nebel lichtete sich und in der klaren Vollmondnacht erkannte er die Allee wieder, durch die er schon mal hindurchging. Ihm war kalt.

Nach der Wegbiegung, die er in der Ferne im hellen Mondlicht wiederzuerkennen glaubte, müsste doch rechts vor einem Birkenwäldchen der Holzstadel kommen, der ihm wieder als Schlafplatz dienlich sein könnte.

„Doch ja, das ist die Straßenkreuzung, da vorne.“ Weiter hinten erkannte Andy die bescheidenen Lichter eines Dorfes.

Der Mond schien taghell. Die himmelhohen Pappeln beidseitig der Straße sahen aus wie geisterhafte Gestalten, die ihre riesigen Leiber pathetisch im leichten Wind hin- und herbewegten, so, als ob sie zu den Klängen eines melancholischen Liedes behäbig tanzen würden. Ein leises Rauschen klang aus ihren Blättern.

Andy wollte den Weg abkürzen. Er verließ die Allee, hüpfte die kleine Böschung rechts der Straße hinab und sprang über den parallel verlaufenden Wassergraben. Er hatte die Breite der Furt unterschätzt, war wohl zu müde und geschwächt gewesen, jedenfalls rutschte er mit dem Fuß von der sumpfigen Böschung auf der anderen Seite ab und landete im Wasser.

„Verdammt!“ Andy ärgerte sich über seine Ungeschicklichkeit, aber er war wirklich müde und die Fußsohlen brannten ihm unter seinen schleppenden Schritten.

„Da vorne ist der Heustadel, dann kannst du schlafen. Verflucht nochmal, jetzt hast du auch noch nasse Füße“, sprach er mit sich selbst.

Hinter dem Graben stand eine lang gestreckte, niedere Mauer. Trotz seiner Müdigkeit kostete es Andy kaum Mühe, sie zu erklimmen.

Ein leichtes Frösteln durchfuhr seinen Körper, als er auf der anderen Seite von der Mauer sprang. Mit einem Male stand er zwischen aneinander gereihten Holzkreuzen und frisch aufgehäuften Grabhügeln, welche im Licht des Mondes lange Schatten warfen.

Was für eine Nacht?

Zwischen Grabsteinen und Grabkreuzen erstrahlten die „Ewigen Lichter“ kleiner Kerzen unter roten Glashäubchen zum Gedenken der Toten. Die glutroten Lichter flackerten gespenstisch und die Gräber atmeten einen schweren, süßlichen Geruch aus.

Furchtsam sah Andy sich um.

Von der Allee winkten die baumhohen, schwarzen Elfen wippend herüber, schwermütig unter dem Wind sich beugend, noch immer melodramatisch zu Tönen tanzend, die Andy nicht hören konnte.

Langsam ging er weiter, dem bangen Knirschen seiner eigenen Schritte lauschend. Ihm war mehr als unheimlich zumute.

Etwa fünfzig Schritte vor ihm stand eine unbeleuchtete Friedhofskapelle, daneben ein kleinerer Bau mit einer zweiflügligen Türe, die offen stand. Flackernd brannten in dem Raum darin dicke, weiße Kerzen neben einem aufgebahrten Sarg.

Andy machte einen weiten Bogen um das winzige Kirchlein und um die Leichenhalle herum.

Plötzlich glaubte er, im Schatten der Kapelle eine große Gestalt zu bemerken, gekleidet mit einem langen, schwarzen Umhang und auf dem Kopf, schief aufgesetzt einen breitkrempigen Hut.

Eisiges Schaudern lief ihm über den Rücken.

Täuschte sein Verstand ihn schon so, dass er Gespenster sah?

Oder konnte er in seinem Trancezustand Beklommenheit und Wirklichkeit nicht mehr auseinander halten?

Ohne ein zweites Mal hinzusehen, wandte Andy sich um und rannte quer über den Friedhof davon. Er wagte es nicht, sich umzudrehen.

Unvermittelt stolperte er am Rande einer offenen Grabstätte, verlor den Halt und stürzte mit dem Gesicht mitten in eine Anhäufung frischer Blumen und Kränze.

Für einen Moment waren seine Sinne wie betäubt von dem intensiven Duft, den die Pflanzen ausströmten und der ihm in diesem Augenblick in vollen Schüben in die Nase fuhr.

Benommen schnellte er wieder hoch und lief holprig im Dunkeln taumelnd auf das schmiedeeiserne Friedhofstor zu.

„Hoffentlich ist das Scheißtor nicht abgeschlossen", betete er vor sich hin.

Als er näher kam, sah er aber zu seiner Erleichterung, dass ein Torflügel einen Spalt offen stand. Schnell huschte er hindurch und wieselte über die Ackerkrumen auf den Holzstadel zu, den er schon kannte.

Erst auf dem freien Feld blickte Andy sich um: Er war allein. Niemand war ihm gefolgt.

Hatte er geträumt?

Oder fing er auf seinen Wanderschaften, wo er viel zu viel mit sich selbst sprach, schon zu spinnen an?

Eine seltsame Nacht.

Viele Nächte hatte Andy schon im Freien verbracht und nie hatte er wirklich Angst im Dunkeln, vorsichtig ja, aber ängstlich war er nie.

Doch diese schwarze Gestalt? - Eine Mystifikation?

Trotz totaler Erschöpfung schlief Andy im warmen Heu in einer Ecke des Holzstadels sehr spät ein. Immer wieder musste er an die geheimnisvolle Schattengestalt auf dem Gottesacker denken und er lauschte mehr noch als sonst auf fremde Geräusche in seiner Umgebung. Er träumte schlecht, von riesigen Verfolgern, baumlang wie die Pappeln der Allee, allesamt Erzieher, Heimleiter und Polizisten, in schwarzen Umhängen und breitkrempigen Hüten auf dem Kopf, die mit großen federnden Schritten und wie im Tanze schwingend, immer näher kamen, ihn einkreisten und mit ausgestreckten Armen und überlangen Fingernägeln nach ihm grapschten. Aber die Fingernägel waren dornige Zweige, die über ihm den Himmel verdunkelten. Die Gestalten der Lakaien beugten sich wippend über ihm zusammen, wollten ihm mit ihren Stacheln die Augen auskratzen, das Herz aus der Brust herausreißen, sie würgten ihm die Luft ab und versuchten ihn mit ihrer Schwärze zu erdrücken, ihn seines Lebens zu berauben. Das leise Rascheln der Blätter formte sich wispernd zu Worten, die er zunächst nicht verstand, welche dann aber zunehmend deutlicher wurden: „... mein Ssssohn, dein Herz, gib'sss mir. Losss, gib mir dein Herz, mein Ssssohn ...!"

Da wachte er auf.

***

Nach tagelanger Wanderschaft kam Andy endlich zu Hause an.

Schon am nächsten Abend wollte ihn die Polizei abholen.

Andy erkannte das Surren des herannahenden Polizeifahrzeugs, welches kurz darauf vor der Baracke anhielt.

„Polizei! Schnell weg!"

Er sprang aus dem Fenster, gerade, als es schon an der Tür klopfte.

Ein Polizist fragte nach Andy, ein zweiter saß im Wagen und wartete.

„Andy ist nicht da", schwindelte die Mutter mit schlechtem Gewissen, weil man einen Polizisten ja nicht anlügt.

„Darf ich?“ Der Beamte schob die Mutter sanft beiseite und durchsuchte die Wohnung nach einem möglichen Versteck. Da entdeckte er das geöffnete Fenster und lief zurück zu seinem Wagen.

Mit Suchscheinwerfern leuchteten sie das freie Gelände ab.

„Wo steckt der Mistkerl bloß? Der kann sich doch nicht in Luft aufgelöst haben.“

Andy indessen war nur ein Stück auf das freie Feld hinter der Baracke hinausgelaufen. Wohl wissend, dass die Scheinwerfer des Funkstreifenwagens ihn sofort orten würden, warf er sich in einen ausgetrockneten Graben, nicht weit von der Baracke entfernt, und blieb flach ausgestreckt darin liegen. Der helle Lichtschein wanderte mehrmals wenige Zentimeter über seinem Kopf hinweg, verfehlte jedoch sein Ziel.

Schließlich verlöschten die Scheinwerfer und kurz darauf entfernte sich der Polizeiwagen.

Andy wartete noch eine ganze Weile, doch es blieb alles still.

Das Motorengeräusch war längst verstummt.

Er ging wieder ins Haus zurück und schlief unbehelligt bis zum nächsten Morgen.

Zwei Herren vom Jugendamt kamen in aller Frühe. Während einer an der Türe klingelte, stand der andere schon hinten neben dem Fenster.
Sie brachten Andy wieder ins städtische Waisenhaus.

Dort wurde ihm unterbreitet, dass ihn die streng kirchlich gesinnten Leute vom Beiserhaus nicht mehr haben wollten.

***

Zwei Dinge gab es, womit man jugendlichen Heimbewohnern zu drohen pflegte, wenn sie nicht parieren wollten.

Die grässlichsten Geschichten erzählte man sich vom „Moor“, einer deshalb so benannten, gefängnisähnlichen Erziehungsanstalt, weil sie inmitten sumpfiger Moorfelder liegen soll.

Ob Wahrheit oder Legende, was war dran an den Erzählungen über dieses Heim, welches sich den vielfältigen Erzählungen zufolge zur Vollstreckung von Zuchthausstrafen wohl besser geeignet hätte, und aus dem es kein Entrinnen gab, weil das Moor dem Unkundigen keine Chance für eine Flucht offenbarte.

Und dann war da noch „Voccawind“, wo schwer erziehbare Jugendliche wie Strafgefangene im Steinbruch eingesetzt wurden. Als „schwer erziehbar“ wurde man bereits eingestuft, wenn man - wie Andy - seinem Drang nach Freiheit allzu freien Lauf ließ.

Die bloße Nennung der Namen dieser beiden „Heime“ flößten einem schon Furcht ein und oftmals reichte die Androhung aus, den einen oder anderen gefügig und einsichtig im Sinne der geltenden Heimmoral werden zu lassen.

***

Nicht so bei Andy!

Und so hieß Andys neue Adresse *Voccawind.*

Das war bitter!

Lang gestreckte, niedere Wohnbauten standen am Rande eines riesigen, fast runden Steinbruchkraters, in den ein breiter Weg hinabführte und der am oberen, hinteren Rand zu einer Hälfte etwa von Bäumen eines Mischwaldes umgeben war. Andy sah sich bei seiner Ankunft wie immer genau um und versuchte, sich aus den ersten Eindrücken soviel wie möglich einzuprägen.

Viel Zeit zum Eingewöhnen gönnte man dem Neuankömmling jedoch nicht.

Nach der gebräuchlichen, lautstarken und inhaltlich mit den üblichen Androhungen gefüllten Ansprache des Heimleiters (mein Gott, wie gut kannte er diese blöden Zeremonien) wurden ihm die Arbeitskluft und die klobigen Schaftstiefel überreicht, Bett und Spind sowie die Sitzordnung für die Essenszuteilung zugewiesen.

Am Ende einer kurzen, fast schlaflosen Nacht dröhnte ein lautes Hupsignal zum Aufstehen.

Andy tat, was alle taten, kroch gehorsam, aber wie in Zeitlupe aus der Koje und lief den anderen hinterher in den Waschraum, dann zu der Kammer, wo nachtsüber die Arbeitskleidung verwahrt wurde und zog sich dort die derben Anstaltsklamotten über.

Nach dem Bettenmachen und einem öden Frühstück stellte sich der wilde Haufen in Zweierreihen auf, der Dienst habende Erzieher prüfte die Vollzähligkeit und mit müden Gliedern stapfte Andy in seiner Kolonne den Weg in den Steinbruch hinab.

Die schweren Stiefel der Horde knirschten auf dem zermahlenen Basaltschotter und waren im Nu vom hochwirbelnden, graubraunen Staub völlig bedeckt.

„Wie ein beschissenes Strafbataillon", dachte Andy bei sich.

„Warum bist du denn hier?" fragte ihn sein Nebenmann, als ob er Andys Gedanken lesen konnte.

„Ich?" Andy überlegte. Eigentlich wusste er es auch nicht so genau. „Vielleicht, weil ich mich immer dagegen wehre, in diesen Scheiß Heimen bleiben zu müssen. Weißt du, sich gegen das zu wehren, was nach Meinung des Jugendamtes gut für dich sein soll, ist genauso strafbar, als wenn du einen umgebracht hättest. Dann steckst du nämlich in der gleichen Scheiße.

Und du? Hast du einen umgebracht?" Andy blickte seinen Nachbarn nur kurz von der Seite an, denn es interessierte ihn nicht wirklich, warum der hier war.

Vielmehr interessierte er sich wie immer nur für die neue Umgebung. Soviel er von hier aus sehen konnte, gab es wohl nur diesen einen Weg in den Steinbruchkrater und oben einen Wald, der direkt an den Kraterrand angrenzt. Dazwischen steile Geröllhänge.

Andy konzentrierte sich auf die örtlichen Gegebenheiten und so nahm er die Zusammenhänge des Erzählers neben ihm auch nicht richtig wahr, die Geschichte eines zumeist alkoholisierten Vaters, der die Mutter und seine Kinder prügelte, weshalb er selbst immer wieder von zu Hause ausgerissen war und schließlich das Jugendamt ihn ins Heim holte ...

Ohne hinzuhören, kannte Andy diese Geschichten, bzw. deren Verlauf ganz genau, auch wenn die auslösenden Umstände sich jeweils unterschieden. Aber darauf kam es gar nicht an. Sie waren allesamt Sträflinge, die für ein verpfuschtes Leben büßen mussten, für das sie nichts konnten.

„Hörst du mir überhaupt zu?“, fragte ihn der Nebenmann irritiert.

„Klar.“ log Andy und war aber gedanklich schon wieder am oberen Steinbruchrand und stellte sich den Wald vor, der ihm zu gegebener Zeit Schutz bieten sollte.

„Da vorn müssen wir uns nochmal anstellen“, erklärte sein neuer Kamerad.

Im Kraterinneren angekommen bekam Andy von einem der Bewacher im Steinbruch, einem ehemaligen Wehrmachtssoldaten - wie er später erfahren sollte - aus einer kleinen, gemauerten Materialhütte heraus ein Haueisen und einen kleinen, schweren Hammer.

Dann wurde er in knappen kurzen Worten angewiesen, Basaltgestein, welches jeweils zuvor aus dem Steinbruch herausgesprengt wird, in Stücke zu zerschlagen und auf Loren zu verladen. Für jede voll geladene Lore versprach man ihm eine Silbermarke. Mindestens fünfzehn Loren mussten aber am Tag geschafft werden. Wer sich mehr Silbermarken verdiente, sollte zusätzlich zum normalen Abendessen eine Extrazuteilung Brot und ein Stück Kunsthonig bekommen.

Die Steineklopfer waren - ausgehungert durch die körperliche Schinderei - ganz begierig auf die Zusatzration und sie ackerten deshalb wie die Pferde.

„Wenn du die Ladung in deinen Loren jeweils so geschickt mit viel Luft dazwischen platzierst, kannst du dir deine Silbermünzen leichter verdienen“, überlegte Andy, lud ganz unten die großen Steinbrocken und stützte sie mit kleineren Bruchstücken so geschickt ab, dass ziemlich große Hohlräume entstanden, die von außen nicht zu erkennen waren. Die obere Gesteinsschicht dekorierte er dichter, um seine Manipulationen zu verbergen. Sodann schob er seine volle Lore vor zu dem Gleis, wo die Wagen anschließend von kleinen Lokomotiven gesammelt zu einer Seilbahn gebracht wurden, von wo aus das Material ins Quetschwerk im Tal transportiert wurde.

Am ersten Abend auf dem Rückweg war Andy hundemüde, jeder einzelne Knochen tat ihm weh, die Hände waren zerschunden und an den Handinnenflächen schmerzten dicke, wassergefüllte Blasen. Er versuchte, diese mit Atemluft zu kühlen, kreuzte die Arme vor seiner Brust und klemmte sich die Hände schließlich unter seine Achseln, um die Schmerzen zu lindern. In seiner Unterkunft angekommen stach er sich mit einer Nähnadel zunächst die Blasen auf und freute sich auf die redlich ermogelte Zusatzration Brot für seine zwei extra Silbermünzen.

***

Die Methoden der Erzieher waren unmenschlicher als alles, was Andy in sämtlichen Heimen je erlebt hatte. Er verstand nun bald, warum der Name *Voccawind* gleichermaßen Furcht und Abschreckung repräsentierte.

Als die Zöglinge eines abends abgekämpft und hungrig zum Essen erschienen, lagen auf einem Tisch, der für vier Personen eingedeckt war, nur drei Scheiben Brot. Der vierte Mann, der hinzukam und bemerkte, dass das Brot für ihn nicht mehr reichte, ging völlig ahnungslos zum Erzieher und bat ganz höflich: „Könnte ich bitte noch eine Scheibe Brot haben?"

„Dir reicht wohl nicht, was auf dem Tisch liegt?", war die ruppige Antwort.

„Entschuldigen Sie bitte, aber da liegen nur drei Scheiben und wir sind zu viert an dem Tisch", erwiderte der schmächtige Junge kleinlaut.

„Komm, los, verschwinde und quatsch mich nicht so blöde an!", artikulierte der junge Anstaltsleiter ungeduldig, wandte sich angeödet ab und ließ den Bittsteller wie einen Deppen stehen.

Der ging zu seinem Platz zurück und murmelte empört vor sich hin: „Nicht mal was zu fressen kriegt man in diesem Scheiß Puff."

Er hatte seinen Esstisch noch nicht erreicht, da packten ihn von hinten zwei kräftige Hände, zerrten ihn zurück in die Mitte des Raumes und ehe er sich versah, donnerten die brutalen Schläge des athletischen Erziehers auf ihn nieder.

Der arme Kerl wusste nicht, wie ihm geschah.

Die Fausthiebe trafen ihn am Kopf und in der Magengegend. Zusammengeschlagen stürzte er auf den Boden und wimmerte vor Schmerzen.

„Dies nur als Warnung an alle, die meinen, immer das letzte Wort haben zu müssen" brüllte der Muskelberg von einem Erzieher mit bebender Stimme in die Runde.

„Und du komm' mir heute bloß nicht mehr unter die Augen!", schrie er den am Boden kauernden Burschen im Hinausgehen an und knallte die Türe zu.

Jaulend quälte sich der Verprügelte hoch, hielt sich mit einer Hand den geschundenen Leib und mit der anderen die blutenden Lippen und wankte mit gesenktem Kopf auf seine Stube.

Nach dem Abendessen, welches in völliger Ruhe einzunehmen war, mussten die Steinbruchklamotten in einer Baracke ausgezogen werden, wo sie nachtsüber weggesperrt wurden. Mit einem dünnen Nachtanzug und leichten Hausschuhen ging's dann rüber zu den Schlafbaracken, in denen die Burschen ihr Schlafquartier bezogen.

Verlief alles reibungslos, so gab der Erzieher im Aufenthaltsraum nochmal „Feuer frei" für eine, oder manchmal nur 'ne halbe Zigarette, welche sofort, wenn das Schlusskommando ertönte, widerspruchslos auszumachen war.

Als Andy am nächsten Tag wieder im Steinbruch ankam, und in der massiven Materialhütte sein Hauwerkzeug entgegennehmen wollte, sprach der alte Wehrmachtssoldat ihn an: „Du bist doch der, der überall abhaut. Ich glaub' wir werden dich hier auch nicht lange haben."

„Wieso?" fragte Andy unschuldig zurück und sah in die zwinkernden, aber müden Augen des Alten.

Er bekam keine Antwort, sondern nur eine Anweisung, woraus Andy aber erkannte, dass der Alte es gut mit ihm und seinen zerschundenen Händen meinte: „Dich brauch' ich heute hier im Bunker zum Dynamit abladen."

„Na, klar", nickte Andy und freute sich, dass er seinen geschundenen Händen somit einen Tag Ruhe gönnen konnte. Er dankte dem Alten im Stillen, ohne es ihm jedoch zu sagen.

Während Andy auf weitere Anweisungen wartete, legte der Alte in Ruhe das Werkzeug für die anderen Zöglinge auf die Holzplatte und als der letzte Steineklopfer mit seinem Werkzeug den Bunker verlassen hatte, knüpfte er scheinbar zusammenhanglos an das anfangs begonnene Gespräch an: „Du spekulierst doch schon wieder, das merk' ich dir an. "

"Nein", log Andy.

„Erzähl' mir doch nichts. Du kannst nicht gefangen sein. Aber gib' acht, die Grenze ist nicht weit, das ist gefährlich." Und während er sprach, deutete er mit einem Arm in die Richtung, in der sich wohl der Grenzverlauf befand, und fügte halblaut hinzu: „Aber nicht, wenn ich Dienst hab'!"

Andy schüttelte nur den Kopf und wusste, dass er dem Alten trauen konnte.

Den ganzen Tag lud er vernagelte Holzkisten mit der Aufschrift *Donnaried* und dem Zusatz „Vorsicht Sprengstoff" von einem Lastwagen und trug sie in den Bunker. In den angebrochenen Kisten dort konnte er die roten Stangen seiner gefährlichen Fracht erkennen und ihm schauderte bei dem Gedanken, was für einen Schaden man hier mit einem Streichholz anrichten könnte.

Die Arbeit war nicht ganz so schwer wie im Fels und so konnten sich vorübergehend wenigstens seine Schwielen ein wenig erholen.

Der Alte sprach nicht viel, was dem Andy sehr gelegen kam, denn auch er selbst war kein Freund von überflüssigen Worten.

Aber sicherlich verband beide etwas, was zu einer stummen Sympathie führte.

***

Sofern die Heimleitung mit den Leistungen der Burschen zufrieden und zudem noch gnädig gestimmt war, wurde sonntags ein gemeinsamer Gang ins Lichtspielhaus nach Maroldsweisach genehmigt. Das war die Krönung der Woche und eine willkommene Abwechslung.

„Hier könnt' ich's wieder packen", dachte Andy beim Kinobesuch.

Aber die Zonengrenze zur DDR war sehr dicht und eine Flucht musste daher gut vorbereitet sein. Er wollte nicht versehentlich im anderen Teil Deutschlands landen und dann womöglich überhaupt nie mehr zu Hause ankommen.

Er zog es daher vor, die örtlichen Verhältnisse um den Steinbruch Zeilberg herum erst noch eine Zeit lang auszukundschaften, um kein unnötiges Risiko einzugehen.

VI

Währenddessen sich der siebzehnjährige, unverbesserliche Andy mit Überlegungen für seine nächste Flucht herumschlug, zeichneten sich bei ihm zu Hause größere Veränderungen ab, die ihm zu einem unerwartet schnellen Ende seiner steilen Heimkarriere verhelfen sollten.

Der Vater verließ bei Nacht und Nebel die Familie und zog in die Nähe seines Bruders nach Rostock, in die sowjetische Besatzungszone. Dort erhoffte er sich eine Besserung seiner Lebensgrundlage.

Nach mehreren Bittbriefen von ihm veräußerte die Mutter den gesamten, zwar ärmlichen, doch mühsam angeschafften Hausrat und folgte ihm mit allen Kindern nach. Sie setzte sich, dem Drang nach einem heilen Familienleben folgend, über alle kritischen Bedenken hinweg und glaubte den Schilderungen in seinen Briefen, wonach in der noch jungen DDR alles besser sei, die Lebensmittelmarken seien abgeschafft und für alle könne besser gesorgt werden.

Doch nicht nur die vermeintliche Hoffnung auf ein friedliches Zusammenleben mit dem kriegsversehrten Ehemann blieb dort unerfüllt, auch die Lebensbedingungen in der Ostzone waren für die Familie keinen Deut besser als im Westen Deutschlands.

Die heftigen Streitereien hielten natürlich unvermindert an und Kurt betäubte Kummer und Schmerzen weiterhin mit Alkohol.

Es blieb hoffnungslos.

***

Andy staunte nicht schlecht, als er während der allgemeinen Postverteilung in Voccawind plötzlich ein Paket von „Drüben“ bekam.

Die anderen verspotteten ihn, weil er von den Kommunisten Geschenke erhielt.

Politische Parolen zierten die Verpackung: *Das Gebot der Stunde, Deutsche an einen Tisch.*

Auf dem Anschriftenfeld erkannte Andy die akkurate Handschrift seiner Mutter. Neben dem Wort „Päckchen“ hatte sie mit großen lateinischen Buchstaben den amtlich vorgeschriebenen Vermerk „Geschenksendung, keine Handelsware“ hingemalt.

Der Erzieher öffnete das Päckchen und breitete den Inhalt sorgfältig auf einem Tisch aus. Für die von seiner Mutter trotz ihrer Geldknappheit liebevoll ausgesuchten Geschenke, wie Schokolade, ein grobes Stück Seife und sogar eine Packung DDR-Zigaretten musste er sich nun vor der Häme der anderen schämen.

Während der Erzieher auch noch den inliegenden Brief vorlas, feixten und spotteten die anderen darüber und Andy war sich nun eines ganz sicher: „Jetzt bleib' ich hier auch nicht länger bei diesen Dreckschweinen."

Wut im Bauch und Hass waren schlechte Ratgeber, das wusste Andy, weshalb er sich nicht von überstürzten Gedanken verleiten lassen wollte und so überlegte er nochmal alle bisher ausgekundschafteten Möglichkeiten.

Die Fahrt ins Tal mit der betagten, aber dennoch tüchtigen Transport-Seilbahn verwarf er schließlich wieder, weil ihm die Beförderung zusammen mit den scharfkantigen Steinen in den Transportbehältern zu gefährlich schien und er sich zumindest beim Auskippen im Quetschwerk aus möglicherweise stattlicher Höhe größere Verletzungen zuziehen konnte. Er kannte die Gegebenheiten dort unten nicht. Zu viele unbekannte Faktoren verwarfen deshalb diese Idee in seinem Kopf wieder recht schnell.

Und so entschied er sich für das, was ihm am kalkulierbarsten erschien, weil er es am besten konnte: zu Fuß davonlaufen.

***

In einer Winternacht kurz vor Weihnachten wagte er es.

Er zog den Trainingsanzug über das Nachtgewand, stieg barfüßig in die Filzschuhe und ging zur Toilette. Vorsichtig öffnete er dort das kleine Fenster.

Es hatte geschneit. Nicht viel, aber es war unangenehm kalt.

Kaum war er durch die winzige Öffnung hindurchgestiegen, da fingen die Hunde des Heimleiters schon wie wild zu bellen an.

Andy spurtete über den glatten, verschneiten Boden. Das metallene Klirren der Eisenketten, an denen die angriffslustigen Hunde durch ihr unbändiges Anschlagen zerrten, verriet Andy, dass die Köter angebunden waren.

„Nur schnell weg vom Heim!"

Wie immer lief Andy auf den Wald zu.

Die Grenze ist nicht weit, hatte der Alte gesagt und ihm annähernd die Richtung gezeigt. Natürlich hatte Andy sich darüber hinaus so gut, wie es in seiner Situation möglich war, informiert, ohne jedoch Verdacht über seine Absichten zu erwecken.

„Aber wo war jetzt die Grenze? Wie stark wird sie bewacht? Was, wenn die Grenzpatrouille ihn schnappt?" Andys Gedanken dienten nur seiner inneren Kontrollabfrage, beunruhigten ihn aber nicht wirklich. Er hatte ja überhaupt nichts zu verlieren, denn schlimmer wie jetzt konnte es ohnedies nicht kommen und die Hölle kannte er schon.

In der Dunkelheit fehlte ihm jegliche Orientierung. Dennoch lief er einfach weiter. Schließlich legte er sich in einem Gebüsch nieder, rollte sich zusammen und döste frierend in mehreren Etappen bis zum Morgengrauen.

Lastautos ratterten irgendwo in der Nähe. „Die Laster vom Steinbruch? So nah?", überlegte er und schlich irritiert durchs Dickicht weiter.

Als er auf eine Lichtung hinaustrat, stand er plötzlich unvermittelt einem grün gekleideten Jägersmann mit umgehängtem Gewehr gegenüber. Beide erschraken fürchterlich voreinander.

Reaktionsschnell huschte Andy wieder davon und verschwand durchs Unterholz.

Nach einiger Zeit kam er auf eine steinige Anhöhe, er lief auf die Lichtung hinaus und traute seinen Augen nicht: drunten im Tal erkannte er den kleinen Betonbunker der Materialausgabe und schräg gegenüber seines augenblicklichen Standortes lagen die Gebäude des Heimes!

Er war regelrecht im Kreis gelaufen und stand nun wieder inmitten des Steinbruchgebietes.

Wie er weglaufen will, hörte er das lange Tuten eines Signals, das er gut kannte.

„Mensch die sprengen“, dachte Andy schreckerfüllt. Er kannte die Sprengsignale genau und die Warnungen dazu *NACH DEM ERSTEN HORNSIGNAL SOFORT IN DECKUNG GEHEN!*

„Na vielleicht dort drüben, in einem anderen Teil des Steinbruchs“, beruhigte er sich selbst. Die Steinbruchabschnitte hatten verschiedene Namen, Wohlkingende Namen wie Montenegro oder Abessinien.

Aber sie sprengten weder in Abessinien, noch in Montenegro.

Ein zweimaliges kurzes Hornsignal war zu hören, worauf auch unmittelbar eine gewaltige Detonation einsetzte. Andy duckte sich hinter einen Felsbrocken und lief dann auf einen bereits freigeschaufelten Korridor zu.

Auf einmal schrie einer von Weitem: „Mensch, du Idiot! Bist du verrückt geworden! Lauf weg!“

Mit einem Schlag wurde Andy bewusst, dass er sich gerade mitten im Sprenggebiet selbst befand und er rannte in Todesangst. Die Knie schlugen ihm fast bis ans Kinn.

Die Sprengungen wirbelten Staubfontänen auf, Basaltbrocken prasselten hinter dem Flüchtenden nieder und scharfkantige Steinsplitter schwirrten durch die Luft. Panikartig hastete er vorwärts, stürzte und kroch auf allen Vieren über nachrutschende Geröllhalden.

Unverletzt erreichte er den Wald und rannte, was das Zeug hielt.

Völlig außer Atem sprang er in eine dicht bewachsene Schonung hinein, wo er sich stundenlang nicht mehr vom Fleck rührte. Der Schreck saß ihm noch tief in den Gliedern und er nahm sehr angespannt sämtliche Geräusche seiner Umgebung wahr. Nichts deutete jedoch daraufhin, dass er verfolgt wurde. Noch wachsamer als sonst lief er bis Eintritt der Dunkelheit weiter.

In einem Erdloch unter einem hohen Tannenbaum schlief er fest ein und wachte nachts wieder auf.

Irgendetwas war auf einmal so anders.

Eine merkwürdige Stille umgab ihn.

Frierend kroch er aus seinem Unterschlupf hervor.

Dicke Schneeflocken tanzten vom Himmel herab. Tief verschneit wie in einer Märchenwelt war der Wald mit einem Male. Die schwere Schneedecke ließ selbst das leiseste Rauschen der Baumwipfel verstummen.

In der absoluten Stille dieser Winterpracht vernahm Andy auf einmal aus der Ferne das Knirschen schwerer Schritte im Schnee. Behutsam verschwand er wieder unter seiner breitästigen Tanne und beobachtete zwischen den Zweigen hindurch zwei bewaffnete Männer in Pelerinen gekleidet, die in sicherer Entfernung von ihm ihren Weg vor sich mit einer Taschenlampe ausleuchteten.

Bayerische Grenzer auf Patrouille, mutmaßte Andy.

Der Alte hatte Recht, weit war die Grenze nicht. Und aufpassen solle er, damit er sich nicht versehentlich hinüberverirrte. Dass er jetzt aber hinüberwollte, konnte der Alte ja nicht wissen.

„Das letzte Mal abhauen", hoffte er bei sich. „Drüben werden sie dich vielleicht endgültig in Ruhe lassen und nicht wieder in so ein blödes Heim stecken."

Die Grenzpolizisten verschwanden wieder und Andy schlich nach einer Weile vorsichtig peilend durch den vom Schnee erhellten Winterwald. Die Flocken, die vom nachtschwarzen Himmel herunterwirbelten, deckten seine Fußspuren schnell wieder zu.

Er lief so eine ganze Weile durch die Nacht.

Da, eine Hütte, ein Blockhaus mitten im Wald!

„Vielleicht gibt's da was zu essen?" Andy fror und hatte Hunger.

Er ging auf das Häuschen zu. Der Eingang war von außen durch zwei massive Querbalken und groben Vorhängeschlössern mit eisernen Vorrichtungen an deren Ende geschützt und sollte ungebetene Gäste abwehren. Auch die stabilen Holzläden vor den Fenstern waren fest verschlossen. Andy rüttelte an sämtlichen Zuhaltungen. Zu seiner Verwunderung ließ sich eine Schraube an einem Fensterladenverschluss mit der Hand aufdrehen, sodass der Haken, welcher die beiden Flügel zusammenhielt, sich löste und auf einmal leicht aufging.

Durch die Scheiben hindurch konnte Andy nichts erkennen. Drinnen war es stockdunkel.

Andy lauschte in die Nacht. Dann schlug er mit dem Ellenbogen das Fensterglas ein, lauschte wieder, ob sich eine Gefahr anbahnte, aber alles blieb weiterhin ruhig. Vorsichtig drehte er von innen den Fenstergriff und drückte gegen den Flügel, der mit einem Ruck aufsprang.

Als Andy durch die Öffnung stieg und vorsichtig einen Fuß auf dem Bretterboden aufsetzte, knirschten die Glasscherben unter seinen dünnen Sohlen.

Draußen schneite es unaufhörlich.

Flink brachte er die gelöste Schraube wieder am Haken an und schloss die Läden hinter sich von innen wieder fest ab.

Drinnen tastete er im Finstern umher und stolperte gegen die Einrichtungsgegenstände. Die Hütte bestand offensichtlich aus nur einem Raum. Auf einem Tisch befühlte er eine Packung Streichhölzer, die er sofort öffnete, um in der absoluten Dunkelheit umständlich ein Hölzchen anzuzünden, was schließlich auch gelang.

Was er in dem Blockhaus entdeckte, war für ihn das Himmelreich. Zwei Stockbetten mit dicken Federbetten standen in dem Zimmer. Brennholz war in einer Ecke aufgestapelt, daneben ein gefüllter Wasserkanister.

Das Streichholz erlosch und rasch zündete er das nächste an.

Im Küchenbüfett fand er Zwieback, Teebeutel, Zucker und eine Flasche mit klarem Schnaps.

Immer wieder musste er ein neues Streichholz anzünden und sorgte sich schon, wenn die Zündhölzer alle verbraucht waren, als er schließlich neben einem gusseisernen Kanonenofen eine alte, schon etwas rostige Petroleumlampe fand, die er sofort anzündete. Er drehte an dem kleinen Rädchen, bis der rußgeschwärzte Glaszylinder einen schwachen Lichtschein von sich gab. Danach entzündete er etwas Holz im Ofen, kochte sich einen Wasserkessel voll Tee und ließ dann aber das Feuer wieder ausgehen, um nicht durch einen rauchenden Kamin auf sich aufmerksam zu machen.

Er tat sich reichlich Zucker und von dem klaren Schnaps in den Tee hinein, aß von dem Zwieback und fühlte, wie allmählich die Kräfte in seinen Körper zurückkehrten. Er zog sich ganz aus und hing seine Kleider im Raum so auf, dass sie trocknen würden.

Satt und zufrieden legte er sich auf eines der Betten, nahm ein Federbett als Unterlage und deckte sich mit dem anderen zu.

„Jetzt hundert Jahre schlafen“, wünschte er sich und streckte sich genüsslich aus. Er kam sich wirklich wie im Himmelreich vor.

Mit zwei Federbetten hatte er noch nie in seinem Leben geschlafen. Noch nicht einmal mit einem. Im Heim gab's nur graue Wolldecken und bei seinen Eltern hat's für Federbetten auch nie gereicht.

Tief und fest schlief er bis weit in den Vormittag hinein.

Ein lautes Rütteln an den Holzläden riss Andy unsanft aus seinen Träumen.

Kräftige Schritte knirschten um das Haus und über den Schnee auf der Holzveranda.

Laute Männerstimmen konnte Andy wahrnehmen: „Nein, hier ist nichts“, sagte einer, „hier ist alles in Ordnung.“

Die Schritte entfernten sich wieder weg von der Hütte.

Der Junge darin atmete auf. Hier musste er schleunigst wieder raus.

Er fand einen dicken Pullover, der ihm einigermaßen passte, einen alten, speckigen Hut und eine warme Jacke, die ihm viel zu groß war.

Behutsam öffnete er das Fenster und den Laden, zu dem er reingestiegen war, spähte nach allen Seiten, sprang lautlos wie eine Katze aus dem Haus und schlich davon.

Es schneite nicht mehr.

Seine Spuren vom Vorabend waren restlos zugedeckt; sein Glück, sonst hätten ihn die Männer von heute Morgen geschnappt.

***

Die Wolken am Himmel verflüchtigten sich und die Sonne schickte bündelweise ein paar gleißende Strahlen durch die Zweige. Der Schnee glitzerte und das helle Licht erfreute für einen Moment Andys Herz.

Er konzentrierte sich wieder auf seinen Weg, lief über den weichen Schneeteppich und vergaß dabei bald, auf diesen wunderschönen Tag zu achten.

Unvermittelt hörte der Wald auf.

Eine breit gerodete Schneise zeigte die Demarkationslinie an. Holzpflocken mit schwarz-rot-goldenen Streifen markierten das Ende der Bundesrepublik. Kleine, weiße Schneehäubchen oben drauf ließen die Grenzpfähle niedlich und harmlos aussehen.

„Das muss die Grenze sein", vermutete Andy und spurtete über das Niemandsland zwischen den beiden deutschen Landen.

Er sprang über einen niederen Drahtverhau und sah nach einer kurzen Weile auf der anderen Seite ebenfalls schwarz-rot-gold gestreifte Grenzpfähle stehen, die ihn völlig irritierten.

„Wo bin ich jetzt bloß hingeraten?", rätselte er verwirrt.

Da er sich immer noch im Westteil Deutschlands glaubte, machte er eine abrupte Kehrtwendung und übersprang den Drahtzaun abermals, nun aber wieder in die entgegengesetzte Richtung, lief das gerodete Niemandsland zunächst entlang und dann wieder in etwa dorthin, wo er herkam. Dabei wäre er beinahe zwei Pelerinensoldaten direkt in die Arme gelaufen und wusste mit einem Male, dass sein ursprünglicher Kurs doch der richtige gewesen war. Blitzschnell schlug er einen Haken, rannte erneut über den kahlen, verschneiten Grenzstreifen und überwand den Zaun ein weiteres Mal.

„Halt! Stehenbleiben! Zonengrenze!" riefen ihm die Männer vom Grenzschutz aufgeregt nach. „Komm zurück!"

Andy scherte sich einen Dreck darum und war sich nun vollends sicher, dass er auf dem richtigen Wege war.

Die Grenzschützer konnten sicherlich nicht kapieren, warum einer von hier nach drüben in die Diktatur flüchten wollte.

Jenseits der Schneise nahm ihn der Wald wieder auf. Völlig unbehelligt marschierte Andy zwischen den Bäumen hindurch und danach querfeldein direkt auf ein Dorf zu.

In einer heruntergekommenen Kneipe kehrte er ein. „Bin ich hier in der Ostzone?" fragte er den Wirt.

„Ja. Wo kommst du denn her? Was ist denn mit dir los?" war die erstaunte Antwort.

„Ich bin drüben aus dem Steinbruch abgehauen", erzählte der Grenzgänger, „ich will zu meinen Eltern und Geschwistern, die sind in Rostock."

„Na, dann setz' dich hin und iss erst mal 'ne Suppe. Wenn die Grenzer hier vorbeikommen, sag' ich denen Bescheid" bot ihm der freundliche Wirt in reinstem Sächsisch an. „Weißt du, Telefon hab'n wir hier nämlich nicht."

Ein paar Stunden später traten zwei ostzonale Grenzsoldaten in die Gaststube und nahmen Andy mit. Unterwegs schärften sie dem Jungen ein, auf der Wache auszusagen, dass sie ihn beim illegalen Grenzübertritt erwischt hätten, sonst würde man ihnen ein Disziplinarverfahren anhängen.

Andy versprach es.

In der Wachbaracke wurde er mehrmals verhört. Die Offiziere waren allesamt sehr freundlich und behandelten ihn gut. Er bekam zu essen und wurde von Kopf bis Fuß frisch eingekleidet.

Erstaunt war der Ausreißer über die Kenntnisse der ihn Vernehmenden. Die Leute waren zuvorkommend, aber sie wussten sehr viel vom Steinbruch.

Das war ihm überhaupt nicht geheuer. „Sie werden mich doch nicht etwa wieder dorthin zurückschicken?“ bangte er im Stillen. Die Grenzer wussten nicht nur, dass *Voccawind* eine Herberge für schwer erziehbare Jugendliche war, die überall durchgebrannt sind, sondern sie kannten sogar die Namen des Heimleiters und sämtlicher Erzieher.

„Woher wissen die das alles bloß?“ zerbrach Andy sich den Kopf, „das kann's doch gar nicht geben!“

Es sollte ihm ein Rätsel bleiben.

Jedenfalls schickten sie ihn nicht zurück. Im Gegenteil, nachdem sich die Grenzer von Andys Harmlosigkeit überzeugt hatten, besorgten sie ihm sogar noch eine Fahrkarte nach Rostock, schenkten ihm noch dazu einen Fünfzigmarkschein-Ost und brachten ihn obendrein noch höchstpersönlich zum Bahnhof: „Weihnachten bist du zu Hause“, munterten die jungen Soldaten ihn auf und winkten ihm noch nach.

„Die sind richtig nett“, resümierte Andy für sich, „warum schimpfen die im Westen eigentlich immer so auf die Ostzone?“ - vielleicht sind das doch die besseren Deutschen“, sann Andy - geprägt durch die soeben gemachten Erfahrungen - nach.

***

Heiligabend Vormittag putzte Hildegard gerade die Fenster ihrer Wohnung im vierten Stock des schmutzig grauen Backsteinhauses in der Waldemarstraße in Rostock.

Sie sah drunten auf dem Straßenpflaster einen jungen Burschen direkt auf das Haus zukommen, der in Statur und Größe ihrem verlorenen Sohn Andy ähnelte. Noch ehe sie Zeit zum Nachdenken bekam, winkte ihr der junge Mann heftig zu.

„Andy!“ rief sie erstaunt und während sie freudig zurückwinkte, fiel ihr der Putzlappen aus der Hand und flatterte auf das Trottoir. Andy schnappte das Tuch, ging durch die Toreinfahrt ins Treppenhaus und sprang die gewienerten, aber ausgetretenen Holzstufen hinauf.

Schluchzend vor Freude umarmte er seine Mutter, die ihm immer wieder durchs blonde Haar strich. „Ich geh' nicht mehr ins Heim, stammelte er, „lass mich nicht mehr fort.“

VII

Trotz der Schwere seiner Hirnverletzung gelang es Kurts starkem Willen immer wieder, aus dem Sumpf niederdrückender Schwermut für Augenblicke emporzutauchen. Er wollte nicht aufgeben. Es schien längst alles verloren, aber er wollte dennoch nicht aufgeben. Mit zweiundvierzig Jahren kann doch noch nicht alles verloren sein.

„Auch wenn die verfluchte Katjuscha mir ein Stückchen Hirn rausgeballert hat, lass ich mich nicht unterkriegen, nicht jetzt. Noch nicht."

Dann versank er aber wieder in der schwabbeligen Masse träger Melancholie, die ihm in Mund, Nase und Ohren eindrang und ihn seiner Sinne beraubte. Wie ein im Morast ertrinkender schluckte und würgte er in ohnmächtiger Hilflosigkeit den zähen, stinkenden Brei des Trübsinns und der Wehmut, der ihm nach dem Leben trachtete.

Die teilmöblierte Wohnung in Rostock, die er mithilfe seines Bruders aufgetrieben hatte, war das Beste, was er nach Kriegsende für seine Familie an Wohnraum je bekommen hatte.

Im VEB-Fischkombinat fand er sogar Arbeit, die er - so gut er konnte - ausführte, obwohl sie hart war und sehr stark an seiner Restgesundheit zehrte. Er musste kistenweise frischen Fisch von den Fangschiffen abladen. Eine knochenharte Schinderei, aber die Genossen gaben ihm wenigstens richtige Arbeitshandschuhe und ordentliche Schutzkleidung.

Er verdiente gerade so viel Geld, dass er davon die Miete bezahlen und seine Familie mehr schlecht als recht ernähren konnte. Zudem konnte er im Betrieb zu günstigen Preisen auch mal 'ne Ration Fischteile erwerben.

Bis auf Mariele und Hardy gingen die jüngeren Geschwister zur Schule. Andy arbeitete wie sein Vater ebenfalls in einer Brigade des volkseigenen Fischereibetriebs und Jürgen war Bäckerlehrling.

Doch Elend und Armut waren weiterhin ebenso allgegenwärtig wie der Hader, welcher natürlich nicht vor der Grenze zur sowjetischen Besatzungszone Halt gemacht hatte.

***

Es war noch kein Jahr seit der unüberlegten Übersiedlung in die Deutsche Demokratische Republik nach Rostock vergangen, da stand es für Hildegard unwiderruflich fest, den hirnverletzten, kranken Ehemann und den unterversorgten Teil Deutschlands nun endgültig zu verlassen. Sie wollte zurück in den Westen und zu ihrer Mutter.

Das totalitäre Überwachungssystem des Staatssicherheitsdienstes machte die Durchführung allerdings äußerst problematisch. Denn die private Entscheidung der Mutter, ihren Wohnsitz wegen familiärer Schwierigkeiten zu verändern, wäre in den Augen der Staatsorgane schlichtweg als „Republikflucht" geahndet worden und nach den Strafbestimmungen der DDR war allein der Versuch dazu schon eine strafbare Handlung: *„Die Unverletzlichkeit der Staatsgrenzen ist jederzeit zuverlässig zu gewährleisten"* - koste es, was es wolle!

Zwar wurde annähernd noch jedem, der nahe Verwandte im Westen hatte, eine Besuchsreise dorthin erlaubt, doch die Genehmigungsverfahren wurden bereits recht zögerlich und sehr willkürlich bearbeitet. Jährlich rund eine viertel Million Flüchtlinge zu jener Zeit verursachten der Sozialistischen Einheitspartei „SED“ und ihren Sicherheitsorganen massive Kopfschmerzen, weshalb sie alles versuchten, dieser Massenflucht Herr zu werden.

Der geringste Hinweis an die Behörden, dass Hildegard mit ihrer Familie das sowjetisch besetzte Land nicht nur zu Besuchszwecken, sondern für immer verlassen wollte, hätte fatale Folgen gehabt. Ihre Planungen mussten demnach nicht nur unauffällig gegenüber dem Ehemann, sondern auch gegenüber den Behörden erfolgen.

Während Hildegard also nächtelang hin und her überlegte und verzweifelt nach Möglichkeiten für eine heimliche Rückkehr gen Westen suchte, bekamen ihre Pläne unerwartete Schützenhilfe durch einen unglückseligen Zufall.

Kurt hatte im Fischkombinat geklaut.

Obwohl er sich der strengen, willkürlichen Kontrollen natürlich bewusst war, tat er dies manchesmal dennoch, um zu Hause den kärglichen Speiseplan anzureichern.

In der oberen Öffnung seiner Latzhose hatte er unbemerkt einen großen Kabeljau verschwinden lassen. Es war ein besonders kolossales, prächtiges Exemplar und sie würden zu Hause lang davon zehren können. Der frische Fisch glitschte an seinem Körper bis in ein Hosenbein hinab und blieb mit dem Kopf voran im Schaft seines Gummistiefels stecken.

Die Feierabendsirene ertönte und Kurt bewegte sich inmitten der Genossen seiner Brigade auf das Werkstor zu, vor dem es diesmal nur sehr langsam voranging. „Zwei, vier, sechs, sieben! Sie da, raustreten!“ war die Kommisstimme des Pförtners schon von Weitem zu hören.

Kurt kannte die tagtägliche Prozedur der ungleichmäßigen Kontrollen beim Verlassen des Betriebsgeländes. Bisher hatte er Glück, er war er noch nie erwischt worden. Warum dann gerade heute? Obwohl er sich beruhigen wollte, gelang es ihm an jenem Tage jedoch nicht.

Irgendetwas war anders.

„Eins, zwei, drei! He! Sie, raustreten!“, hörte er die Stimme wieder plärren.

Schrittweise schob sich die Schar der Werktätigen weiter auf das Tor zu.

„Heute geht es langsamer als sonst. Bestimmt kontrollieren sie wieder mal schärfer“, fürchtete sich Kurt und zum ersten Male hatte er plötzlich Angst, erwischt zu werden. Kleine, kalte Schweißperlen bildeten sich auf seiner narbigen Stirn und was aber viel schlimmer war, die dicken Adern auf seinen Schläfen schwollen noch dicker an und pulsierten so stark, dass er sich nur noch taumelnd vor Schwindel auf den Beinen halten konnte. Feucht und kalt spürte er den verhängnisvollen Fisch in seinem Stiefel.

Niemand bemerkte Kurts Aufregung.

Nervös fasste er sich an die Stirn. Ein paar Schritte noch, dann konnte er die Arbeiterkontrolleure nicht nur hören, sondern auch sehen. Neben dem Genossen Pförtner, der sonst pflichtgemäß vereinzelte Stichproben vornahm, indem er sich hin und wieder mal eine Tasche öffnen ließ, standen heute zwei Männer in Werkschutzuniformen, die unbarmherzig und mit ruppigem Ton die Kontrollen vornahmen. „Zwei, vier, sechs, acht! Passieren! Sie da links, raustreten!“

Bei den Leuten, die man jeweils aus dem Gedränge herausrief, wurden nicht nur die mitgeführten Taschen nach etwaigem Diebesgut kontrolliert, sondern auch die Kleider abgetastet.

Die schrille Stimme des Werkschutzgenossen drang Kurt durch Mark und Bein. Er drängte sich ans äußerste Ende des Pulks und hoffte, vom Auszählschicksal verschont zu bleiben. „Drei, sechs, neun! Sie dahinten, mit der Mütze! Ja, Sie, raustreten!“

Kurt versuchte, nicht hinzusehen. Wie ein Dolchstoß durchfuhr ihn der eisige Schreck. Jetzt hat es ihn erwischt.

„Kommen Sie schon!“ wurde er ein zweites Mal barsch aufgefordert.

Kurt tat unschuldig.

Jemand packte ihn am Arm, stieß ihn durch die Menge und schob ihn in das kleine Pförtnerhäuschen hinein, wo Kurt bereitwillig seine abgewetzte Ledertasche öffnete. Er legte seine verbeulte Brotdose auf den Tisch, ansonsten war die Tasche leer.

„Kann ich jetzt heimgehen?“ fragte Kurt, unterdessen er seine silberne Blechdose wieder in die Mappe stopfte und anschließend die beiden Schlösser wieder zuschnappen ließ.

„Und die Hose? Was ist damit? Los, ausziehen!“, schnauzte ihn der Mann vom Werkschutz unfreundlich an.

Benommen von dem Schrecken löste Kurt die Träger seiner Latzhose und ahnte zugleich, dass dies das Ende für ihn bedeutete. Jetzt war alles aus, das wusste er.

Was Kurt lediglich als Mundraub empfand, galt in den staatlichen Betrieben der DDR als *Diebstahl sozialistischen Eigentums* und wurde zur Abschreckung mit unverhältnismäßig hohen Strafen geahndet.

An jenem Abend kam Kurt nicht nach Hause.

Dafür klopfte ein uniformierter Volkspolizist an Hildegards Wohnungstür und brachte ihr die Mitteilung von der Festnahme ihres Mannes.

***

Die heimlichen Fluchtvorbereitungen begannen.

Von nun an hieß es, absolutes Stillschweigen zu bewahren.

Damit die kleineren Geschwister sich in der Schule oder bei den Spielkameraden nicht verplappern konnten, wurden sie in das geplante Vorhaben nicht eingeweiht, was sich - trotz gut gemeinter Vorsichtsmaßnahme - später allerdings als verhängnisvoller Fehler herausstellen sollte.

Nachdem die DDR-Organe behördlicherseits komplette Familien zu Verwandtenbesuchen in den Westen nie gemeinsam fahren ließen, beantragte Hildegard die offizielle Besuchsreisegenehmigung wohlweislich nur für einen Teil der Familie und zwar für Mariele, Hardy, Ingrid, Brigitte, Jürgen und für sich selbst. Dies sollte von ihren wahren Absichten der Republikflucht ablenken.

Ab sofort durfte nichts mehr schief gehen.

Die Bearbeitungsdauer eines Besuchsreiseantrags betrug immerhin mindestens vierzehn Tage.

***

In der Zwischenzeit machte sich der siebzehnjährige Andy alleine auf den Weg westwärts.

Er kaufte sich eine Fahrkarte Rostock-Berlin, hin und zurück.

Seine ganze Habe bestand aus einer Ledertasche mit etwas Brot darin und dem, was er am Leibe trug.

Früh morgens begab er sich zu den Bahnsteigen, welche von zivil gekleideten und auch uniformierten Sicherheitsleuten ständig überwacht wurden.

Andys Sinne waren durch seine bisherigen Fluchterfahrungen geschärft und wachsam registrierte er auch die geringsten Auffälligkeiten im Verhalten der Passanten.

Zwei scheinbar unauffällig gekleidete Herren in langen, dunklen Mänteln musterten ihn im Vorübergehen. Andy hatte sie längst zuvor schon bemerkt und ging schnurstracks und äußerlich gelassen weiter, blieb dann einen Moment vor der Tafel der Fahrplananzeige stehen und drehte sich wie zufällig zur Seite um.

Die beiden düsteren Kerle unterhielten sich und beobachteten ihn.

„Wenn die Blödmänner mich hier schon kontrollieren, übers Telefon möglicherweise Nachprüfungen anstellen und dabei vielleicht von Mutters Besuchsreiseantrag erfahren, ist alles aus", überlegte Andy angespannt.

Er durfte die Pläne seiner Familie auf keinen Fall gefährden.

Langsam schritt er auf den erstbesten Bahnsteig zu, hatte in diesem Augenblick aber überhaupt kein Konzept, wie er sich nun weiterhin verhalten solle, um nicht aufzufallen. In erster Linie aber ganz ruhig und gelassen wirken, war seine Überlegung.

Ein Nahverkehrszug Richtung Graal-Müritz stand da. Wie selbstverständlich stieg Andy ein und lief innen die Wagons nach vorne. Trotz ungeheurer innerer Anspannung lief er ganz gemächlich, um den Anschein von Eile unbedingt zu vermeiden. Rechts durch die Abteilfenster sah er draußen die Männer, die auf dem Bahnsteig schräg hinter ihm seiner Richtung folgten. Zunächst noch langsam, dann aber bestimmt.

„Siehste, doch Stasi", bestätigten sich seine Beobachtungen.

Und er sah zu den großen Zeigern der Bahnhofsuhr, die in wenigen Minuten die Abfahrtszeit seines eigentlichen Zuges Richtung Berlin anzeigen würden.

Doch noch befand er sich im verkehrten Eisenbahnzug.

„Verdammt, ich muss diesen Scheißzug erreichen!" ärgerte er sich seiner schier ausweglosen Situation, sah nach links durch die Wagonfenster am übernächsten Bahnsteig seinen Zug stehen. Eine andere Bahn stand auf dem Geleis dazwischen.

Immer noch lief er drinnen scheinbar bedächtig den falschen Zug entlang.

Und die Männer draußen folgten noch immer seiner Richtung.

Seine Gedanken überschlugen sich.

Der Minutenzeiger der Bahnhofsuhr rückte vorwärts. Noch eine Minute bis zu seiner Abfahrt.

Nun hatte er innen die nächsten Wagontüren erreicht, riss plötzlich auf der vom Bahnsteig abgewandten Seite eine Türe auf, sprang auf die Schottersteine des Gleiskörpers, kroch unter der Kopplung zwischen zwei Wagen des Nachbarzuges und gleich darauf auch seines geplanten Zuges hindurch und kletterte die nächste Bahnsteigkante wieder hoch.

Sein Eisenbahnzug nach Berlin war bereits abgefertigt, die Türen alle schon geschlossen. Blitzschnell guckte er sich um. Die Männer waren ihm nicht gefolgt, jedenfalls nicht über das Schotterbett. Er sprang auf das Trittbrett, öffnete eine Türe und stieg ein.

„Komm fahr' los, fahr schon los!", flehte er in seinen Gedanken den blöden Zug an und wischte sich mit einer Handrückseite den Schweiß von der Stirn.

Er sah aus dem Fenster.

Nichts Auffälliges.

Endlich ertönte der erlösende Pfiff des Schaffners. Träge setzte sich der Zug in Bewegung und gewann allmählich an Fahrt.

Andy blickte vorsichtig zum Seitenfenster hinaus und zog geschwind den Kopf zurück, als er sie auf einmal wieder sah, die beiden Männer in ihren langen, dunklen Mänteln. Sie rannten den Zug entlang und blieben schließlich, als die Bahn noch mehr Geschwindigkeit aufnahm, stehen.

Es schien, als hätten sie ihn tatsächlich aus den Augen verloren.

In rhythmischem Gleichklang ratternd rollte der Zug durch das Mecklenburgische Seenland - welches flach war wie eine riesige Tischplatte - an kleinen beschaulichen Dörfern und einzelnen Gehöften vorbei.

Andy schloss immer wieder die Augen und versuchte lieber nicht, sich das vorzustellen, was ihn auf dieser Fahrt wohl noch erwarten würde.

Kurz vor der Hauptstadt hielt der Zug plötzlich geräuschvoll und laut quietschend an.

Grenzpolizisten strömten von allen Seiten herein und durchsuchten die Wagons. Sämtliche Fahrgäste wurden kontrolliert.

„Ausweise und Fahrkarten!" riefen die uniformierten Beamten, während sie von beiden Seiten in Andys Abteil traten. Akribisch beäugten sie alles und jeden.

„Wie lange bleiben Sie in Berlin?" fragte einer, den Blick auf Andys Rückfahrkarte gerichtet.

„Nur für ein paar Tage", schwindelte der Befragte mit einstudierter Gelassenheit „...ich muss ja wieder in die Arbeit und außerdem ...", fuhr er dreist, aber bewusst unterwürfig fort und setzte seiner Lüge die Krone auf „...habe ich mich freiwillig bei der Kasernierten Volkspolizei gemeldet und da ist nächste Woche am Fünfundzwanzigsten mein Vorstellungstermin."

„Gepäck?" fragte der Soldat und sah sich im Abteil um.

„Nee, nur die Tasche hier", erwiderte Andy wahrheitsgemäß, „ich brauch' ja nich viel für die paar Tage."

„Hmm", überlegte der Grenzer, besah sich lange noch Andys Ausweis von allen Seiten und gab ihm seine Papiere schließlich zurück: „Alles klar."

Unmerklich atmete Andy auf.

Unverrichteter Dinge verließen die Volkspolizisten die Eisenbahn, nachdem sie die übrigen Passagiere allesamt kontrolliert hatten.

Die Fahrt ging weiter.

In Berlin angekommen stieg Andy unbehelligt aus, verließ den Bahnhof und steuerte auf ein Taxi zu, um den Fahrer nach dem Weg rüber in den Westen zu fragen.

„Geh' da vorne über die Brücke", sprach der, „da laufen sie immer hin und her, die Werktätigen. Misch dich unter die Leute und du fällst überhaupt nicht auf."

Knappe fünf Jahre vor dem Mauerbau war es noch gang und gäbe, dass etliche Bürger Berlins diesseits der Grenze wohnten und jenseits arbeiteten, oder umgekehrt.

Mitten im Strom der berufstätigen Pendler passierte Andy unauffällig die Zonengrenze. Er passte sich in Gangart und Tempo dem Fluss der Arbeiter an, beide Hände tief in den Hosentaschen vergraben und die Tasche fest unter den Arm geklemmt, scheinbar lustlos und mit eingefrorener Miene.

Im Westteil der Stadt betrat er als Erstes die Gastwirtschaft „Berliner Kindl" und bestellte sich ein Bier.

„Ost oder West?" rief ihm der Wirt vom Zapfhahn aus zu.

„Ich hab' gedacht, ich bin hier im Westen" reagierte Andy irritiert, „ein normales Bier bitte."

„Wo ham'se dir denn rausjefischt, biste wohl keen Spree-Athener", antwortete der Mann hinterm Tresen und fügte ungeduldig hinzu: „Ick will wissen, ob de mit Ost- oder Westjeld bezahlst, Kleener, verstehste mir?"

„Na, ich hab' hier Deutsche Mark." Andy legte sein Geld auf die Tischplatte.

„Also Ost", erwiderte der Wirt, als er das Bier vor seinem Gast abstellte und das DDR-Geld liegen sah.

Das untergärige Vollbier schmeckte kräftiger als das obergärige Weißbier, welches Andy vom Osten kannte und er musste sich erst an den herberen Geschmack gewöhnen.

Nachdem er ausgetrunken hatte, ließ er sich den Weg nach Berlin-Marienfelde erklären, wo er sich im dortigen Notaufnahmelager als Sowjetzonenflüchtling meldete.

***

Die Geheimdienste der drei westlichen Besatzungsmächte prüften im Aufnahmeverfahren unabhängig voneinander jeden, der aus der Ostzone rüberkam, auf Herz und Nieren.

„Wo willst du denn hin?" wurde Andy von einem Mitarbeiter des amerikanischen CIA befragt.

„Zu meiner Oma", antwortete der Junge.

„Du kannst auch nach Amerika, wir brauchen drüben Leute wie dich. Überleg' dir's", bot der Geheimdienstmann in behäbigem Deutsch mit amerikanischem Akzent an.

Für Andy gab's nichts zu überlegen.

Obwohl er ganz genau wusste, bei der Oma geht alles wieder von vorne los. Da siehst du den Dreck im Schafhoflager und das enge Elend in den mickrigen Zimmern. Wenn du wieder ins Lager gehst, musst du Bett; Zudecke und Hunger wieder mit den Geschwistern teilen und den totalen Abstieg hinnehmen. Da gibt es nur den einen Weg, der wie eine Schiene in die Verelendung führt.

Dass sein Pfad im Lager vorprogrammiert und von Not und Armut gepflastert sein würde, dies alles war dem Andy völlig klar.

Sicherlich trug er sich schon öfters mit dem Gedanken, weit fortzulaufen, bei der christlichen Seefahrt anzuheuern, oder nach Kanada auszuwandern. Irgendwohin wo dich keiner kennt und wo du ganz von vorne anfangen kannst. Nicht als Flüchtling oder als Barackenteufel und auch nicht als schwer erziehbares Heimkind mit bürokratisch verwalteten Lebenschancen.

Das war sein Traum.

Aber gleichermaßen blieb es ein Traum.

Er hatte sich noch nicht versöhnt mit der Vorstellung von seiner ramponierten Familie. Es war alles ein Albtraum bisher - jedoch einfach davonlaufen?

Jetzt hätte er die einmalige Chance: A m e r i k a ! - das Land der tausend Möglichkeiten, das klang schon sehr verführerisch. Sicher wäre eine einzige winzige Möglichkeit auch für ihn dabei gewesen. Er hatte ja nichts mehr zu verlieren, noch tiefer konnte er nicht sinken.

Dennoch käme es ihm wie Verrat vor. Verrat an seiner gutherzigen Mutter und an seinen hilflosen Geschwistern. Trotz allen Verlockungen für ein besseres Leben zog es ihn regelrecht hin zu seiner Familie.

Er wollte jetzt zurück zur Mutter seiner Mama.

„Nein, danke", erwiderte Andy dem Sergeant, „ich will zu meiner Oma."

„Der Bubi will zu seiner Oma", äffte der ihn mit verstellter Fistelstimme nach. „Und wenn wir dich zurückschicken zum Popow?"

Der Ami beugte sich zu dem Jugendlichen vor und sah ihm ernst in die Augen.

„Das können Sie nicht", wusste Andy selbstbewusst und ließ sich nicht einschüchtern. „Ich will zur Oma", wiederholte er standhaft seine Antwort.

Mit dem Flugzeug wurde Andy aus Berlin rausgeflogen und über das Aufnahmelager Gießen später dem Land Bayern zugewiesen.

So hatte er es geschafft.

***

Eine befreundete Familie von Hildegard, ebenfalls aus Danzig vertrieben und nun in Rostock wohnhaft, schmiedete gleichfalls Pläne für eine heimliche Flucht in die Bundesrepublik. Deren Vater, der sich als Erster in den Westen absetzte, bot Hildegard seine Hilfe an und nahm schließlich die achtjährige Tochter Waltraud mit.

In der Schule meldete Hildegard ihre Tochter krank.

„Wenn das Mal alles gut geht", betete sie inbrünstig in schlaflosen Nächten ruheloser Verzweiflung und Sorge.

Nach einer Bahnfahrt ohne jegliche Zwischenfälle lieferte der überaus zuvorkommende Mann das kleine Mädchen wohlbehalten bei der Oma ab.

***

Hildegards weitere Tochter, die fünfzehnjährige Edeltraud, war die Nächste, die sich gemeinsam mit ihrer achtzehnjährigen und ebenfalls fluchtwilligen Freundin auf die illegale Reise begaben.

Edeltrauds Freundin hatte eine gültige Rückfahrkarte bis Hamburg, wo sie auf ihre Familie treffen wollte. Ihr eigenes Geld aber reichte nicht für ein Ticket über die innerdeutsche Grenze hinaus. Aus Sicherheitsgründen musste sie ja eine Rückfahrkarte kaufen, um bei einer der vielen Zugkontrollen nicht sofort als Republikflüchtling entlarvt zu werden.

Da Edeltraud den Fahrpreis für eine grenzüberschreitende Reise nicht bezahlen konnte, löste sie nur einen Fahrschein bis Schwerin.

Im voll besetzten Eisenbahnabteil herrschte Grabesstille.

Niemand sprach ein Wort.

Lauter harmlose Leutchen mit kleinem Gepäck und gültigen Rückfahrscheinen.

Jedes überflüssige Wort könnte einen ja verraten.

Also blickte man stumm zum Fenster hinaus, oder zur Decke, oder man tat, als ob man schliefe.

Vielleicht schliefen ja einige sogar wirklich.

Niemand vermochte dies zu unterscheiden.

Auch Edeltraud und ihre Freundin sprachen kein Wort miteinander.

Vor Antritt ihrer Tour hatten sie vereinbart, dass sie sich, was immer auch passieren sollte - notfalls nicht kennen würden. Es sollte jeder für sich sein Ziel erreichen und die Flucht des jeweils anderen nicht gefährden.

Schweigend schauten die beiden umher und beobachteten die lethargischen Gesichtszüge der Leute. Viel sagende Blicke aus stummen Gesichtern. Die Köpfe schaukelten wie Marionetten mit dem Holpern des Zuges.

Edeltraud rieb sich mit beiden Händen ihren Leib.

Seit Tagen verspürte sie wimmernde Schmerzen in der Bauchgegend, was sie auf die nervlichen Belastungen der Ausreise zurückführte.

Sie presste die Lippen fest aufeinander, um die schubweise auftretenden Krämpfe zu unterdrücken.

Als der Zug den Bahnhof von Schwerin schon wieder verließ, blieb Edeltraud wie angewurzelt auf ihrem Platz sitzen.

Der freundliche Schaffner kontrollierte die Fahrkarten und machte sie höflich darauf aufmerksam, dass sie gewissermaßen gerade ihre Station verpasst hatte.

„Ich steig' nicht aus", antwortete Edeltraud stur.

„Warum nicht? Wo willst du denn überhaupt hin?", wollte der Kontrollbeamte geduldig wissen.

„Ich will nach Hamburg", sagte das Mädchen eigensinnig.

„Na gut. Aber dann musst du jetzt nachlösen. Du brauchst 'ne neue Fahrkarte. Hast du denn genug Geld?", forschte der Mann von der Reichsbahn.

„Ich hab' Geld", antwortete Edeltraud knapp und sah dabei trotzig zum Abteilfenster hinaus zu den vorbeifliegenden Telegrafenmasten.

Der blasse, hagere Schaffner rückte seine Brille zurecht, holte das dicke Kursbuch hervor und blätterte darin vor und zurück. Dann verließ er das Abteil und kam kurze Zeit später wieder herein.

„Hier, dein Billett für die Weiterfahrt nach Hamburg" verkündete er und reichte Edeltraud ein kleines, braunes Pappkärtchen entgegen, in das er zuvor mit einer silbernen Zange ein dreieckiges Löchlein gezwickt hatte.
„Das macht zehnachtzig!"

Edeltraud errötete vor Scham, war sie doch soeben bei einer Lüge erwischt worden. Eine unsinnige Lüge, das wusste sie natürlich, doch wollte sie auf keinen Fall den Zug verlassen. Aber was viel schlimmer war, sie konnte diesen Fahrschein nun tatsächlich nicht bezahlen.

„Ich..." stammelte sie und sah verlegen vor sich auf den Boden. Dabei spürte sie, wie die Blicke der übrigen Fahrgäste allesamt auf sie gerichtet waren, „..ich, ich habe kein Geld."

Sie fühlte sich wie eine ertappte Diebin und spürte, wie sich die vielen Blicke wie Dolche in ihren Kopf bohrten.

Der Bahnbeamte sah sie erstaunt über den Rand seiner dicken Hornbrille an und runzelte die hohe Stirn. „Ja, schenken kann ich dir das Ticket nicht", erwiderte er etwas ratlos und zog seine Hand wieder zurück.

In diesem Augenblick erhob sich einer der Fahrgäste, nahm seinen Hut in die Hand und trat vor die übrigen Leute. Nach einigem Zögern legte jeder ein paar Geldstücke hinein. Wortlos nickte der Mann jeweils zum Dank.

„Das reicht wohl für deine Weiterfahrt", sagte der Fremde in gütigem Ton und leerte klimpernd seinen Hut in den Schoß des Mädchens ohne gültigen Fahrschein.

Edeltraud war gerührt und beschämt zugleich. Das war viel mehr, als sie dem Schaffner bezahlen musste.

Sie umschloss die Münzen mit beiden Fäusten, stand von ihrem Platz auf und stotterte schüchtern und halblaut „danke... - ich...", in diesem Augenblick wurde ihr bewusst, dass sie nichts zu erklären brauchte, „...vielen Dank."

Während der Weiterfahrt häuften sich die Anfälle von Edeltrauds krampfartigen Leibschmerzen. Qualvoll krümmte sie sich auf der harten Sitzbank und jammerte schweißgebadet vor sich hin. Als die Koliken das Stadium der Unerträglichkeit erreicht hatten, holte Edeltrauds Freundin den Zugschaffner herbei. Dieser ließ am nächsten Bahnhof sofort einen Krankenwagen rufen, welcher Edeltraud umgehend in eine Klinik einlieferte.

Glücklicherweise hatte, was Edeltraud zu diesem Zeitpunkt jedoch nicht mehr wahrnehmen konnte, die Bahn die Zonengrenze bereits passiert und ihr Krankentransport erfolgte demnach in eine westliche Klinik.

Am gleichen Tage noch wurde sie wegen Blinddarmdurchbruchs operiert.

Edeltrauds Freundin aber blieb im Zug und sie verloren sich von da an für immer aus den Augen.

***

Hildegard selbst, die noch immer auf die Reisegenehmigung wartete, bekam unerwarteten Besuch von zwei zivil gekleideten Stasileuten.

Mit weichen Knien ließ sie die Männer eintreten. Dabei hatte sie große Mühe, ihre Aufregung zu unterdrücken.

„Aus, vorbei! Die wissen wohl schon alles", grübelte sie fast ohnmächtig vor Schreck und sah ihre schlimmsten Befürchtungen nun bestätigt.

„Warum haben Sie im August einen Küchenschrank zum Verkauf angeboten?" fragte einer der Stasi-Handlanger argwöhnisch.

„Schau mal an", erwiderte Hildegard, „man braucht nur ein Schränkchen zu verkaufen und schon ist man hier verdächtig." Sie schüttelte ärgerlich den Kopf. „Weil ich 'nen größeren geschenkt kriegte, von meinem Schwager. Das können Sie nachprüfen. Deshalb hab' ich den alten weggegeben. Wusste natürlich nicht, dass das verboten ist."

Hildegard tat betont erstaunt und vorwurfsvoll.

Nach weiteren banalen Fragen der Staatssicherheitsmitarbeiter spürte sie mit einem Male, dass die hohen Herren nichts wussten. Gar nichts wussten sie, von ihren Plänen und von der Republikflucht ihrer Kinder, die hoffentlich wohlbehalten in Westdeutschland angekommen waren.

Schließlich setzten die sozialistischen Kundschafter ihre Hüte wieder auf, nickten sich gegenseitig knapp zu und verließen die Wohnung.

Seufzend ließ sich Hildegard auf einen Küchenstuhl niedersinken.

„Was ist bloß los mit meinen beiden Mädchen? Und was ist mit Andy? Haben sie's geschafft?

Diese Stasileute, die sonst doch immer alles wissen, hatten offenbar noch keine Ahnung, sonst wären sie ganz anders aufgetreten."

Hildegard stand auf und ging unruhig in ihrer kleinen Küche auf und ab.

„Wann kommt denn endlich diese blöde Bescheinigung für unsere Ausreise?"

Plötzlich dämmerte es ihr, warum heute diese Visite bei ihr war. Ihr Besuchsreiseantrag und ein paar Wochen vorher ein Inserat in einer Kleinanzeige wegen dem Verkauf eines Küchenschränkchens - und schon kombiniert die Stasi messerscharf und wittert 'ne Republikflucht.

„Du kannst gar nicht genug aufpassen, dass dir kein Fehler unterläuft", dachte Hildegard und versuchte sich mit dem Gedanken zu beruhigen, dass noch kein Verdacht auf ihr lastete.

Nach einigen Tagen wurde sie zum Rat der Stadt bestellt.

Es gelang ihr kaum, ihr Zittern zu verbergen, als sie in die Amtsstube trat. Sie grüßte akzentuiert aber nicht übertrieben höflich und zeigte ihre Vorladung.

Hinter dem Schreibtisch saß ein hagerer Beamter mit hohlen Wangen und fetten, glatt nach hinten gekämmten Haaren. Über der Hakennase standen seine Augäpfel hervor wie bei einem Basedow-Kranken. Er war eine außerordentlich nervöse Erscheinung und holte mit fahrigen Händen aus dem betagten, hölzernen Rollschrank neben sich eine Heftakte hervor, legte sie auf den Schreibtisch und schlug die erste Seite auf.

Hildegard schielte hinüber und entdeckte mit Erleichterung ihre vorgefertigte Ausreisegenehmigung, welche oben auflag.

„Wie lange bleiben Sie drüben?" Arglistig wiederholte der linientreue Staatsdiener die Fragen, die sie sowohl in ihrem Antrag als auch neulich gegenüber den beiden Stasileuten in ihrer Wohnung schon zur Genüge beantwortet hatte. Dabei sah der Beamte sie mit seinen, für das schmale Gesicht viel zu großen Froschaugen in der pflichtgemäßen Erwartung lauernd an, vielleicht doch noch den Verdacht auf eine Gesetzwidrigkeit raushören zu können, jederzeit bereit, die Ausreise doch noch zu verweigern.

Hildegards Antworten deckten sich mit sämtlichen Angaben des Akteninhalts und ließen ihm somit keinen Spielraum für eine Willkür. Dennoch kostete er die dank seiner Position innehabende Macht, sein insgeheim um die Genehmigung bettelndes Opfer auf der anderen Seite des Schreibtisches noch ein wenig zappeln zu lassen, genüsslich aus.

Ungeduldig betrachtete Hildegard das Bild über dem Kopf des glupschäugigen Amtsdieners: ein Konterfei von Walter Ulbricht. Der erste Sekretär des Zentralkomitees der SED überwachte durch seine Nickelbrille symbolhaft sämtliche Amtsgeschäfte höchstpersönlich. Und natürlich auch seine Lakaien, die pflichtgetreu die Interessen der Sozialistischen Einheitspartei zu vertreten und dienstbeflissen deren Beschlüsse auszuführen hatten, um diese ihre Macht zu sichern, was mit vorauseilendem Gehorsam offenbar auch gerne getan wurde.

Nachdem der verbeamtete Kriecher mit zusammengekniffenen Lippen und wichtiger Mimik am untersten Ende des Schriftstücks seine Unterschrift hingekrakelt hatte, streckte er sich mit rastloser Bewegung nach dem schwarzen Stempelhalter am vorderen Rand seines Schreibtisches aus und griff nach dem runden Dienstsiegel, welches er laut krachend zuerst auf ein satt getränktes Stempelkissen und unmittelbar darauf folgend auf das begehrte Ausweispapier niederdonnern ließ.

Dieses Geräusch symbolisiert für ihn den vorläufigen Abschluss eines Verwaltungsverfahrens und für Hildegard den Passierschein in die Freiheit.

Bevor sie jedoch die offizielle Ausreisegenehmigung ausgehändigt bekam, musste sie - sozusagen als Garant für ihre Rückkehr - ihren Personalausweis abgeben und erhielt dafür einen zeitlich befristeten, quasi zweitklassigen Ersatzausweis. - Strafe musste eben sein.

Trotz aller Gründlichkeit, mit der die sichtbaren und unsichtbaren Mitarbeiter des Staatssicherheitsdienstes Hildegards Ausreisegründe und ihren Rückkehrwillen - natürlich zum Schutze des Sozialismus - durchleuchtet hatten, so hatten sie dennoch einen wesentlichen Faktor übersehen. Die vorgegebene Besuchsreise fand während der normalen Schulzeit statt. Ingrid und Brigitte gingen ja noch zur Schule und Jürgen in die Berufsschule.
Es waren weder Ferien, noch hatte Hildegard für ihre Kinder Schulbefreiung beantragt. Da sie ja sowieso nicht mehr zurückkehren wollte, hatte sie überhaupt nicht daran gedacht.

Aber der übermächtige, allwissende Staatssicherheitsdienst, im Volksmund auch „VEB Horch und Guck" genannt, mit seinen mehreren Tausenden von hauptamtlichen und inoffiziellen Spitzeln, die allgegenwärtig und überall tätig waren, dieser aufgeblähte Machtapparat, der größte Anstrengungen unternahm, mit allen Mitteln einen entschlossenen Kampf gegen die aggressivsten Teile des Imperialismus zu führen (auch wenn es in diesem Fall nur eine sorgende Mutter war), war nicht in der Lage, diesen kleinen und doch so entscheidenden Fehler und damit die wahren Absichten der Familie zu erkennen.

Besuchsreisen in den Westen, mit schulpflichtigen Kindern, während der Schulzeit und ohne Befreiung von der Schule - das hätte doch verdächtig erscheinen müssen.

***

Am Vortag ihrer Abreise waren fast alle Geschwister beieinander.

Fast - denn Brigitte war nicht da.

Sie war schon ein paar Mal von zu Hause ausgerissen, weil sie unter den ständigen Auseinandersetzungen der Eltern litt und weil sie die Angst vor den Unberechenbarkeiten des oft besoffenen Vaters nicht mehr ertragen konnte. Dann aber hatten sich ihre Ausgänge längst verselbstständigt und so kam es in letzter Zeit öfters vor, dass Brigitte mal bei einer Freundin blieb und erst am nächsten Tag nach Hause kam.

Aber diesmal?

Jürgen suchte seine Schwester überall. Verzweifelt rannte er zu sämtlichen Freundinnen von Brigitte, die er kannte. Es war wie verhext. Niemand hatte sie gesehen.

„Mama, sie ist nirgends zu finden", berichtete Jürgen niedergeschlagen und fing an zu heulen.

In panischer Ausweglosigkeit starrte die Mutter auf das Bündel, welches vor ihr auf dem Tisch lag. Eingewickelt in Zeitungspapier waren die Reisegenehmigung, Ausweispapiere, Zugfahrkarten und ein paar Banknoten, die sie sich vom kargen Haushaltsgeld abgezwackt hatte. Das Ergebnis wochenlanger Fluchtvorbereitungen.

„Alles umsonst", dachte sie, „wenn jetzt nicht ein Wunder geschieht, war alles umsonst. Wo kann Brigitte bloß stecken?", grämte sie sich in übergroßer Sorge.

„Wenn wir morgen die Fahrt in den Westen nicht antreten, verfällt die Genehmigung und wenn die Genehmigung verfällt, müssen wir eine neue beantragen. Das kostet wieder Zeit und die Spitzel der Stasi kommen ganz sicher dahinter, dass sich Edeltraud, Andy und Waltraud bereits im Westen aufhalten. Dann kriegen wir keine neue Genehmigung und müssen für immer hier bleiben. Wahrscheinlich werden sie mich sogar festnehmen, Untersuchungen anstellen und mir nachweisen, dass ich die DDR illegal verlassen wollte. Sie werden mir die Kinder wegnehmen, weil ich als Klassenfeind und Abweichlerin nicht würdig bin, sie im Sinne der sozialistischen Staats- und Gesellschaftsordnung zu erziehen. Mich werden sie sodann verurteilen und möglicherweise einsperren und die Kinder in staatliche Kinderheime stecken. Es war alles umsonst. Dies ist der Anfang vom Ende. Wenn Brigitte nur endlich wieder da wäre, dann wäre doch noch nicht alles verloren."

Nervös lief Hildegard zum Fenster und sah auf die Straße vorm Haus. Mit jedem Mädchen, das herankam, erhellte ein Hoffnungsschimmer ihr Gemüt, bis sie immer wieder erkennen musste, dass es doch nicht ihre sehnlichst erwartete Tochter war.

Sie ließ die Straße nicht mehr aus den Augen.

Nein, Brigitte kam nicht.

Die ganze Nacht über saß sie da und überlegte hin und her.

Es gab keinen Ausweg.

„Fahren oder bleiben?"

Die Stunden vergingen. Was war richtig?

„Bleiben oder Fahren?"

Sie saß am Fenster und weinte. „Da, ein Geräusch im Treppenhaus. Vielleicht Brigitte?"

Sie lauschte angestrengt.

Nichts.

Brigitte kam nicht.

***

Der Morgen brach an. Der Tag der Abreise.

Unentschlossen packte Hildegard noch ein paar Habseligkeiten zusammen. Jürgen lief noch einmal los, um Brigitte zu suchen.

Mutter setzte sich wieder ans Fenster und weinte. Was sollte sie bloß tun.

„Herrgott nochmal, so hilf mir doch! Wo bist du denn jetzt, du Hirte?", fragte sie den Herrn, an den sie sonst immer so fest glaubte.

Sie wusste, dass es völlig egal war, wie sie sich entscheiden würde, es war immer falsch.

Dann war es an der Zeit, loszufahren.

Brigitte kam nicht.

Zutiefst unglücklich und mit zittriger Hand schrieb Hildegard schließlich eine Nachricht auf einen Zettel: „Wir sind mit dem Zug zur Oma gefahren. Melde dich bei Tante Elli in Leipzig. Bis bald. Deine Mama."

Ein kleiner Hoffnungsschimmer war Hildegards Schwester Elli, die in Leipzig wohnte. Dort könnte Brigitte vorübergehend bleiben und im Wege der Familienzusammenführung dann sicherlich nachkommen, so dachte sie und sah darin den einzigen Ausweg.

Hätte sie geahnt, dass ihre Tochter erst mehr als dreißig Jahre später nachkommen würde, wäre ihre Entscheidung sicherlich anders ausgefallen.

Sie konnte es nicht wissen, das Herz in der Brust wäre ihr sonst vor Gram zersprungen, damals, am Tag der Abreise.

Für die Fahrkarten direkt bis hin zur Oma reichte das Geld nicht. Deshalb hatte Hildegard beschlossen, den kürzesten Weg mit der Bahn in den Westen zu nehmen.

Das Ziel war Hamburg.

Trotz strenger, immer wiederkehrender Kontrollen und Überwachung der Bahnhöfe durch die vielen Mitarbeiter des Staatssicherheitsapparates verlief die Fahrt ansonsten reibungslos.

Hildegards Augen waren gerötet von den Tränen des Kummers und der hoffnungslosen Wehmut. Die Sorge galt ihrer explodierenden Familie. Drei Kinder hatte sie nun schon im Westen, eines noch im Osten und sie selbst befand sich mit den übrigen Kindern im Augenblick genau auf dem Weg dazwischen.

Ob sie ihre Familie jemals wieder zusammenbringen würde?

Der unheilvolle Stacheldraht der deutschen Teilung zog sich mitten durch ihre Familie hindurch, die stählernen Dornen bohrten sich tief in ihr wundes Herz hinein.

***

Die Bahnhofsmission in Hamburg nahm die vielen Republikflüchtlinge aus dem Osten Deutschlands auf und verwies sie in Notquartiere. Die Zustände, die darin herrschten, waren katastrophal.

Hildegard war zusammen mit etwa fünfzig weiteren Familien in der Turnhalle eines alten Schulgebäudes untergebracht. Für jede Familie gab es ein oder zwei Stockbetten. Als Sichtschutz wurden Schlafdecken rumgehängt. In der Nähe der Fenster standen Kanonenöfen, deren Rohre einfach durch kleine Öffnungen ins Freie hinausragten.

Von diesen Notunterkünften aus erfolgte die Weiterleitung in das eigentliche Notaufnahmelager nach Gießen zur Registrierung und Verteilung der Flüchtlinge.

Die drangvolle Enge und das allgegenwärtige Elend in allen Ecken des Flüchtlingslagers, die vielen weinenden Kinder, sowie der unerträgliche

Mief, der sich aus den verschiedenartigsten Düften von Essens- bis hin zu Schweißgerüchen zusammensetzte, wurden dem Jürgen bald unerträglich.

Nach ein paar Tagen hatte er seine Mutter dazu überredet, mit dem kleinen Bruder Hardy einstweilen zur Oma vorauszufahren.

Nachdem die Mutter schweren Herzens schließlich eingewilligt hatte, machte er sich zusammen mit dem vierjährigen Hardy also auf den Weg, per Autostopp Richtung Oma.

VIII

Schnurgerade zog die Bundesstraße ihre Bahn durch die Herbstlandschaft.

Einige Stunden sind Jürgen und Hardy nun schon wieder auf den Beinen. Seit dem frühen Vormittag hatte nun schon kein Auto mehr angehalten. Ein heftiger Regenschauer prasselte auf die beiden nieder. Schutzlos waren sie dem nasskalten Herbststurm ausgeliefert. Kein Baum und kein Strauch weit und breit, der als Schutz dienen könnte.

Nass bis auf die Haut tippelten sie durch das Unwetter. Langsam begannen die Füße zu schmerzen. Der Weg war weit und der Tag schon verdammt lang.

Hardy konnte nicht mehr. Er weinte und rieb sich die tränenden Augen. Die Regentropfen rannen ihm unaufhörlich übers Gesicht.

Jürgen versuchte geduldig, ihn zu trösten, aber er wusste bald schon gar nicht mehr wie.

In der nächsten Ortschaft bat er in einer Gastwirtschaft, sich kurz unterstellen zu dürfen, doch der unfreundliche Wirt wies sie barsch ab: „Wir kriegen jeden Moment Gäste und da wird jeder Platz benötigt!" Geschäftig wandte er sich ab und überließ die Buben wieder dem Unwetter.

Tropfnass und unterkühlt liefen die Brüder weiter.

Immer wieder hob Jürgen den Daumen, wenn sich ein Fahrzeug näherte. Aber niemand wollte sich die nass triefenden Elendsfiguren auf die Autopolster holen.

Endlich hatte es zu regnen aufgehört. Sonne, Wolken und blauer Himmel spiegelten sich in Benzin schillernden Pfützen.

Die beiden liefen, bis sie wieder halbwegs trocken waren, weit in den späten Nachmittag hinein. Langsam verschwand die Sonne hinter den Baumwipfeln.

Der Fahrer eines Möbelwagens gab durch Hupzeichen zu verstehen, dass er die Wandergesellen aufnehmen wolle. Der rechte Blinker winkte eifrig und das Lastauto hielt auf dem Bankett des Fahrbahnrandes mit einem Ruck an. Die Brüder rannten hin und kletterten in die Fahrerkabine rauf. Jürgen schlug kräftig die Türe zu. Der Lastwagen mit der lang vorgestreckten Motorhaube und dem rostrot gestrichenen Holzaufbau setzte sich laut und tief brummend in Bewegung.

Die kleine Kabine des LKW war gut durchgewärmt. Draußen begann es zu dämmern. Die Scheinwerfer tasteten sich in die hereinbrechende Nacht hinein, immer die weiße Markierung der Asphaltstraße entlang.

Hinter dem rauen Umgangston des Fahrers, der ihnen zunächst ein klein wenig Furcht einflößte, verspürten die beiden bald eine gewisse Herzlichkeit und sie gewannen ein wenig Zutrauen.

Durch das monotone Fahrgeräusch des Dieselmotors schliefen sie auf dem Beifahrersitz eng umschlungen fest ein und wurden erst durch das laute Quietschen der Bremsen, sowie durch des Fahrers derbe Stimme unsanft aufgeschreckt: „Hier muss ich euch leider rauslassen."

Jürgen dankte fürs Mitnehmen. Schläfrig taumelnd stieg er auf die Straße hinunter und half seinem Bruder beim Aussteigen.

Stockfinster war die Nacht inzwischen. Die Straße gabelte sich. Der Möbelwagen bog rechts ab. Geradeaus führte der Weg direkt auf eine Stadt zu, deren Lichterschein in der Ferne zu erkennen war. Müde stolperten die beiden in diese Richtung.

Jürgen war der Verzweiflung nahe. Kummer und Angst hatten ihn aufgewühlt.

Wo sollten sie heute Nacht schlafen? Insgeheim hatte er in seiner jugendlichen Naivität eigentlich gehofft, abends schon bei der Oma zu sein. Und jetzt war es schon Nacht und er wusste nicht wohin. Er wusste nicht einmal, wo sie sich nun eigentlich befanden.

„Wenn ich nur bei Mama im Lager geblieben wäre." Jürgen schluckte die aufkommenden Tränen hinunter und drückte die weiche Hand seines kleinen Bruders noch fester.

Hardy sah vertrauensvoll zu ihm hoch, spürte aber nichts von den Sorgen seines großen Bruders.

Sie wandelten erschöpft durch die Dunkelheit.

Unverhofft hielt eine Limousine an.

Wieder erzählte Jürgen dem Fahrer seine Geschichte. Die Geschichte ihrer Flucht, die - so glaubte er in jenem Moment - in diesem Leben wohl nie mehr zu Ende gehen wird.

Der Mann im Wagen hatte Erbarmen und nahm sie mit. Jürgen spürte, dass er ein gutherziger Mann war, der Vertrauen und Wärme ausstrahlte.

Die Uhr am Armaturenbrett des Fahrzeugs zeigte zweiundzwanzig Uhr an.

Das Auto erreichte die Stadt. Jürgen las im Vorbeifahren den Ortsnamen auf einem Schild: Homberg (Efze).

Der Fremde nahm die beiden mit zu sich nach Hause. Sie durften auf der Couch im Wohnzimmer schlafen.

Jürgen war beeindruckt von der piekfeinen Ordnung: „So möchte ich auch einmal wohnen", träumte er in sich hinein, „...das werden wir wohl niemals mehr schaffen." Ein richtiges Wohnzimmer hatte Jürgen noch nie zu Gesicht bekommen. Wo sie bisher wohnten, gab es nur Schlafräume und Armut, seit er denken konnte. Hier aber war alles auf seinem Platz. Ein Wandschrank mit Büchern, Bilder an den Wänden, ein flauschiger Teppich auf dem Fußboden. Die Couch war schön weich und die Brüder schliefen wie im Märchenland.

Am nächsten Morgen servierte die Frau des Hauses das Frühstück.

Hardy aß Mohrenköpfe und eine Banane, weil er so was zuvor in seinem Leben noch niemals gesehen, geschweige denn probiert hatte.

Nach dem Essen wünschten die Eheleute den zwei Vagabunden noch ein gutes Weiterkommen, ehe diese wieder aufbrachen.

Jürgen und Hardy bedankten sich sehr, sie verließen das Haus und suchten den Weg zur Autobahn.

Dieser Tag fing besser an, als der vorangegangene. Sie standen noch nicht lange an der Einfahrt, als auch schon ein Auto anhielt.

Unterdessen fing Hardys Frühstück in seinem kleinen Magen mehr und mehr zu rumoren an. Die Mohrenköpfe, die Banane und die Frühstücksmilch zeigten ihre Wirkung.

Der Mann, der gerade sein Fahrzeug angehalten hatte, fragte die Gebrüder, ob sie bis Pforzheim mitfahren wollten. Von Geografie augenblicklich überhaupt keine Ahnung willigte Jürgen ein und bestieg mit Hardy den Fond des Wagens. Nichts ahnend fuhren sie von ihrem eigentlichen Ziel nun wieder ein Stück weg, über Hessen nach Baden Württemberg.

Der schwäbelnde Autofahrer zeigte viel Verständnis für ihre Lage.

Gegen Mittag schlug er plötzlich vor: „Ihr habt doch bestimmt Hunger. Jetzt wollen wir erstmal kräftig was essen."

Kurz darauf steuerte er sein Fahrzeug auf einen Rastplatz und strebte entschlossen dem Eingang des Restaurants zu. Jürgen und Hardy folgten ihm nach.

Die Stimmen vieler Leute waren aus den Fenstern zu hören.

Der nette Mann verschwand hinter der hell erleuchteten Flügeltüre des Gastraumes. Als Jürgen ebenfalls die große zweiflügelige Glastüre öffnete und dem nachfolgenden Hardy eine Wolke von Zigarettenrauch und Essensgerüchen, sowie der dumpfe Lärm von lautem Stimmengewirr und Geschirrklappern wie eine Wand entgegenschlug, rebellierte sein verdorbener Magen, indem er seinen gesamten Inhalt ausgerechnet auf die Nylonstrümpfe einer in Türnähe speisenden, eleganten Dame entleerte.

Das Stimmengewirr wurde zusehends lauter und richtete sich bedrohlich gegen die beiden Kinder.

Hardy bekam Angst, drehte sich um und rannte zur Tür wieder hinaus, Jürgen hinterher.

Der freundliche Autofahrer entschuldigte sich für den Kleinen, fuchtelte mit seinem Taschentuch hilflos und ärgerlich der aufgeregten Dame an den Beinen herum, bezahlte einen Geldbetrag für Reinigung und Strümpfe und verließ dann ebenfalls eilig das Lokal.

Draußen verspürte Hardy wieder angenehm frische Luft. Das feindliche Durcheinander von Stimmen und der beißende Qualm blieben zum Glück hinter der Flügeltüre zurück. Schutz suchend klammerte er sich an seinen großen Bruder.

Der PKW-Fahrer sah ihn nur an, schimpfte aber nicht. Er ließ sie wieder einsteigen, startete den Wagen und bog in die Autobahn ein, die Richtung Pforzheim führte.

Jürgen hatte sich auf was zu Essen gefreut und hatte nun fürchterlichen Hunger.

Am frühen Abend kamen sie am Ortsrand von Pforzheim an. Der Mann ließ sie nun aussteigen., weil er abbiegen wollte. Mit einem höflichen Kopfnicken bedankten sich die Brüder bei dem Autofahrer, der ihnen noch zwei Mark schenkte.

Danach gingen die beiden zu Fuß stadteinwärts.

Wieder tauchte in Jürgens Gedanken die Sorge nach einem Nachtlager auf.

In dieser blauen Stunde der Abenddämmerung hörte er von Weitem das Pfeifen eines Zuges.

***

„Wenn wir nur genug Geld für eine Zugfahrt hätten", grübelte er, gleichzeitig fiel ihm aber die Bahnhofsmission ein, die seiner Familie ja schon in Hamburg weitergeholfen hatte. „Vielleicht ein Hoffnungsschimmer", dachte er.

Den ganzen Tag über hatte er sich schon große Vorwürfe gemacht, dem kleinen Hardy diese ungewisse Reise zugemutet zu haben. Zielstrebig marschierte er nun mit seinem Brüderchen an der Hand den Richtungsweisern zum Hauptbahnhof folgend.

Es wurde dunkel.

In der Bahnhofsmission herrschte Hochbetrieb. Als die Buben die Türe zur Verwaltung öffneten, torkelte ihnen ein Betrunkener entgegen und lallte sie mit glasigen Augen und erhobenem Zeigefinger unverständlich an.

Die Schlafräume der Mission waren ziemlich eng und hoffnungslos überfüllt. Zu zweit bekamen die Brüder eine Holzpritsche mit einem Strohsack darauf zugewiesen. „Wenigstens ein brauchbarer Platz für die Nacht", war Jürgen heilfroh. Es war das letzte Bett, das noch frei war.

Sie schnürten ihre Stiefel auf und stellten diese ordentlich nebeneinander unters Bett. Hungrig und erschöpft krochen sie unter die graue Wolldecke, die am Fußende mit einem Aufdruck der Mission versehen war.

Vereinzelt legten sich noch weitere Quartiersuchende auf ihren strohgefüllten Matratzen nieder. Endlich ging im Saal das Licht aus.

Das ständige Klingeln der Nachtglocke im Büro ließen Jürgen und Hardy lange keinen richtigen Schlaf finden. Erst sehr viel später schlummerten die Zwei dann fest aneinander geschmiegt ein und schliefen bis zum Tagesanbruch.

In den frühen Morgenstunden kehrte das Reinigungspersonal mit breiten Besen große Wasserlachen vor sich her, um die Bahnhofshalle von den Spuren der Nacht zu reinigen. Die Gäste der Mission machten sich allesamt zum Aufbruch fertig.

Für eine Tasse Kaffee und für das Benutzen der Wolldecke musste Jürgen eine Mark bezahlen.

Als die Brüder wieder hinaustraten, schlug ihnen eine dunstig frische Kühle entgegen. Im Gegensatz zu dem stickigen Nachtlager im Bahnhof empfanden sie diese frische Luft anfangs als sehr angenehm, doch allmählich spürten sie die taufrische Morgenkühle bis auf die Haut.

Sie knöpften ihre Jacken bis oben hin zu und zogen die Hälse in den hochgeschlagenen Krägen ein.

***

Wieder suchte Jürgen nach Hinweisschildern, die auf die Autobahn verwiesen.

Nachdem sie die Fernstraße zu Fuß erreicht hatten, waren ihre ausgemergelten Körper nach und nach wieder von einer wohligen Wärme erfüllt.

Die Herbstnebel machten den paar Sonnenstrahlen Platz, die versuchten, dem noch jungen Tag etwas Erheiterndes zu vermitteln. Die beiden Buben ließen sich fast ein wenig von dieser unbeschwerten Morgenstimmung anstecken und empfanden augenblicklich unabhängig voneinander sogar ein wenig Wanderlust, sodass sie das was sie taten, ganz unbewusst nicht mehr als Last empfanden, zumindest für diese wenigen, stimmungsvollen Momente.

Die feuchten Kleider waren etwas angetrocknet und sie vergaßen für einige Augenblicke Hunger und Heimweh. Es machte ihnen zu diesem Zeitpunkt auch gar nichts aus, dass sie nun schon den dritten Tag unterwegs waren und ihr Ziel noch immer nicht erreicht hatten.

Beim Anblick der sich immer wieder ähnelnden Autobahneinfahrten sagte Hardy verwundert zu seinem großen Bruder: „Aber Jürgen, hier waren wir doch schon!“ Und zum wiederholten Male beruhigte Jürgen den Kleinen und erklärte ihm, dass eben alle Autobahnauffahrten gleich aussehen würden.

Hardy vertraute instinktiv darauf, dass sein Bruder den richtigen Weg schon finden werde und war wieder zufrieden.

Dann, am späten Vormittag, hielt ein Autofahrer an, der sich gerade auf dem Nachhauseweg befand, nahm die beiden Kinder bis Stuttgart mit und lud sie zu sich nach Hause zum bevorstehenden Mittagessen ein.

Die beiden waren sehr dankbar, hatten sie doch seit Hardys verhängnisvollen Mohrenkopffrühstücks am Tage zuvor nichts mehr gegessen.

Der hilfsbereite Fremde erzählte seiner Frau die rührende Geschichte der beiden Geschwister, die zu ihrer Oma wollten und nun schon drei Tage unterwegs waren.

Daraufhin verließ er das Haus, um sich auf dem Bahnhof nach der nächsten Bahnverbindung für die beiden zu erkundigen.

Heiß dampfend stand die nach Hühnerfleisch duftende Nudelsuppe auf dem liebevoll gedeckten Tisch. Die gütig lächelnde Frau bat die Kinder, welche immer noch schüchtern unter dem Türrahmen standen, herein.

„Schon wieder so eine tolle Wohnung“, dachte Jürgen, indem er sich scheu umsah „..die haben’s gut. Sind bestimmt ganz reiche Leute.“ Behutsam lief er über den flauschigen Teppichboden.

Hardy tippelte an seiner Hand brav hinterher.

Nachdem die jungen Besucher am Esstisch Platz genommen hatten, setzte sich die fremde Frau dazu.

„Vater, wir leben von deinen Gaben ...“, fing sie halblaut zu beten an, nachdem sie die Hände gefaltet hatte und andächtig mit gesenktem Kopf vor sich auf den Tisch blickte. „Segne das Haus, segne das Brot ...“

Hardy faltete ebenfalls seine kleinen Hände zusammen, Jürgen tat es ihm gleich und sah sich ehrfürchtig vor so viel aufgeräumter und pedantischer Ordnung im Raum um. Ein hölzernes Kreuz hing über der Türe, an ihm eine goldfarbene Christusfigur.

„Gib uns die Kraft von dem, was wir haben,“ fuhr die elegante Dame inbrünstig fort, „... denen zu geben in Hunger und Not. - Amen.“

„A-amen“, wiederholten die beiden Brüder nacheinander.

Die Hausfrau füllte die Teller der hungrigen Gäste, die es kaum erwarten konnten, mal wieder eine richtige Mahlzeit zu bekommen. Doch die Suppe war noch zu heiß, um sich hastig hinunterschlingen zu lassen.

In diesem Augenblick kehrte der Hausherr auch schon wieder zurück und zeigte freudig zwei Fahrkarten vor: „Ihr müsst sofort aufbrechen, euer Zug geht in einer halben Stunde. Ich bring’ euch zum Bahnhof. Ihr braucht auch gar nicht umzusteigen. Heute Abend schon seid ihr wieder bei eurer Oma. Kommt schnell, ich fahr’ euch zum Zug!“, beendete er seinen Wortschwall, dem die Buben so schnell gar nicht folgen konnten.

Gehorsam standen sie auf.

„Aber“, stotterte Jürgen, „wir können die Fahrkarten nicht bezahlen.“

„Macht euch mal darüber keine Sorgen“, erwiderte die Ehefrau „wir haben die Fahrt für euch bezahlt. Dafür brauchen wir am Sonntag in der Kirche nichts mehr zu geben.“

Ohne auch nur einen einzigen Löffel der köstlich riechenden Hühnersuppe probiert zu haben, wurden die Buben von der Frau des Hauses wieder verabschiedet:

„Behüt’ euch Gott!“ rief sie den beiden nach und winkte, bis der Wagen ihres Mannes um die nächste Ecke bog.

***

Hungrig sahen die Brüder die Häuser der großen Stadt am Fenster ihres Eisenbahnabteils vorbeihuschen.

Die letzte Etappe ihrer Odyssee war wohl so gut wie geschafft.

Durch das gleichmäßige Rattern des Zuges schläfrig geworden, erreichten sie abgespannt und müde den Hauptbahnhof ihres Reiseziels. Apathisch suchte Jürgen das letzte Mal auf dieser Reise den Weg stadtauswärts, diesmal jedoch nicht zur Autobahn, sondern zum Schafhoflager am Stadtrand, in dem die Oma wohnte.

Der kleine Bruder tippelte wie immer geduldig an seiner Hand neben ihm her.

Mehr als eine Woche später, nachdem Jürgen und Hardy bei ihrer Großmutter eingetroffen waren, kam auch die Mama mit den übrigen Geschwistern dort an.

Nun war die Familie wieder versammelt, wenn auch nicht mehr vollzählig.

Alles begann von vorn und wieder von ganz unten - das Leben im viel zu engen Zimmer des Barackenlagers, in welches sie vor mehr als zehn Jahren schon eingezogen waren und die elendige Not.

Es schien aussichtsloser denn je.

Hildegard reichte die Scheidung ein und löste dadurch unbewusst jenen Mechanismus aus, welcher die Jugendbehörden - die ohnedies schon ein kritisches Auge auf die asozialen Verhältnisse des Schafhoflagers geworfen hatten - auf den Plan rief.

Jürgen und seine Mutter bekamen eine Vorladung zum Jugendamt, welcher sie nichts ahnend folgten.

„Zum Wohle des Kindes" wurde dort mit unerbittlicher Härte geltendes Recht ausgeübt: Jürgen wurde dort sofort festgehalten und durfte nicht mehr nach Hause zurück. Hildegard war fast ohnmächtig vor Wut und verstand die Welt nicht mehr.

Jürgen wurde auf der Stelle der Obhut des Städtischen Kinder- und Jugendheimes übergeben, und zwar der Außenstelle *Buchenbühl*, wo er zur Eingewöhnung wie ein Gefangener gleich in der so bezeichneten Sträflingsabteilung eingesperrt wurde.

In dieser Abteilung nahm man ihm bis auf die Unterwäsche jegliche Kleidungsstücke und sämtliche privaten Habseligkeiten zur getrennten Verwahrung ab und kleidete ihn in einen markant gestreiften Drillichanzug und dazu Pantoffel. Wegen des zweifarbigen Streifenmusters dieser Klamotten wurde diese ganz besondere Abteilung neben der offiziellen Bezeichnung „Sonderabteilung" im heimeigenen Volksmund kurz und bündig nur *„Blauweiß"* genannt.

***

Tags darauf bog ein Kleinbus in die staubige Straße des Schafhoflagers ein und hielt vor der Baracke, in welcher Hildegard mit ihren restlichen Kindern wohnte, an.

Zwei Vollzugsbeamte traten ins Haus und nahmen der Mutter mit Ausnahme des schon 18-jährigen Andy all ihre übrigen Kinder fort.

Als der Bus wendete und langsam den lehmigen Weg des Lagers wieder hinausfuhr, rannte Hildegard schluchzend und mit der aufbäumenden Kraft ihrer Verzweiflung auf dem holprigen Pfad nebenher und trommelte mit ihren Fäusten unerbittlich gegen das Fahrzeug.

„Nein, nicht meine Kleinen! Ihr Diebe! Das ist Menschenraub", schrie sie in ihrer Ausweglosigkeit immer und immer wieder.

Es begann heftig zu regnen. Die Straße verwandelte sich in eine rutschige Piste.

Drinnen im Wagen saßen die verstörten Kinder, heulend ihre Nasen an die Scheiben gepresst und sahen, wie ihre Mutter bald mit dem Tempo des Wagens nicht mehr Schritt halten konnte, allmählich zurückblieb und auf den morastigen Boden in sich zusammensackte, allmählich kleiner und kleiner wurde und nach einer Straßenbiegung schließlich ganz verschwunden war.

***

Mit bürokratischer Feinfühligkeit wurden die Geschwister getrennt und in verschiedenen Heimen untergebracht.

Edeltraud kam ins Mädchenheim einer katholischen Ordensgemeinschaft.

Waltraud, acht Jahre, Ingrid, noch nicht ganz sieben Jahre alt, Hardy mit seinen vier Jahren und Mariele, gerade drei Jahre alt - also die vier Kleinsten durften zunächst zusammenbleiben und wurden der Kinderabteilung des städtischen Kinder- und Jugendheimes überstellt.

IX

Jürgens Quartier in der Sonderabteilung Buchenbühl unterschied sich durch nichts von einem echten Gefängnis.

Die Fenster waren verschlossen und die Griffe innen entfernt. Es herrschte allgemein eine äußerst rüde Artikulation vor. In der *Blau-Weiß*-Abteilung teilte Jürgen seine Zelle mit sechs weiteren verknackten Jugendlichen, wobei er selbst einer der Jüngsten und wohl auch einer der Unschuldigsten in dieser Meute gewesen sein dürfte.

Nachdem man ihn dort einlieferte, war in seinem Schlafraum immer noch ein weiteres Bett frei.

In seiner ersten Nacht lag Jürgen auf seiner Pritsche und weinte. Es war ein lautloses Weinen, welches niemanden störte.

Das Mondlicht schien matt zwischen den Gitterstäben hindurch.

„Ist dies die Gerechtigkeit der Erwachsenenwelt?“ zweifelte er. „Wozu haben die mich überhaupt eingesperrt? Hab’ ich vielleicht was verbrochen? Soll dies der Lohn für die Entbehrungen der letzten Tage, Wochen und Jahre sein?“ Ihm war ganz schwindelig von den vielen Fragen, die sich vor seinen Augen im Kreise drehten und im Schleier seiner Tränen zu einem strudelnden Sog verschwammen.

Er verstand diese Welt nicht mehr.

Sein bisheriges Leben war geprägt von einer ständigen Flucht aus bitterster Not und von einem unaufhörlichen Kampf gegen den Hunger und ums nackte Überleben.

Dieses Leben, diesen Kampf hatte er kapiert. Es war ein fairer Wettkampf mit ganz einfachen Spielregeln: verrecke oder kämpfe! Verstandesmäßig ging das alles noch in seinen Kopf.

Aber nun dies, was mit ihm jetzt passiert war, konnte er nicht mehr begreifen.

Wieso war er hier? Hier in dieser Gemeinschaftszelle? Mit sechzehn Jahren eingesperrt wie ein Schwerverbrecher? Warum tun die beim Jugendamt so etwas? In seiner hilflosen Wut versuchte er zu verstehen, dass er eine Strafe für etwas verbüßen müsse, das er gar nicht begangen hat.

Doch es erschien ihm viel zu kompliziert, um es verstehen zu können.

Deprimiert blinzelte er in die verschwommene Dunkelheit. Tränen liefen ihm übers Gesicht.

Mitten in seine Gedankenwirbel hinein hörte er im Hof das Herannahen eines Autos. Für einen Augenblick war der Raum vom Licht der Scheinwerfer hell erleuchtet. Schatten huschten über die Zimmerdecke und verschwanden wieder im Dunkeln.

Jürgens Bettnachbar sprang plötzlich hoch und lief zum Fenster. „Die Bullen“, rief er halblaut und weckte die anderen auf. „... sie bringen einen Neuen“, fuhr der am Fenster Stehende fort und befahl auf einmal: „Kommt, den lassen wir nicht rein! Los, aufstehen, raus aus den Betten!“

Bereitwillig standen einige auf.

Jürgen stellte sich schlafend und blieb liegen. In der Dunkelheit konnte man seine Tränen nicht sehen. Verstohlen wischte er sich mit dem Ärmel die Augen trocken.

Leise hoben seine Stubengenossen eines der eisernen Doppelbettgestelle von ihrem Platz und bauten es vor der Zimmertüre so auf, dass es unmöglich war, diese von außen zu öffnen.

Tatsächlich, wenig später waren auf dem Flur vor dem Schlafraum laute Schritte zu hören. Kurz darauf das Rasseln eines Schlüsselbundes und ein zweimaliges Klicken im Türschloss.

Jemand rüttelte von außen am Griff, doch die Türe gab keinen Breit nach, weil die Burschen sich mit dem schweren Bettgestell von drinnen dagegen stemmten.

Ein Rumpeln und Stoßen begann von außen gegen die Türe, ein heftiges Dagegendrücken von innen. Das schwere, verspreizte Bettgestell hielt Stand.

Lautes Fluchen setzte ein, vermischt mit Strafandrohungen und Beschimpfungen übelster Art: „Ihr dreckigen, verlausten Schweine! Macht sofort die Türe frei, sonst könnt' ihr morgen was erleben. Ich mach' euch Feuer unterm Hintern, bis euch das Arschwasser kocht!“

Die abgebrühten Kerle in Jürgens Zimmer aber blieben unbeeindruckt und ließen sich durch nichts einschüchtern. Die Türe blieb zu, der Neuankömmling musste auf dem Flur oder vielleicht im Dienstzimmer des Erziehers übernachten, jedenfalls kam er nicht rein.

Am Morgen danach folgte die Strafaktion.

Der ganze Haufen wurde zum Appell herausgepfiffen: „Wer von euch hat den Eingang verbarrikadiert!?“

Niemand meldete sich.

Die Erzieher waren zu zweit angetreten.

„Na schön, wenn ihr es so haben wollt - Sippenhaftung! Jeder holt sich einen Stuhl und in einer Reihe aufstellen, aber plötzlich!“, brüllte einer der Erzieher.

Sodann wurde ihnen lautstark erklärt, wie sie die Stühle hochzunehmen hatten und zwar mit jeder Hand eines der vordersten Stuhlbeine am untersten Ende.

Auf Kommando ging's dann los.

Zehn Kniebeugen, die Stühle vor sich mit ausgestreckten Armen hochhaltend und etappenweise: „Ab, eins, zwo, drei, und hoch, eins, zwo, drei und ab, eins zwo drei und hoch...!“

Noch einmal bekamen die Schuldigen Gelegenheit, sich zu melden.

Doch keine Reaktion.

Also verschärftes Exerzieren.

„Jetzt ohne Stühle in die Hocke!“ brüllte der Erzieher, welcher das Kommando übernommen hatte „und zwanzig Mal um die Tischtennisplatte herumhüpfen! Immer schön in der Hocke bleiben und etwas flotter, ihr Lahmärsche!“, wurden die Burschen missmutig angeschrien.

„Seht ihr,“ sagte der Sofortrichter nicht ohne Stolz in der Stimme, nachdem die Burschen nach verbüßter Strafaktion kraftlos auf den Boden sanken, „,... das hat mir den Namen *Frosch* eingebracht.

Was er jedoch nicht wusste, dass ihm dieser Name nicht nur wegen seiner unliebsamen Hüpfaktionen verpasst worden war, sondern vielmehr wegen seiner runden, hervorstehenden Augen, die ihm den Gesichtsausdruck einer Unke verliehen.

***

Die Kinderabteilung bestand aus vier Gruppen, in jeder Gruppe wohnten vierzehn Kinder.

Die Gruppen selbst unterschieden sich rein äußerlich nur durch die Nummer des Stockwerks, nach welcher die jeweilige Gruppe praktischerweise benannt wurde.

Riesige Bilder der Arche Noah aus Mosaiksteinchen im Treppenhaus an die Wand geklebt, sollten wohl Schutz und Geborgenheit vermitteln.

Die vier Kleinsten der Familie kamen in die Gruppe vier, wo ihnen ein Vierbettzimmer zugewiesen wurde.

Die Schlafräume waren spartanisch eingerichtet und enthielten außer den Bettgestellen lediglich für jedes Kind noch einen schmalen Kleiderschrank und über dem Bett an der schmucklosen Wand ein kleines Kästchen. Auf Tische und Sitzgelegenheiten hatte man bewusst verzichtet, denn es war den Kindern ohnedies nicht erlaubt, sich tagsüber in den Zimmern aufzuhalten.

Gegenüber dieser Bettenkammern lagen zwei Waschräume mit den Toiletten, ein Putzraum, in dem auch sämtliche Schuhe untergebracht waren und das Zimmer für die Dienst habende Erzieherin.

Im Vergleich zu den Räumen, die ausschließlich den Kindern vorbehalten waren, wirkte der Erzieherraum doch sehr behaglich. Schon der Anblick der dunkelfurnierten Möbelstücke, der schmeichelnde Anblick feiner Holzmaserung ließ im Vergleich zu der nüchternen, blassen Anstaltsatmosphäre in den Räumen der Heimkinder deutlich die Kluft zwischen dem Wert einer Erzieherin und dem der Zöglinge erkennen.

Wurde vielleicht hier schon, vielleicht durch diese Kluft, die Saat für ein Gefühl ausgesät, das manche Seele dieser verlassenen Kinder möglicherweise ein Leben lang nicht mehr loslassen will, nämlich das Gefühl, ein Mensch zweiter Klasse zu sein und deshalb einer Randgruppe anzugehören - vielleicht ein erstes winziges Saatkörnchen.

Winzig vielleicht, aber dennoch unübersehbar.

Das erste Saatkörnchen, dem durch diese unglückseligen Kindheitsbedingungen ganz sicher noch sehr viele folgen werden.

Zwischen den Zimmern schob sich ein langer Gang hindurch, an dessen unterem Ende, gleich neben der Eingangstüre, auf der einen Seite die Küche und auf der anderen Seite der Aufenthaltsraum zu finden waren.

Die Küche diente lediglich zur Aufbewahrung und Reinigung des Geschirrs. Das Essen für sämtliche Heimbewohner wurde in der Großküche im Untergeschoss des Westflügels zubereitet.

Der Aufenthaltsraum war der Mittelpunkt jeder Gruppe, denn hier spielte sich das gesamte, tägliche Leben der Kinder ab. Besser gesagt, es hatte sich hier abzuspielen.

Im Hof vor dem Kinderheim stand ein großer Baum, hinter dessen riesiger Krone sich das halbe Haus mitsamt seinen langen Balkonen verstecken konnte.

Wenn das Wetter schön war, durften die Kinder im Hof spielen. Darin gab es einen großen Sandkasten, eine Wippschaukel, ein Klettergerüst, ein fliegenpilzähnliches Eisengestell, an das man sich dranhängen und drehen konnte, Büsche, Bäumchen und einen Zaun, welcher den gesamten Hof lückenlos umschloss.

Außer zur Schule, durfte das Heimgelände nicht verlassen werden.

Das Heim bestand aus einem riesigen Gebäudekomplex. Dem Bau mit den vier Kindergruppen schloss sich winkelförmig ein noch viel größerer Gebäudeteil an, in dem es neben einer Schulbubenabteilung eine Lehrlingsgruppe, eine so genannte Aufnahmeabteilung und ganz oben unter dem Dach eine gut abgesicherte Sonderabteilung gab.

***

Mit großen Augen beobachteten die Kleinen misstrauisch und verängstigt ihre neue Umgebung. Alles roch nach Schmierseife und Bohnerwachs, fremdartig und abweisend.

Argwöhnisch wurden sie von den anderen Heimkindern gemustert. Unvertraute Gesichter starrten sie an.

Mit gebrochenem Herzen mussten sie sich der harten Strenge des Heimalltags unterwerfen.

Sie lernten, wie man sich an den Tisch zu setzen hatte, beide Handflächen waren links und rechts auf die Tischflächen aufzulegen und der Rücken kerzengerade zu halten.

Man lehrte ihnen auch den Umgang mit den Erwachsenen, die man immer zuerst zu grüßen und selbstverständlich nur mit „Sie“ anzureden hat.

Verschreckt und gelehrig grüßte Hardy bald jeden Fremden, der auf dem Gehweg vor dem Zaun des Heimgeländes vorbeilief.

Und bald sprach er sogar seine Mutter, die an Wochenenden zu Besuch kommen durfte, auch nur noch mit „Sie“ an.

Sehr schnell lernten die Kinder begreifen, dass bedingungslose Anpassung an die ungeschriebenen Heimgesetze die sicherste, vielleicht auch die einzige Überlebensstrategie sein würde. Die Zeiten unbefangener Kindheitstage schienen nun wohl endgültig vorüber zu sein. Entmündigt und ohne Selbstverantwortung für die elementarsten Dinge des alltäglichen Lebens nahm man ihnen von Anfang an jede Chance für eine gesunde Entwicklung der eigenen Persönlichkeit.

Und die Kleinen lernten auch bald, ihre Gefühle für sich zu behalten. Es gab keinen persönlichen Freiraum, keine Nische, wohin man sich mal hätte zurückziehen können. Ständig war man der Gruppe ausgesetzt. Alles, was man tat, wurde von außen angeregt und geschah unter ständiger Aufsicht.

So zogen sich die Geschwister immer mehr in sich selbst zurück und hüteten ihre Gefühlswelt wie einen Schatz, zu dem außer ihnen selbst kein anderer Zugang hatte.

Wenn die Größeren zur Schule gegangen waren, verkrochen sich Hardy und seine kleine Schwester Mariele im Aufenthaltsraum unter den Tischen zwischen den vielen Stuhlbeinen und heulten oft sehr lange eng umschlungen vor lauter Sehnsucht nach ihrer Mama.
Sie sprachen dabei kein Wort miteinander, aber sie wünschten sich beide das Gleiche.

***

Jürgen erlebte derweilen die Zeit seiner Akklimatisierung wie ein Martyrium.

Bald meldete er sich freiwillig zum Küchendienst, weil er der Sättigung seines ständigen unterschwelligen Hungers dort ein Stückchen näher zu kommen glaubte. In der obligatorischen blau-weiß-gestreiften Kluft hockte er mit anderen Schicksalsgenossen um riesige, silberne Töpfe mit großen Beulen herum und befreite eimerweise Erdäpfel von ihrer Schale.

Bei einer dieser Sitzungen lernte Jürgen einen Jungen aus Berlin näher kennen, der ihm unverhohlen anbot: „Du, ich habe eine Tante in München. Komm’, wir hauen ab!“

Jürgen war überrascht, brauchte aber nicht lange zu überlegen.

„Gut, ich bin dabei.“

Die einzige Gelegenheit, das Gebäude zu verlassen, bot sich - das fanden sie schnell heraus - nur an jenem Tag in der Woche, an dem im Heim der wöchentliche Schulunterricht stattfand. Da gab es eine Türe, welche über bestimmte Umwege erreichbar war, die oftmals am Schultag offen stand.

Jedoch mit der auffälligen Sträflingskleidung würden sie nicht weit kommen.

An dem bewussten Tag also ließen sich die beiden zu Reinigungsarbeiten einteilen und bekamen somit Zugang zu Räumen, in denen vereinzelt zivile Kleidungsstücke zu finden waren. Hier hing eine Hose an einem Kleiderhaken, dort eine Jacke.

Also schnell die blauweiße Hose runter, die andere angezogen, hinterher die blauweiße Hose wieder drüber. Ebenso mit der Jacke. In einem anderen Raum fanden sie noch eine Hose und später noch einen Pullover.

Mit der bürgerlichen Kleidung unter dem Drillichanzug und dem Besen in der Hand huschten sie die Gänge entlang, die Treppen runter, bis hin zu dem Ausgang, welcher in die Freiheit führte.

„Wenn die Türe jetzt abgeschlossen ist, war alles für die Katz"", meinte der Berliner.

Mit klopfendem Herzen drückte Jürgen die Klinke hinunter.

Was für ein Glück, die Türe ließ sich tatsächlich öffnen.

Flink spurteten sie unbemerkt in den nahen Wald hinüber, wo sie die Zuchthausklamotten auszogen und einfach liegen ließen.

Dann flohen sie weiter zur Autobahn Richtung München.

Stundenlang trampten sie die Straße entlang, doch keiner hielt an.

Plötzlich, als hätte jemand gerufen, „dreht euch mal um", wandten beide zugleich ihre Köpfe nach hinten und in diesem Augenblick war es von Weitem auch schon zu vernehmen, jenes singende Geräusch, das sie sehr gut kannten: der Zündapp-Motorroller des Heimleiters. Auf dem Sozius saß - das konnten sie erkennen, obwohl der Roller noch weit genug entfernt war, ein zweiter Einfänger.

Hastig wechselten sie die Richtung und sprangen in den Wald, über umgestürzte Bäume hinweg, durch dorniges Gestrüpp hindurch und mitten hinein in ein Sumpfgebiet. Kriechend schleppten sie sich durchs Unterholz. Gesicht und Hände zerkratzt und blutverschmiert, Schuhe und Kleidung pitschnass, blieben sie imGebüsch liegen, bis es dämmerte.

Erst in der Finsternis traten sie wieder auf den Fahrbahnrand hinaus.

Ein Stück noch waren sie gemeinsam weitergetrampt, ohne dass sie jemand mitnahm.

Auf einmal überlegte sich Jürgens Weggefährte ein anderes Ziel: „Du, ich will jetzt doch nicht nach München. Ich geh' nach Hause, nach Berlin."

Jürgen war verblüfft und dachte einen Augenblick nach. Was soll ich in Berlin? Nee. Wo kann ich denn sonst eigentlich hin? Nach Hause? Dort schnappen sie mich ja als Erstes. Also, was sonst?

„Geh' du nur nach Berlin. Ich komm nicht mit", sagte er zu seinem Kumpel, dann trennten sich ihre Wege. Unschlüssig trat Jürgen den Rückweg an.

***

Freiwillig kehrte er zurück. Zurück in seine Haftanstalt für Kinder und Jugendliche.

Am späten Abend kam er dort an.

Aber genauso schwer wie es war rauszukommen, war es auch, wieder hineinzugelangen.

Alles war abgesperrt und verriegelt.

Durch einen Spalt zwischen den schweren Vorhängen des Aufenthaltsraumes im Erdgeschoss konnte Jürgen erkennen, dass drinnen eine Filmvorführung stattfand. Heftig klopfte er an die Fensterscheiben, bis man ihm schließlich wieder Einlass gewährte.

Das Resultat seiner kurzen Flucht war die Verlängerung seines Aufenthaltes auf *Blau-Weiß*.

Hildegard bekam eine schriftliche Mitteilung des Jugendamtes über Jürgens Vergehen und über dessen offensichtliches Unvermögen, sich unterzuordnen.

Unterdessen hockte Jürgen ergo wieder in seinem gestreiften Anzug in der Gruppe, die sich Sonderabteilung nannte.

Entwürdigt, rechtlos und entmündigt.

Gerade gut genug für die Dreckarbeiten im Hause.

Und so fühlte er sich auch, wie der allerletzte Dreck.

Einer geregelten Arbeit außerhalb des Heimes durften die „Blauweißen" nicht nachgehen.

Es gab aber in Buchenbühl außerdem noch eine Lehrlings- bzw. Aufnahmeabteilung, in welcher die Insassen gewöhnlich außerhalb der Einrichtung einen Beruf ausübten. Von ihrem wöchentlichen Lohn mussten sie einen Anteil ihrer Heimkosten mittragen.

Abends saßen die Lehrlinge manchmal zusammen mit den Zöglingen der Sträflingsabteilung gemeinsam im Aufenthaltsraum, wo es auch eine Tischtennisplatte gab, und vertrieben sich die Zeit.

An einem Freitag saß Jürgen gelangweilt ebenfalls in der Runde dabei, als ein Stuckateurlehrling hereinkam, der seinen Wochenlohn in der Tasche hatte - was natürlich von den anderen keiner wusste. Wie er so mitunter die Hand aus seiner Tasche nahm, fiel ihm ein Zwanzig-Mark-Schein heraus und segelte unbemerkt auf den Boden. Daraufhin machte der Lehrling eine Körperdrehung und stieg - ohne es selbst zu registrieren - auf den Geldschein.

Jürgen saß auf dem Fensterbrett und beobachtete den Vorfall, den anscheinend niemand sonst wahrgenommen hatte.

Er wartete ab und sah sich um. Es war außer ihm wirklich sonst keinem aufgefallen. Allmählich verließen einige den Aufenthaltsraum. Jürgen stand auf und stellte sich neben den Lehrling. Dieser bewegte sich von seinem Platz und nun stellte sich Jürgen seinerseits auf den Geldschein, wartete noch ein wenig, ob Gefahr drohte, bückte sich dann und nahm das Geld an sich.

Nun stand er allerdings vor einem Problem. Wohin mit dem Zwanzig-Mark-Schein?

Hätten seine Mitgefangenen erfahren, dass einer Geld hat, sie hätten alles umgedreht und auf den Kopf gestellt.

So versteckte Jürgen den Schein zunächst unbemerkt im Innern seines Kopfkissens und tagsüber in seiner Hosentasche, wo er ihn immer fühlen konnte.

Aber es war mühsam, ja geradezu lästig, verbotenes Geld zu besitzen, welches man nicht einmal ausgeben konnte und es bereitete ihm doch einiges Kopfzerbrechen.

Einem Kameraden kaufte er schließlich für zehn Mark eine Stabtaschenlampe ab, die ihm allerdings schon tags darauf wieder geklaut wurde.

Für die Verdiener unter den Heiminsassen ging es schließlich daran, die Heimkosten zu bezahlen. Dreiundvierzig Mark die Woche. Der arme Stuckateurstift kramte alles durch, aber sein Geld reichte plötzlich nicht mehr.

In seiner Not begann er, Gegenstände zu verkaufen, unter anderem einen wunderschönen Tischtennisschläger, von dem er sich wirklich sehr schwer trennte. Jürgen kaufte ihm den wertvollen Schläger von dessen eigenem Geld für zehn Mark ab.

Der Obrigkeit blieben diese Transaktionen natürlich nicht gänzlich verborgen und alle, die in letzter Zeit in Geldgeschäfte verwickelt waren, mussten antreten.

„Wo hast du das Geld her?“ brüllte der Frosch den Jürgen an.

„Na, das hab’ ich noch von zu Hause“, log Jürgen in so gekonnter Unschuldsmiene, dass man ihn nach einigem Hin und Her schließlich in Ruhe ließ.

***

Fressen oder gefressen werden, lauteten die Naturgesetze des Heimes, welchen einzig und allein man sich zu unterwerfen hatte, so man überleben wollte.

Nach bestandener blauweiß-gestreifter Anpassungsphase wurde Jürgen einer Umbelegung in die Aufnahmeabteilung für würdig empfunden und so bekam er seine normalen Kleidungsstücke wieder ausgehändigt.

Sein erster Sonntag stand vor der Türe, an dem er besuchsweise nach Hause durfte.

Als es soweit war, und er sich anziehen wollte fehlte ihm sein neues Oberhemd, welches seine Mama ihm erst gekauft und kürzlich ins Heim gebracht hatte.

Rausgestohlen aus seinem Schrank.

Sein schönes, weißes Oberhemd, mit doppeltem Ärmelaufschlag und dazu die wunderschön glänzenden Manschettenknöpfe waren einfach weg.

Im Unterhemd lief Jürgen enttäuscht von Zimmer zu Zimmer.

Im Waschraum stand ein großer Lackel, der sich vor dem Spiegel gerade eine Krawatte umband.

„Da ist ja mein Hemd!“ rief Jürgen empört und lief ins Bad.

Der ungeschliffene Bulle von einem Kerl stürzte auf Jürgen zu, packte ihn ungestüm am Hals und würgte und schüttelte ihn.

„Behaupte noch einmal, dies sei dein Hemd!“ drohte er und stieß ihn mit der flachen Hand so heftig ins Gesicht, dass Jürgen rückwärts taumelnd mit dem Kopf hart und schmerzhaft gegen die Fliesenwand schlug. Blut lief ihm aus der Nase.

Eingeschüchtert und wütend zugleich stand er da und sah machtlos zu, wie der Typ seelenruhig vor dem Spiegel seine Krawatte zurechtrückte, sich die Haare frisierte und anschließend mit dem gestohlenen Oberhemd skrupellos an ihm vorbei und hinausging.

Echtes Faustrecht war es, was zählte.

Jürgen wurde Zeuge, wie sich ein Zimmerkollege widerrechtlich aus der Kleiderkammer eine gebrauchte Hose aneignen wollte und prompt vom Dienst habenden Erzieher erwischt wurde.

„Fünfundzwanzig Ohrfeigen!“ lautete die standrechtliche Konsequenz. „Hände auf den Rücken!“

Laut zählend schlug der Erzieher dem Verurteilten abwechselnd links und rechts ins Gesicht.

„Eins, zwei, drei, vier, fünf ...“

Der Kopf des Geprügelten rollte mit jedem Schlag hin und her.

„... elf, zwölf, dreizehn ...“

Die Pratzen des Erziehers verfehlten ihr Ziel nie, so auch diesmal nicht und knallten erbarmungslos schallend nieder.

„... achtzehn, neunzehn ...“

Der arme Kerl wagte nicht, die Hände hinterm Rücken hervorzunehmen. Zu gut nur wusste er, dass sich die Zahl der Ohrfeigen mit jedem Schlag, den er abwehrte, auf jeden Fall vermehren würde. Folglich biss er die Zähne zusammen und fing die Wucht der dröhnenden Watschen mit jeweils zur Seite rollendem Kopf ab.

„... dreiundzwanzig, vierundzwanzig, ...“, die Stimme des Erziehers steigerte sich zum Finale „... und fünfundzwanzig!“ brüllte er schließlich und verließ den Raum.

Gedemütigt und mit hochrotem Gesicht und glühenden Wangen schlich der abgewatschte Dieb davon.

Jürgen stand betroffen da.

***

Eines Abends verschwand einer aus Jürgens Gruppe, um sich Zigaretten zu holen. Da wochentags allgemeine Ausgangssperre herrschte, war es demnach nicht gestattet, das Heimgelände zu verlassen.

Der Erzieher sah noch, wie jemand hinaushuschte, erkannte ihn aber nicht. Sofort sperrte er sämtliche Türen ab.

„Den schnapp ich mir, wenn er zurückkommt“, mag er wohl gedacht haben und patrouillierte vor den Gängen der Aufnahmeabteilung.

Einer der Kameraden öffnete das Fenster und warnte den Gefährten mit einem leisen Pfiff und einem Deuten vor der drohenden Gefahr.

Schnell schlugen sie in der Schlafstube die Bettdecken zurück, knoteten drei Bettlaken aneinander und zogen ihn damit in den oberen Stock wieder hinauf.

Nach einer Weile schloss der Aufpasser vor der Türe wieder auf, stürmte in die Gruppe und ließ alle antreten.

„Wer hat da vorhin das Haus verlassen?" kreischte er ungeduldig.

Alle schüttelten den Kopf und zuckten unschuldig mit den Schultern.

„Niemand, wir sind allesamt vollzählig."

Zweimal zählte der Erzieher seine Schäfchen nach, doch keines fehlte.

„Ihr wollt mich wohl verarschen, lasst euch bloß nicht dabei erwischen!" schnaubte er wie eine alte Dampflok und stob davon.

***

Als Jürgen wieder arbeiten ging, kaufte er sich von seinem Ersparten ein gebrauchtes Moped, 'ne alte Vicky-drei.

In der Remise, wo die Fahrräder und Mopeds der Zöglinge untergestellt waren, wechselten die Zubehörteile ihre Eigentümer unfreiwillig oft mehrmals am Tag. Ganze Vorderradgabeln wurden ebenso gestohlen, wie Luftpumpen oder Ventile. Benzin wurde aus fremden Tanks mittels Mundansaugung durch ein Schläuchlein genauso unerlaubt abgezapft, wie alles sonst irgendwie Brauchbare eben einfach auf nimmer wiedersehen verschwand.

Eines Morgens ging Jürgen in den Unterstellschuppen, um sein blaugraues Moped für den Weg in die Arbeit herauszuholen. Er wollte den Motor anwerfen, startete einmal, zweimal - nichts rührte sich. Der obligatorische Blick in den Tank, aber Benzin war noch drin. Dann ein geübter Griff hinunter zur Zündkerze, aha: geklaut.

Jürgen sah sich nach einem anderen Fahrzeug um, schraubte dessen Zündkerze heraus und steckte sie ein.

Anschließend schob er sein Gefährt hinaus auf die Straße. Wie ihm jemand begegnete, fing er an, lauthals zu schimpfen, um sich ein Alibi zu verschaffen. „Verdammte Scheiße, mir hat einer die Zündkerze geklaut! Jetzt komm' ich zu spät zur Arbeit!"

Sein Moped schob er dann bis zum nahen Wald, wo er die seinerseits geborgte Zündkerze wieder einsetzte und pünktlich zur Arbeit fuhr.

Abends drehte er vorsorglich „seine" Zündkerze wieder heraus und nahm sie mit aufs Zimmer. Benzin tankte er immer nur gerade soviel, dass es sich gar nicht lohnte, sein Moped anzuzapfen.

Doch konnten so viele Vorsichtsmaßnahmen gar nicht getroffen werden, wie es Möglichkeiten gab, ein Fahrzeug durch Demontage auch nur eines einzigen, noch so kleinen, unscheinbaren Teilchens unbrauchbar zu machen beziehungsweise stillzulegen.

***

Die Jobs, die Jürgen als Hilfsarbeiter jeweils annahm, entsprachen keinesfalls seinen Vorstellungen vom Geldverdienen.

Nicht allein auch auf Drängen seiner Mutter hin besann er sich deshalb auf seine, in Rostock unterbrochene Bäckerlehre und wollte dabei gleichfalls einen Plan verfolgen.

Zum einen hätte er endlich wieder einen richtigen Beruf, der ihm gefiel, und zum anderen - und das war ihm im Augenblick viel wichtiger - würde er als Bäckerlehrling üblicherweise freie Kost und Logis erhalten, was für ihn eine Erlösung aus dieser Hölle, welche den Tarnnamen *Jugendheim* trug, bedeuten würde.

„Wieso ist mir das nicht schon früher eingefallen", ärgerte er sich im Stillen und bewarb sich bei sämtlichen Bäckereien, die er kannte.

Jürgens Mutter half ihm dabei und lief sich unermüdlich die Hacken krumm, nach einer geeigneten Lehrstelle für ihren Sohn.

Unermüdlich pilgerte sie als Bittstellerin durch die Stadt, von Bäckerei zu Bäckerei, bis es endlich klappte. Über die Bäckerinnung fand sie schließlich einen Bäckermeister, bei dem er seine begonnene Lehre fortsetzen konnte.

Jürgens Rechnung ging auf.

Der Neubeginn seiner Bäckerlehre war zugleich das Ende seiner verhassten Heimlaufbahn.

Ganz im Gegensatz zu seinen kleinen Geschwistern, die erst noch am Anfang ihres langen Irrweges in eine *misshandelte Zukunft* standen.

X

Der Alltag im Kinderheim verlief im Großen und Ganzen recht eintönig und nach offenbar vorgegebenen Reglementierungen.

Gemeinsames Aufstehen, Betten machen, gemeinsames Frühstück, Geschirr abwaschen, die Stube kehren.

Erst dann durften die Schulkinder den Weg zur Schule antreten, während die Kleineren entweder, wenn es die Witterung zuließ, im Hof, oder eben im Aufenthaltsraum spielen durften.

Wenn die Schulkinder zurückkamen, fand das gemeinschaftliche Mittagessen statt und anschließend die täglichen Pflichtarbeiten, wie Tische abräumen, Geschirr abwaschen, den Aufenthaltsraum kehren sowie die üblichen Reinigungsarbeiten der gesamten Gruppeneinrichtungen, ergo die Waschräume und den langen Flur.

Dabei waren die Kunststofffußböden von Zeit zu Zeit einzuwachsen und mit Handblockern auf Hochglanz zu polieren.

Das Bohnern gefiel dem kleinen Hardy sogar recht gut, wenn er das schwere Eisengewicht am beweglichen Holzstiel den großen Gang schwungvoll so lange entlangsausen ließ, bis der Linoleumboden derart glänzte, dass man sich darin fast spiegeln konnte. Schier mitgerissen wurde der kleine Kerl vom Schwung des bleiernen Blockers.

Am Nachmittag waren einige Stunden für die Erledigung der schulischen Hausaufgaben festgelegt, während die kleinen Kinder sich zum Mittagsschlaf niederlegen mussten.

Oft war Hardy gar nicht müde, aber die Erzieherin kontrollierte nach, ob alle schliefen, also stellte er sich schlafend und blinzelte vorsichtig durch die Wimpern, bis die Gefahr vorüber war.

Danach durfte endlich wieder im Aufenthaltsraum oder im Hof gespielt werden.

Dann war's auch bald schon wieder an der Zeit zum Abendessen, danach Küchendienst, gemeinsame Spiele, Fertigmachen zum Schlafen, Abendgebet und um sieben Uhr Lichter aus.

***

So verlief ein Tag wie der andere.

Die einzige Abwechslung dieser kasernierten Eintönigkeit bestand im sonntäglich vorgeschriebenen Gang zur Kirche.

Da der Gottesdienst zu einer Zeit begann, in welcher jeweils der tägliche Erzieherinnenwechsel stattfand, durften die Kinder ohne Aufsicht dorthin gehen. Die Großen nahmen die Kleineren an der Hand und sie marschierten Richtung Kirche.

Beim Kirchenportal wurden sie vom Herrn Pfarrer oder dem Messdiener empfangen und ins Gotteshaus geleitet.

Brav setzten sich die Kinder seitlich in die vorderste Reihe, um beim Erklingen der ersten Orgeltöne zum vorderen Seitenausgang wieder hinauszuhuschen. Für eine knappe Stunde konnten sie sodann ein Stückchen Freiheit schnuppern.

Und sie fühlten sich wirklich frei.

Unbeaufsichtigt konnten sie durchatmen. Und sie konnten Straßen und Hauseingänge, Hinterhöfe und Spielplätze auskundschaften, ohne gegängelt zu werden. Und sie trafen vergnügt spielende Kinder, die sich ohne verstohlene Seitenblicke auf eine Autoritätsperson frei bewegen konnten.

Viel zu kurz waren diese Ausflüge in die Welt der unbeschwerten Lebensfreude. Das Schlussgeläut der Sankt-Anton-Kirche ermahnte sie zur Umkehr.

Sie fassten sich bei den Händen und begaben sich auf den Rückweg ins Heim, wo sie meist pünktlich ankamen.

Und meist blieben die verbotenen Ausflüge unentdeckt, bis eines Sonntags der Messdiener vor dem Seitenausgang der Kirche lauerte und die Zöglinge mit ernster Miene in den Gottesdienst zurückschickte.

Zwei oder drei Sonntage blieben sie dann in der Andacht sitzen, ehe sie zaghaft ihre Entdeckungsreisen wieder aufnahmen.

Jedoch benutzten sie dann nicht nur ausschließlich den Seitenausgang, sondern abwechselnd auch mal das mittlere Portal, bis der aufmerksame Messdiener sie wieder abpasste und zurückschickte.

Der Entdeckungslust der Heimkinder tat dies allerdings keinen Abbruch. Immer und immer wieder brachen sie auf und lernten bald das ganze Stadtviertel kennen.

Mitunter trafen sie auch auf andere Kinder aus dem Heim, welche eigentlich im protestantischen Gottesdienst hätten sitzen müssen. Aber es konnte ja keiner den anderen verraten, ohne sich nicht selbst auszuliefern.

Auch der eifrige Messdiener praktizierte Nächstenliebe und meldete glücklicherweise nichts der Heimleitung.

Also genossen die Kinder die sonntägliche Stunde der göttlichen Freiheit.

***

Der gleichmäßige Rhythmus des Heimalltags wurde darüber hinaus durch den täglich oder zweitägig stattfindenden Dienstwechsel der Erzieherinnen unterbrochen.

In jeder Gruppe teilten sich zumeist zwei Erzieherinnen den Dienst und wurden dabei gelegentlich von Praktikantinnen unterstützt. Jeder Dienstwechsel forderte von Hardy und seinen Geschwistern sowie den anderen Zöglingen auch, einen Wechsel in der Anpassung an die jeweilig vorherrschenden, mehr oder minder strengen Erziehungsmethoden.

Dabei reichte für das Auffallen in der Gruppe schon, wenn jemand seinem kindlichen Tun gedankenversunken mal freien Lauf ließ und in selbstvergessener Unbekümmertheit einen Hauch von Übermut zu Tage treten ließ. Bei mancher der Erzieherinnen durften die Kinder überhaupt nicht mehr Kind sein. Alles hatte absolut diszipliniert abzulaufen. Man musste lernen, sich zu beherrschen.

Sämtliche Erzieherinnen und Praktikantinnen hatten jedoch eines gemeinsam, sie ließen den Kindern kaum Zuneigung spüren.

Das Urbedürfnis eines jeden Menschen nach Geborgenheit und liebevoller Zuwendung, einfach einmal in den Arm genommen oder getröstet zu werden, hatten die Neulinge bald verdrängt und sie lebten fortan an in einer Art seelischen Hungerzustandes.

***

Hildegard besuchte ihre Kleinen jeden Samstag Nachmittag während der offiziellen Besuchszeiten. Dann brachte sie ein paar Süßigkeiten mit, welche ihre Kinder der heimeigenen Gerechtigkeit halber unter den anderen Heimbewohnern der Gruppe aufteilen mussten.

Schmerzhaft registrierte Hildegard die allmählich, seuchenähnlich voranschreitenden Wesensveränderungen bei ihren Jüngsten.

Jegliche kindliche Unbekümmertheit schien aus ihren Gesichtern verflogen zu sein. Verstockt und schüchtern saßen Waltraud, Ingrid, Hardy und Mariele ihrer Mutter gegenüber, wenn sie zu Besuch kam. Brav bedankten sie sich für die mitgebrachten Kleinigkeiten.

War die zeitlich begrenzte Besuchszeit zu Ende, verabschiedeten sich die Töchter höflich mit einem Knicks und Hardy mit einem deutlichen Diener, wie man es ihnen eben beigebracht hat und wie es sich für wohl erzogene Kinder so gehört.

Danach verschwanden sie in die Gruppe und schluckten ihre Tränen hinunter, während sie am Fenster standen und ihrer Mama solange nachwinkten, bis sie um die Häuserecke an der Kreuzung verschwunden war.

Nur keine Gefühle zeigen!

Hildegards Schritte waren bleischwer, als sie zur Straßenbahnhaltestelle ging. Lediglich eine Mutter kann die Schmerzen mitfühlen, die sie in diesen Momenten im Herzen spürte. Wie kann sie ihre Kinder, die ihr zusehends wie Fremde gegenübertraten, da bloß wieder herausbekommen?

Und dass ihr eigener Sohn Hardy sie allen Ernstes mit „Sie" ansprach, weil er nicht mehr zwischen einem Erwachsenen und seiner ja auch erwachsenen Mutter nicht mehr zu unterscheiden vermochte, traf sie wie ein Stich mitten in die Brust.

Auf ihrem Sitzplatz in der Straßenbahn wandte sie ihren Kopf seitlich zum Fenster hin und wischte sich verstohlen die Tränen aus den Augen.
Sie würde alles dafür geben, wenn sie ihre schutzbedürftigen Kinder zu sich zurückholen könnte.

Doch es bot sich keine Lösung an. Sie war eine ruhige, bescheidene Frau und bestimmt keine Kämpfernatur. Dennoch versuchte sie alles Menschenmögliche, um die Familie wieder zusammenzubringen.

Vergeblich!

Ihre sämtlichen Bemühungen, bei Sozial- und Jugendbehörden Hilfe zu erwarten, waren völlig umsonst.

Die Standardempfehlungen, die man ihr jeweils von der Kinderklaubehörde gab, konnten von ihr allein unmöglich erfüllt werden: „Wenn Sie eine ausreichend große Wohnung vorweisen können und in der Lage sind, für den Unterhalt ihrer Kinder aufzukommen, können Sie sie jederzeit wiederhaben!"

Das war leichter gesagt als getan.

Hilfe konnte sie von den Behörden nicht erwarten, das wusste sie.

Sie war allein. Von dem bisschen Geld, das sie als Küchenhilfe im Hotel verdiente, nahm man ihr einen beträchtlichen Teil für ungedeckte Heimkosten ab. Der Betrag für diese Heimkosten bewegte sich in Dimensionen, die sie nie hätte verdienen, geschweige denn bezahlen können.

Darum war es auch egal, wie viel sie verdiente. Jede Mark, die sie sich durch Überstunden mehr erarbeitete, holten sich die Behörden zur Deckung jener Heimkosten.

Also, wie sollte sie es dann schaffen, eine ausreichend große Wohnung zu unterhalten, solange die Kinder noch im Heim waren, um diese dann vorweisen zu können?

Ohnmächtig stand sie diesem Teufelskreis gegenüber, dem auszubrechen wohl nur durch ein Wunder gelingen konnte.

Zutiefst traurig kehrte sie jedes Mal von der Besuchszeit im Heim in die trostlose Einsamkeit ihres möblierten Zimmers zurück.

***

Mit der Zeit gewöhnten sich ihre Kinder an die widrigen Umstände des Heimdaseins.

Das Leben in der Gruppe sorgte dafür, dass die Bindungen der Geschwister untereinander immer mehr abflachten. Sie wurden zu Gruppenmitgliedern, wie die übrigen Kinder eben auch.

Sogar die Erinnerung an die anderen Geschwister, die außerhalb dieses Heimes lebten, verblasste so stark, dass zumindest Hardy und Mariele von deren Existenz im Laufe der Zeit überhaupt nichts mehr wussten.

Hin und wieder kam Jürgen mit seiner Mutter zu Besuch.

Jürgen, ein heranwachsender junger Mann, war eine angenehme Ausnahme von der übrigen Erwachsenenwelt, die Hardy bislang kennen gelernt hatte.

Jürgen nahm sich Zeit, balgte mit seinem kleinen Bruder herum und bastelte ihm einen echten gekrümmten Seeräuberdolch aus Pappe. Das war einfach toll.

Hardy freute sich jedes Mal, wenn Jürgen zu Besuch mitkam, erkannte ihn allerdings nicht mehr als seinen Bruder und konnte sich diese freundliche Zuneigung nicht recht erklären, bis er eines Tages an dessen Handgelenk ein modisches Armkettchen mit eingraviertem Familiennamen entdeckte. Langsam buchstabierte er mit dem Wissen seiner ersten Schulerfahrungen den Namen.

„Warum steht da mein Nachname drauf?“ fragte er Jürgen.

„Weil das auch mein Nachname ist“, antwortete der erstaunt.

„Aber meiner auch“, erwiderte Hardy mit großen Augen.

„Na, klar. Sonst wärst du ja nicht mein Bruder“, entgegnete Jürgen und boxte ihn freundschaftlich in die Seiten, ohne jedoch die Konversation mit seinem kleinen Bruder sonderlich ernst zu nehmen.

In Hardy jedoch stieg ein unbeschreibliches, bis dahin nie gekanntes oder vielleicht vergessenes Glücksgefühl hoch. Dieser freundliche junge Mann, der ihn immer wieder besuchte, mit dem er so viel Spaß haben konnte und der ganz anders war als die Erwachsenen, die er bisher kannte, war also sein Bruder!

Und wenn er sein Bruder war, dann ist das ja mehr als ein Freund, und dann wird er ihn auch immer wieder besuchen. Ja er muss ihn ja sogar besuchen, denn er ist ja sein Bruder.

Plötzlich war Hardy ganz stolz, einen Bruder zu besitzen, der ihn immer wieder besuchen musste. Und er spürte intuitiv, dass es außerhalb seiner diffusen Kindheitsbedingungen noch etwas Haltbietendes gab.

***

Auch wenn das Heim seinen ihm anvertrauten Zöglingen aufgrund der psychischen Mangelernährung niemals ein Zuhause sein konnte, so gab es doch Dinge, die so manchem draußen verborgen geblieben wären.

Die mehr oder weniger freiwillige musikalische Früherziehung zum Beispiel.

Das gemeinsame Flötenspiel wurde derart gefördert, dass selbst die Kleinsten bei öffentlichen Auftritten dabei sein konnten.

Sie spielten und sangen Heiteres und Ernstes, bei Beerdigungen und in Altersheimen, in Krankenhäusern und sogar im amerikanischen Hospital, wo sie zur Freude der bettlägerigen GIs eigens den Text des Weihnachtsliedes „Stille Nacht" in englischer Sprache einstudierten.

Außerdem wurden zu allen möglichen Feierlichkeiten Theaterstücke eingeprobt und vorgeführt.

Die Krönung dieser Feierlichkeiten war jeweils das Weihnachtsfest. In wochenlangen Vorbereitungen wurden Rollen gelernt, Gesang geprobt, Flötenstücke und andere musikalische Einlagen einstudiert.

Am Heiligen Abend fand jeweils die Inszenierung statt, zumeist ein Stück von Carl Orff.

Der große Festsaal war feierlich geschmückt, ein riesiger Weihnachtsbaum zierte den Raum. Zahlreiche Gäste und Honorationen fanden sich ein.

Hinter dem Bühnenvorhang stieg die Anspannung bei den Laiendarstellern ins Unermessliche, während vor der Bühne oftmals langatmige Ansprachen gehalten wurden.

Der Heimleiter, der Direktor der Heime, sowie offizielle Vertreter des Jugendamtes und anderer behördlicher Einrichtungen begrüßten sich gegenseitig mit salbungsvollen Worten, natürlich unter Beachtung der Rangordnung und bedankten einander wortreich sowohl für die Einladung als auch für das Erscheinen.

Derweil wurden das Lampenfieber und die Aufregung bei den kleinen Künstlern unerbittlich auf eine harte Zerreißprobe gestellt.

Aber dies schien im Saale wohl überhaupt niemanden zu interessieren.

Erst als der schalen Worte genug gewechselt waren, gingen die Lichter aus und der Vorhang öffnete sich endlich.

Vom Hirten über einen Ochsen, bis hin zum König aus dem Morgenland und als Krönung zuletzt gar dem Josef hat der heranwachsende Hardy während seines Heimlebens so ziemlich alle Figuren gespielt, die in einem Krippenspiel vorkommen.

Nach der Darbietung erfolgte in den einzelnen Gruppen die Bescherung.

Die Heimkinder fanden genau das auf dem Gabentisch vor, was sie sich zuvor anhand eines Wunschzettels für den vom Jugendamt festgesetzten Gegenwert aussuchen durften.

Es war für die Heimkinder oft kein leichtes Unterfangen, Wünsche aufs Papier zu bringen. Denn zur anspruchslosen Bescheidenheit erzogen, wusste mancher gar nicht, wie es ist, von einem Wunsche nach etwas Materiellem beseelt zu sein.

***

Eine besondere Freude waren immer die regelmäßigen Einladungen von den amerikanischen Garnisonen.

Mit militärischen Bussen und Truppentransportern holten die Soldaten ganze Scharen von Kindern ab und brachten sie zur Weihnachtsfeier in die Standortkaserne.

Was Hardy dort erlebte, war für ihn so unwirklich wie ein Traum.

Mit staunenden Augen nahm er die schillernde Fröhlichkeit einer völlig anderen Welt wahr. Die überaus kinderfreundlichen Amerikaner kümmerten sich mit einer für Hardy ungewohnten Hingabe um das Wohl ihrer kleinen Gäste. Durch die amerikanische, bunte Art, Weihnachten zu feiern, der Überfluss an Speisen und Spielsachen, sowie die liebevolle Zuneigung der GIs glaubte sich Hardy wie in einem Wunderland.

Umso ernüchternder war die Rückkehr aus dieser farbenfrohen Märchenwelt in die graue Heimalltäglichkeit.

Die von den Amis überreichten Geschenke wurden eiligst verräumt und lediglich nach Gutdünken der Erzieher zum gelegentlichen Spielen ausgegeben.

Was blieb, waren unvergessliche Eindrücke.

Zum Bedauern der Kinder unterband der neue Heimleiter die regelmäßigen Einladungen der amerikanischen Freunde, womit man ihnen eine der wenigen Freuden ihres Daseins wegnahm.

Die Amerikaner blieben also fortan aus, hatten dem Heim aber doch etwas hinterlassen, was bis heute nicht mehr auszulöschen ist: einen neuen Namen.

Aus der englischen Bezeichnung für das ehemalige Waisenhaus „Orphanhouse“ entwickelte sich kurz und bündig das mundartliche Kürzel *Orfan*. *Orfan* war Spitzname und Schimpfname zugleich.

***

Wie alle Kinder dieser Welt, so hatten natürlich auch die Orfankinder eine besondere Vorliebe für Süßigkeiten. Gelegenheiten, diesen Appetit nach was Süßem zu stillen, gab es im Heim allerdings selten.

Mit besonderem Genuss wurden daher die Butterplätzchen der Weihnachtsbäckerei genascht. Auch schon mal vor dem Essen. Die Plätzchenzuteilung erfolgte jedoch so sparsam, dass nach dem Weihnachtsfest oftmals riesige, längst hart gewordene Restbestände übrig waren.

Dem sadistischen Einfall einer Dienst habenden Erzieherin ist es zu verdanken, dass - sicher nicht nur - Hardy sein Leben lang keine Butterplätzchen mehr sehen oder auch nur riechen konnte.

Es war an irgendeinem gewöhnlichen Tag nach Weihnachten.

Die Kinder der Gruppe vier räumten gerade ihre Spielsachen weg und bereiteten sich auf das Mittagessen vor. Die Erzieherin kam herein und fragte, wer denn noch Plätzchen haben möchte.

Nichts ahnend meldeten sich fast alle ohne Argwohn.

Kurz darauf wurde eine riesige Suppenterrine hereingebracht, die bis zum Rand mit übrig gebliebenen Butterplätzchen gefüllt war und vor den Kindern mit den Worten auf den Tisch gestellt: „So, ihr wolltet Plätzchen, hier habt ihr welche. Solange ihr diese Schüssel nicht leer gemacht habt, bekommt ihr heute nichts zu Essen." Sodann verließ sie den Aufenthaltsraum. Die verdutzten Kinder hörten noch, wie sich der Schlüssel im Schloss herumdrehte und merkten erst jetzt, wie ernst es ihr war. Jeder nahm sich ein großes, helles Plätzchen aus der Terrine, dann ein zweites, drittes. Das Gebäck war alt und schmeckte trocken.

Nach dem fünften Butterplätzchen würgte es Hardy im Hals. Er schielte zur Tür, doch es rührte sich nichts. Sie meinte es ernst.

Also, noch ein Plätzchen und noch eins. Die Schüssel leerte sich nur sehr langsam. Jeder kaute auf seinem Gebäck bedächtig herum, um den anderen beim Griff in die Terrine den Vortritt zu lassen. Aber es half nichts. Hardy aß noch einen gebackenen Tannenbaum und dann den Stern von Bethlehem. Sein Magen drückte nach oben und die trockenen Krümel kratzten im Hals und förderten den Brechreiz. Es fiel Hardy immer schwerer, den Mageninhalt zurückzuhalten.

Er würgte und kämpfte mit den Tränen. Dann schob er sich noch einen Halbmond und eine Glocke in den Mund. Endlich war die Schüssel leer. Die letzten Brocken schluckte Hardy nicht mehr hinunter. Kaum wurde die Türe wieder aufgesperrt, lief er zur Toilette und kotzte sich fast die Galle aus dem Leib. Auch die Mägen der anderen waren so verdorben, dass sie - wie Hardy - an jenem Tag kein Essen mehr anrührten.

***

Eine weitere Episode aus dem Bereich der Essenszuweisung spielte sich folgendermaßen ab.

Wie vor jeder Mahlzeit, so standen auch diesmal die Kleinen vor dem Aufenthaltsraum an und warteten auf das Signal zum Einlass. Die Zeremonie vor dem Essen war immer gleich. Aufräumen, Hände waschen, in Zweierreihen vor dem Aufenthaltsraum anstellen, Hände vorzeigen. Dann erst durfte man zu Tisch. Und erst bei Tisch sah man, was es zu futtern gab.

Natürlich hatten auch die Orfankinder eigene Geschmacksnerven, die manche Speisen mehr oder weniger bevorzugen würden. Zu den weniger bevorzugten Speisen gehörte unter anderem die Schleimsuppe.

An jenem warmen Frühsommertag wurden die Kinder - was eigentlich sehr ungewöhnlich war - schon vor dem Aufenthaltsraum gefragt, wer einen Teller Suppe haben möchte.

Keines der Kinder durchschaute den Trick. „Welche Suppe gibt's denn heute?" fragten sie.

„Schleimsuppe“, war die barsche Antwort. Ein Murren machte sich breit und die Gesichter der Kinder verzogen sieh zu Grimassen.

„Also will keiner Suppe!“ Nein, niemand meldete sich. Schleimsuppe schmeckte widerlich. Die Kinder wurden in den Aufenthaltsraum geführt. Beim Austeilen des Essens mussten sie mit großer Enttäuschung feststellen, dass es keine Schleimsuppe, sondern köstliche Frühlingssuppe gab. Kalte Frühlingssuppe mit kleinen Fruchtstückchen darin war eine begehrte Vorspeise.

Gerne hätte man einen Teller erfrischende Frühlingssuppe gegessen. Aufkommende Proteste wurden von der Aufseherin sofort unterdrückt: „Auf meine Frage, wer heute Suppe will, hat sich keiner von euch gemeldet, also gibt es keine Suppe! Habt ihr mich verstanden!“ Niemand muckte mehr auf.

Erlebnisse dieser Art schärften das Misstrauen über Gebühr.

***

Das Orfan bot alles, was die darin wohnenden jungen Menschen für ihre bloße Existenz benötigten.

Kleider wurden gespendet oder vom städtischen Beschaffungsamt zugeteilt. War man aus einem Kleidungsstück herausgewachsen, so öffnete die Erzieherin den breiten Wandschrank, in dem die gebrauchten Klamotten unterschiedlicher Herkunft aufbewahrt wurden, und man hatte die Qual der Wahl. Das heißt, die Erzieherin suchte einem schon das Passende aus. War wirklich nichts Geeignetes dabei, durfte man mit der Erzieherin und einem Berechtigungsschein zum Sammellager des Beschaffungsamtes in die Peripherie fahren und sich ein neues Kleidungsstück abholen.

Das war aus mehrfacher Hinsicht ein besonderes Ereignis.

Man durfte ganz allein mit der Erzieherin an der Hand das Heim verlassen und spürte die neidischen Blicke der anderen Kinder. Man genoss die Fahrt mit der Straßenbahn und niemand der Fahrgäste merkte einem das „Heimkind“ an. Man war auf einmal kein Mensch zweiter Klasse mehr, sondern ein ganz normales Kind mit seiner vermeintlichen Mutter.

Die Entgegennahme des Kleidungsstückes in der amtlichen Beschaffungsstelle spielte sich recht nüchtern ab.

Mit gleichgültiger Miene besah sich die Amtsperson den Bestellschein, holte aus der Kleiderkammer zwei oder drei Hosen in ungefähr erforderlichen Größen hervor und legte sie auf den Tresen, wandte sich wieder ab und widmete sich dem nächsten Parteienverkehr.

Vor der Barriere zog Hardy Hose und Schuhe aus und probierte nacheinander die neuen Beinkleider. In der Unterhose stand er in der Amtsstube, kam sich aber völlig nackt vor, bis der Beamte noch ein weiteres Paar Hosen im Lager holte und auf den Tresen legte.

Endlich passte eine Hose.

Der behördliche Beschaffungsantrag erhielt einen Erledigungsvermerk und trat mit einem Lieferschein versehen seinen weiteren Dienstweg an.

Hardy trat mit seiner Erzieherin und der neuen Hose den Rückweg an.

***

Nach einer gewissen Eingewöhnungszeit durften die Geschwister, genauso wie die anderen Heimkinder, am Sonntagnachmittag die Mutter oder Angehörige besuchen.

Das monatlich für jedes Kind bereitgestellte Taschengeld war für die Deckung der Straßenbahnfahrtkosten bestimmt.

Um mal ein Fünfzig-Pfennig-Stück auf die Seite bringen zu können, legten die Geschwister den Weg zur Mutter manchmal zu Fuß zurück. Fünfzig Pfennige zu besitzen war herrlich.
Immer wieder tastete Hardy nach dem Geldstück in seiner Hosentasche und nahm es hin und wieder heraus, um es von allen Seiten zu betrachten. Mit der silbernen Münze in der Hand kam er sich mächtig reich vor.

Was konnte er sich alles dafür kaufen? Wie hatte er die Kameraden in seiner Schule immer beneidet, die sich an der Ecke des Pausenhofs bei der dicken Frau mit dem großen Korb eine oder gar zwei Salzbrezen kaufen konnten. Und wie hungrig war er immer nach dem Schwimmunterricht. Neidvoll schaute er den anderen zu, wie sie ihre Salzstange aßen. Aber er hatte kein Pausenbrot.

Im Heim gab es kein Pausenbrot.

Und verstohlen hat er sogar ein Brezenstückchen, das ein anderer verloren und liegen gelassen hatte, vom Boden des Schulhofes aufgehoben, es heimlich an seiner Hose ein wenig abgewischt und danach im Mund genussvoll zermahlt. Es war das dicke Ende einer Breze, mit viel Salz drauf.

Mit fünfzig Pfennigen in der Tasche würde er sich im Pausenhof selbst mal eine Breze kaufen können. Nach der Schule könnte er auch mal die schmale Stiege zum Kaufladen hochsteigen und sich wie die anderen einen Mohrenkopf oder ´ne große Zuckerwaffel kaufen.

Oder wie herrlich müsste nach dem Schwimmen eine Salzstange oder 'ne Breze schmecken, er würde den Schulkollegen nicht mehr mit hungrigem Magen zusehen müssen.

Das Geldstück in Hardys Tasche machte ihn stolz und beflügelte seine Gedanken. Aber er kaufte sich nichts von dem Geld. Allein der Gedanke, sich kaufen zu können, was er wollte, genügte ihm. Er sparte sich das Geld und verbarg es in seinem Federmäppchen.

Eines Tages war sein schönes Geld geklaut worden.

Und er konnte es im Heim nicht einmal der Erzieherin melden, denn Geld zu besitzen, war nicht erlaubt.

Aus diesem Grund hatte Hardy auch mal eine Geldmünze, die er von seinem Bruder Jürgen geschenkt bekam, in einer Nische des Treppenhauses versteckt und als er sie am nächsten Tag auf seinem Weg in die Schule holen wollte, war diese verschwunden.

***

Hin und wieder gab es im Orfan einen Tag, der etwas ganz Besonderes war. Eigentlich ein ganz gewöhnlicher Tag. Es war weder ein Feiertag, noch stand irgendein Fest bevor.

Trotz des normalen Wochentages hatten alle Kinder ihre Sonntagskleider an und waren spielend im Aufenthaltsraum versammelt. Jeder spürte die Spannung in der Luft, die den besonderen Anlass ankündigte.

Doch niemand ahnte eigentlich, was los war.

Dann war er plötzlich da - der besondere Besuch, für den alles Kopf stand. Eine feine Dame betrat den Aufenthaltsraum und beobachtete die spielenden Kinder eine Zeit lang ohne ein Wort zu sagen. Wortlos ging sie mit der Erzieherin wieder hinaus.

Jetzt war allen klar, was los war. Ein Sonntagskind wurde gesucht.

Meist kamen honorige Ehepaare ins Heim und suchten sich ein Kind aus, welches sie an Sonntagen abholen und bewirten konnten. Nicht immer wurde jedoch ein passendes Kind gefunden, das den Ansprüchen der Sonntagsfamilie gerecht werden könnte. Schließlich sollte das auserwählte Kind, trotz aller ehrbarer Absichten, welche die Sonntagseltern mitbrachten, noch klein, goldig und umgänglich sein. Ein heimgeschädigtes Problemkind wollte sich verständlicherweise niemand gern ins Haus holen.

Jedes der Kinder wünschte sich insgeheim eine Sonntagsfamilie.

Diesmal traf die Wahl auf Hardy. Unverhofft wurde er ins Zimmer der Erzieherin gerufen und stand schüchtern der eleganten Dame gegenüber, die ihm freundschaftlich die Hand entgegenstreckte. „Mein Name ist Ilse Grieshuber", lächelte sie ihn an. „Ich möchte dich am Wochenende gerne abholen, wenn du magst." Hardy nickte höflich.

Warum war die Dame so freundlich zu ihm? Sie kannte ihn doch gar nicht.

Obwohl er sich darüber freute, als Sonntagskind ausgewählt worden zu sein, rief die ungewohnte Freundlichkeit der fremden Dame Unwohlsein in ihm hervor. Im Umgang mit fremden Leuten völlig ungeübt, wusste Hardy gar nicht, wie er sich bewegen sollte, oder was er sagen durfte. Schüchtern stand er nur da und nickte artig auf die Fragen der netten Tante.

Als sie sich verabschiedet hatte, rannte Hardy zum Fenster und schaute ihr nach. Sie stieg in ihren braunen Volkswagen und fuhr davon.

Hardy blieb am Fenster stehen, bis der Käfer um die Ecke verschwunden war.

Die anderen Kinder waren traurig und neidisch zugleich. So eine fesche Sonntagsmutter! Noch dazu mit einem Auto!

Hardy fieberte dem Wochenende entgegen. Frau Grieshuber hatte ihm versprochen, ihn am Sonntag schon Vormittag vor dem Essen abzuholen.

Kaum hatte er sein Frühstück hinuntergeschlungen, stand er schon erwartungsvoll am Fenster und starrte wie gebannt auf die Straßenkreuzung und das Hauseck, wo die Schnauze des kaffeebraunen Volkswagens jeden Moment sichtbar werden müsste.

Lange stand er so und wartete, bis der Käfer endlich um die Ecke bog und vor dem Haus anhielt.

Hardy war sehr aufgeregt, als er seiner Sonntagstante zum Wagen folgte. Ohne sich umzusehen, spürte er die neidvollen Blicke der anderen Kinder in seinem Rücken. Gerne wäre mancher an seiner Stelle gewesen.

Stolz, aber misstrauisch und unsicher stieg er hinter den nach vorne geklappten Fahrersitz und nahm auf der Rücksitzbank Platz. Durch das halbmondförmige, kleine Heckfenster des Wagens winkte er seinen in der vorderen Ecke des obersten Balkons stehenden Geschwistern zu.

***

Frau Grieshuber hat viel mit ihm unternommen. Sie verstand etwas von Kindern und ging auf Hardys Wünsche ein.

Wann immer es ihre Zeit erlaubte, holte sie ihn sonntags ab. Dann fuhr sie mit ihm ins Freibad oder hinaus aufs Land. Sie verwöhnte ihn mit Eis und gab ihm Dinge zu essen, die er vom, Heim her nicht kannte.

Nach anfänglicher Zurückhaltung entwickelte Hardy eine echte Zuneigung zu seiner „Tante Ilse", wie er sie bald nennen durfte. Sie war sehr liebenswürdig, konnte aber auch sehr böse werden, wenn Hardy sie mit „Sie" ansprach. „Wenn du heute noch einmal „Sie" zu mir sagst, werde ich dich nicht mehr abholen", drohte sie und schaute den Achtjährigen ernst dabei an. Hardy mochte sie eigentlich ganz gern und hatte Angst, sie zu verlieren. So vermied er nachfolgend jede persönliche Anrede, weil ihm das „Du" nicht über die Lippen kommen wollte. Erst als es unumgänglich wurde, nahm er seine ganze Courage zusammen, biss sich fest auf die Unterlippe und wisperte leise das kleine Wörtchen hervor, das seine „Tante" von ihm hören wollte. Hatte man ihm im Heim doch mit unerbittlicher Härte unter Androhung von Strafe verboten, Erwachsene zu duzen. Und genau das sollte ihm jetzt zum Verhängnis werden. Seine Tante Ilse drohte ihm nun Strafe an, wenn er sie nicht duzte.

Aus diesem vollkommen gegensätzlichen Verhalten Erwachsener konnte Hardy nicht schlau werden.

Viele unvergessliche Stunden verbrachte Hardy mit Tante Ilse. Mit freudiger Erwartung stand er jedes Mal nach dem Sonntagsfrühstück am Fenster und behielt unaufhörlich das Eck des Hauses an der Kreuzung im Auge. Wie groß war die Enttäuschung, wenn Tante Ilses brauner Käfer den ganzen Sonntag lang doch nicht um die Ecke bog.

Ein Sonntagskind zu sein bedeutete eben nicht nur, wunderschöne, unbeschwerte Wochenendtage verbringen zu dürfen und mit kleinen Geschenken verwöhnt zu werden.

Eine riesige Überraschung war für Hardy die Uhr, die er zu seiner Kommunion geschenkt bekam. Zwar musste er diese bei der Erzieherin abgeben - denn selbst eine Armbanduhr zu besitzen, war nicht erlaubt - durfte sie sich aber sonntags auf Verlangen umbinden.

Tante Ilse schenkte ihm auch eine große Holzkiste, bis zum Rand gefüllt mit Legobausteinen.

Das war das Tollste überhaupt. Die Spiele des Heimes kannte er schon in- und auswendig, aber mit den Legobausteinen konnte er sich in ein Eck verkriechen und selbstversunken kreativ sein. Jahrelang war der Legobaukasten Hardys Lieblingsspielzeug, das allerdings auch von der Erzieherin verwaltet und nur auf Verlangen an ihn ausgegeben wurde. Hardy spielte noch viele Jahre damit, auch noch, als seine Tante Ilse ihn schon längst vergessen hatte.

***

Nein, Sonntagskind zu sein, bedeutete nicht nur Freude und angenehme Erlebnisse. Sonntagskind zu sein, bedeutete auch bange Stunden vergeblichen Wartens und die damit verbundene herbe Enttäuschung, allein gelassen zu sein.

Und, Sonntagskind zu sein, löste in Hardy einen ungeheuren Gewissenskonflikt aus, wenn es darum ging, sich am Wochenende zwischen seiner Mutter und dieser Sonntagstante entscheiden zu müssen.

Diese Zwiespältigkeit trat besonders bei Hardys heiliger Erstkommunion zu Tage.

Nach der feierlichen Zeremonie in der Sankt-Anton-Kirche wurde er vor dem Hauptportal von seiner Mutter, seinem Bruder Jürgen und den Geschwistern aus seiner Gruppe empfangen. Sie gratulierten ihm zu seinem Ehrentag und schickten sich an, nach Hause zu fahren.

Kaum waren sie ein Stück gegangen, als Tante Ilse auftauchte, auf ihn zu trat, ihm gratulierend die Hand schüttelte und zu verstehen gab, dass eigentlich sie ihn habe mitnehmen wollen.

Hardy befand sich in einer Gewissensangst. Egal wie er sich entscheiden würde, irgendjemand würde enttäuscht sein. Seinen seelischen Nöten hilf- und ratlos ausgeliefert, nahm Hardy wortlos die Auseinandersetzung zwischen den sich um ihn streitenden Erwachsenen wahr. Eigentlich wollte er diesen Tag schon gerne mit seinen Geschwistern und der Mutter feiern. Hatte doch Jürgen extra eine wunderschöne Torte für ihn zubereitet. Aber wie sollte er es dieser Tante Ilse beibringen, ohne sie zu kränken.

Nach heftigem Wortwechsel stapfte seine Sonntagstante davon. Hardy sah ihr die Enttäuschung an. „Die kommt bestimmt nicht wieder“, dachte er.

Trotzdem holte sie ihn wieder ab. In unregelmäßigen Abständen. Zeitweise wohnte und arbeitete sie im Ausland. Dann bekam Hardy seltene Briefe aus England oder Frankreich. Danach holte sie ihn mal wieder ab. In immer größer werdenden Abständen und immer seltener. Bis Tante Ilse irgendwann überhaupt nichts mehr von sich hören ließ. Ihr „Hardybutschel“, wie sie ihn liebevoll genannt hatte, war eben nicht mehr das knuddelige Sonntagskind, das sie sich einst zum Spielen aussuchte.

Zurück blieben bittere Desillusionierung und die eigene Geringschätzung. Er war ja nichts weiter als ein Heimkind.

Dann passierte es schon mal, dass Hardy hin und wieder ins Bett machte. Mit allen möglichen Tricks gelang es ihm eine Zeit lang, das Malheur morgens zu vertuschen. Doch irgendwann wurde er dabei ertappt und als Bettnässer an den Pranger gestellt. Nicht Verständnis oder Besorgnis war es, was man ihm entgegenbrachte, sondern erniedrigende Vorwürfe, die gar bis zu Bestrafungen reichten.

***

In der Schule wurden die Heimkinder immer nur „die vom Waisenhaus" genannt. Da gab es also zwei Gruppen, die normalen Kinder und „die vom Waisenhaus". Ohne eigenes Dazutun wurde man bereits abgestempelt.

Das Gefühl, einer Randgruppe anzugehören, trat immer wieder zu Tage und wurde durch Schulleitung und Lehrer mit sicherlich gut gemeinten Aktionen gefördert: Schulmilch, für Heimkinder kostenlos; Eintritt in Planetarium oder Schwimmbad, für Heimkinder frei; Besuch des Tiergartens oder einer Theatervorstellung, für Heimkinder umsonst. Heimkinder sind arme Schweine, die einer Sonderbehandlung bedürfen.

Verschämt nahm Hardy diese Sonderbehandlungen hin. Aber er wollte keine Sonderbehandlung. Er wollte nur so normal sein wie die anderen Schulkinder auch.

Der Weg zwischen Schule und Heim betrug nur wenige Meter und war maximal in fünf Minuten zurückzulegen. Der Nachrichtendienst zwischen Lehrern und Erziehern funktionierte jedoch schneller. Kein Schulstreich, und war er noch so banal, blieb dem Heim verborgen. Auch wenn man mit noch so geschickt aufgesetzter Unschuldsmiene in seiner Gruppe ankam, durch die drohende Haltung der Erzieherin wurde man sofort entlarvt.

Wenn Hardy allmorgendlich zur Schule ging, beneidete er die Schulkollegen, die mit dem Fahrrad ankamen oder von ihren Eltern mit dem Auto gebracht wurden. Es war ihm, als kämen, sie aus einer ganz anderen Welt. Aus einer Weit, die ihm fremd war. Sie fuhren mit dem eigenen Fahrrad und er war noch nie auf einem Rad gesessen.

Im Laufe seiner ersten Schuljahre kristallisierte sich bei Hardy die Freundschaft zu einem Jungen heraus, der für ihn das Bild von Freiheit absolut verkörperte.

Hans Wolf war ein besonnener Junge, aber dennoch nicht auf den Kopf gefallen. Und er lachte gerne und viel. Hardy war gerne mit ihm zusammen, aber sie konnten sich nur in den Pausen treffen. Einige wenige Male besuchte Hans ihn auch im Heim. Aber das Eingesperrt- und Beobachtetsein gefiel ihm wohl nicht so besonders. So blieb den zwei Freunden doch wieder nur der Pausenhof.

Dann kam die Zeit, wo Hardy sich auf das religiöse Ereignis seiner Firmung vorbereiten sollte. Die Firmung selbst wurde in der Sankt-Elisabeth-Kirche mitten in der Stadt absolviert. Einige Wochen lang vorher fand in dieser Kirche samstags ein zusätzlicher Religionsunterricht, welcher der Vorbereitung dieses katholischen Kirchenfestes diente, statt.

Hardy musste teilnehmen. Und er war der einzige Firmling in dieser Kirche, der vom Heim kam. Somit konnte keiner nachprüfen, wie lange der Religionsunterricht tatsächlich jeweils dauerte.

Hardys Weg zur Kirche führte ihn rein zufällig an dem Haus vorbei, in dem sein Freund Hans wohnte.

Dadurch ergaben sich Gelegenheiten für die zwei Freunde, sich öfters zu sehen. Ganz im Gegensatz zu Hardy genoss Hans sehr viele Freiheiten. Seine Mutter war sehr großzügig. Sie musste allein für seinen Unterhalt sorgen und kam regelmäßig erst abends nach Hause. Was mit seinem Vater war, hat Hans nie erzählt. Er war einfach nicht da.

Hardy freute sich sehr auf die knapp bemessene Zeit mit seinem Freund. Er stahl sich diese Zeit einfach auf dem Weg zur. Kirche. Manchesmal ließ er sogar die Kirche ausfallen und ging direkt zu seinem Freund.

Hans war ein lustiger Vogel, der sehr viele Streiche im Kopf hatte. Sie stiegen in den verwilderten Garten einer alten Villa ein, bauten sich dort ein Lager und gründeten einen Geheimbund. Sie zogen streunend durch die Pegnitzauen und durch die Gassen der Altstadt auf der Suche nach Abenteuern.

Hin und wieder ärgerten sie Hausbewohner mit Klingelputzen und schlugen dabei mit der flachen Hand auf sämtliche Klingelknöpfe eines Wohnhauses. Aus sicherer Entfernung hörten sie sich das Gekeife der aufgeschreckten Hausbewohner an und machten sich lachend aus dem Staub.

Oder sie hockten einfach auf der Bude seines Freundes und hörten Musik.

Die größte Freude war für Hardy jedoch, dass Hans ihm mit dem alten Damenfahrrad seiner Mutter das Rad fahren beibrachte. Im viel zu kleinen Hinterhof des Hauses übte Hardy unermüdlich das Gleichgewichthalten, Fahren, Treten, Lenken und Bremsen. Sein Freund rannte geduldig neben ihm her und gab ihm den nötigen Halt. Der enge, lang gestreckte Hof war von hohen Mauern und Hauswänden umgeben und Hardy musste seine Fahrkünste jeweils durch einen rettenden Sprung vom Rad beenden, wenn eine Mauer ihm zu nahe kam.

Die Zwei hatten sehr viel Spaß und lachten viel. Hardy gefiel die Lebensweise seines Freundes und er genoss die unbeschwerten Stunden, in denen er Kind und Lausbub sein durfte.

Die Episoden der freien Entfaltungsmöglichkeiten waren leider viel zu kurz. Der Tag der Firmung kam und Hardys Ausflüge gingen zu Ende.

***

Die Zeit, in der Hardy zusammen mit seinen Geschwistern ein Vierbettzimmer bewohnen durfte, war bald vorüber. Er wurde umquartiert und schlief von da an mit fünf anderen Bürschlein in einem Sechsbettzimmer.

Eines Tages wurde Hardy krank. Nichts Schlimmes, aber ansteckend. Mit einem geschwollenen Backen wachte er auf und fühlte sich hundeelend. Der Hals tat ihm weh und er hatte hohes Fieber. „Parotitis epidemica“, diagnostizierte der herbeigerufene, ans Heim vertraglich angebundene Arzt in unverständlicher Fachsprache. „Mumps“ übersetzte er der ratlos dreinblickenden Erzieherin und fügte noch einen Ausdruck hinzu, den Hardy trotz seines Elends recht lustig fand: Ziegenpeter.

Dr. Hubert war ein feister Arzt, ohne Humor, immer ernst und den Kindern vom Heim unsympathisch. „Einseitige Schwellung der Ohrspeicheldrüse“, stellte er fest, während er Hardys Wangen abtastete. Dann verordnete er ihm absolute Bettruhe und Quarantäne, drückte der Erzieherin wortlos die Hand und verschwand.

Hardy war stolz auf seine Krankheit. Er bekam ein Einzelzimmer in der Etage, in welcher sich auch die Verwaltungsräume befanden. Ein spezielles Krankenzimmer ganz für sich allein. Das Essen wurde ihm von der Hauswirtschaftsleiterin, die offenbar auch in Krankenpflege ausgebildet war, persönlich ans Bett gebracht.

Krank sein war herrlich!

So gut wie hier ging‘s ihm überhaupt noch nie. Das Essen war auch nicht der übliche Heimmampf, sondern eine speziell für Kranke zubereitete Schonkost, liebevoll portioniert und auf einem Tablett serviert, nur für ihn allein. Die Hauswirtschafterin richtete ihm das Bett und achtete darauf, dass sein Zimmer angenehm temperiert und gut durchlüftet war. Mehrmals am Tag erkundigte sie sich nach seinem Wohlbefinden. Wenn er aß, stützte sie seinen Rücken im Bett mit einem großen Kissen, damit er bequem sitzen konnte. Morgens zog sie die Jalousie hoch, öffnete das Fenster und schüttelte ihm sein Federbett auf.

Obwohl sie sehr unnahbar war, genoss der Genesende die fürsorgliche Pflege. Noch nie im Leben hat sich jemand so intensiv um ihn angenommen. Jedenfalls konnte er sich nicht mehr daran erinnern.
Kaum hatte sie sein Zimmer verlassen, sprang er aus dem Bett und lief zum Fenster. Dort stützte er seine Ellenbogen auf‘s Fensterbrett und beobachtete zum Zeitvertreib das Treiben auf der Straße: Autos, Radfahrer, Passanten, Schulkinder, die Feuerwehr. Achtung, eine Erzieherin! Schnell, Kopf runter.

Wenn er auf dem Flur die Schritte seiner Krankenpflegerin hörte, huschte er schnell ins Bett und kroch unter die Decke.

Nach einigen Tagen ging die Schwellung der Backe zurück.

Dafür trat die Drüsenschwellung nun auf der anderen Seite auf. Folglich war eine weitere intensive Pflege unerlässlich.

Das war ein Leben. Es ging ihm richtig gut. Die Schmerzen beachtete er gar nicht. Er fühlte sich wie im Königreich.

Aber nach vierzehn Tagen etwa wurde Hardy leider wieder gesund und musste sein Königreich verlassen.

Noch lange sehnte sich Hardy nach seinem Krankenzimmer zurück, in welchem er jene Fürsorge erfahren hatte, die ihm sonst völlig versagt war. Oft wünschte er sich - der Herrgott möge ihm vergeben - mal wieder so richtig schön krank sein zu dürfen.

XI

Im Alter von zehn Jahren musste Hardy Abschied von der Kinderabteilung nehmen und wurde in die Schulbubenabteilung verlegt.

Seine Geschwister sah er von da an nur noch an den Wochenenden.

In der Schulbubenabteilung merkte Hardy erst, wie vergleichsweise behütet er in der Kindergruppe aufwachsen konnte.

Die Phasen der Kindheit aber waren nun endgültig vorbei.

In der Schulbubenabteilung, auch Gruppe fünf genannt, herrschten völlig andere Gesetze. Es galt das Recht des Stärkeren. Der Umgangston war rau und eher militärisch. Die Vornamen der Kinder interessierten niemanden, man wurde ausschließlich bei seinem Familiennamen gerufen. Die Maßstäbe für Zucht und Ordnung wurden hier, im Vergleich zur Gruppe vier, wesentlich strenger angesetzt.

Die Umgewöhnung an die neue Situation fiel Hardy unendlich schwer. Manchmal weinte er nachts still in sein Kissen. Öffentlich eine Träne zu zeigen, war verpönt, man wäre sofort als Weichling abgestempelt und gehänselt worden.

Hardy war zwischenzeitlich ein wahrer Meister im Verbergen von Gefühlen geworden.

Im Gegensatz zu den Erzieherinnen der Kinderabteilung griffen die Erzieher bei den Schulbuben nicht selten auf die Prügelstrafe zurück. Im Allgemeinen war mit den Erziehern nicht zu spaßen. Wenn es sein musste, drosch der eine oder andere Erzieher zur Durchsetzung seiner Ziele planlos auf die Buben ein.

Bei achtundzwanzig halbwüchsigen Burschen, die in dieser Gruppe wohnten, musste es wohl öfter sein. Dabei waren die Methoden der körperlichen Züchtigungen so unterschiedlich wie die Erzieher selbst.

Sehr gefürchtet waren die unberechenbaren Attacken des Herrn Wölfel. Ein kleiner, rundlicher Mann, mit buschigen, schwarzen Augenbrauen über böse funkelnden Augen und mit ständig schlechter Laune. Darüber hinaus auch noch sehr leicht reizbar. Die wenigen Haare, die er noch auf dem Kopfe trug, kämmte er in breiten Bahnen vom tief liegenden Scheitel auf der linken Seite knapp oberhalb seines Ohres quer über seine Glatze und klebte sie dort mit Frisierkreme fest.

Er kam der Funktion eines Kalfaktors am nächsten.

Drohend rasselte er mit seinem schweren Schlüsselbund, den er als Wurfgeschoss immer dann einsetzte, wenn er sich nicht mehr anders zu helfen wusste. Eine sehr wirkungsvolle Maßnahme, die allerdings bei den zumeist im Rücken Getroffenen, schmerzhafte Eindrücke hinterließ. Die klebrigen Haarsträhnen verließen dann oftmals ihren heroischen Platz und hingen Herrn Wölfel seitlich baumelnd in langen Zotteln herab, wodurch er noch wilder und furchteinflößender aussah.

Vorgewarnt wurde man bei Herrn Bauerreiß dadurch, dass er in brenzligen Situationen vorsichtshalber seine Armbanduhr abnahm und in die Jackentasche steckte. Das war für die Jungs das Signal für allerhöchste Alarmbereitschaft. Fauchend wie eine Dampfwalze schlug der große, massige Erzieher - der sich sonst vergeblich darum bemühte, eine Vaterfigur abzugeben, den Kindern dadurch aber eher hilflos wirkte - wahllos auf alle ein, die aus seiner Sicht den Ordnungsfrieden störten. Weil die Burschen dabei ihre Arme schützend über den Kopf hielten, um die Wucht der Schläge zu dämpfen, geriet der Züchtigende - weil er ja nun sein Ziel nicht erreichen konnte - nur noch mehr in Rage.

Durchgesetzt haben sich jedoch die Methoden des Herrn Maiwald, einem ehemaligen Angehörigen der Kriegsmarine, mit kurz geschorenen Haaren und markigem Auftreten. Wegen seiner militärisch forschen Art hatten alle Kinder Respekt vor ihm. Er suchte sich die Opfer für seine Bestrafungen gezielt aus.

Mit kräftigem Arm nahm er den Kopf des Schuldigen sodann in den Schwitzkasten, drückte ihm die Faust seiner rechten Hand in den Nacken und fuhr mit den Knöcheln entgegen der Haarwuchsrichtung bis hoch zum Scheitel. Der Druck, den er dabei ausübte, richtete sich nach der Schwere des Vergehens, dessen man für schuldig befunden wurde.

Wegen der Reibung, die auf dem Kopf einen brennenden Schmerz erzeugte, wurde das Ganze dialektisch „Reiberle“ genannt.

Die Reiberle waren sehr populär und wurden bald auch von den anderen Erziehern der Gruppe fünf in ihr Repertoire übernommen.

Reiberle gab's für schlechte Noten im Zeugnis ebenso, wie für schlecht gemachte Betten oder nicht ordentlich aufgeräumte Schränke.

Berechtigte Reiberle gab's und unberechtigte.

Aber alle hinterließen neben dem brennenden Schmerz der Reibung auf der rechten Seite des Hinterkopfes einen roten Striemen und nicht selten länger anhaltende Kopfschmerzen.

Die Ursachen der Bestrafungen waren oft mehr als gering.

Die Härte der Strafe stand meist in keinem Verhältnis zu der „begangenen“ Straftat.

Laufend verstieß man gegen irgendwelche Regeln.

Wurde man tagsüber grundlos in einem der Schlafräume erwischt, gab's Bestrafung. Witze und Gelächter bei Tisch wurden ebenso unnachsichtig geahndet, wie wenn einer seinen Teller nicht leer essen wollte. Entsprach Haarlänge und Haarform nicht den Vorstellungen des Erziehers, so gab es Zoff. Und natürlich musste die täglich getragene Kleidung den jeweiligen Wetterverhältnissen angepasst sein, insbesondere im Sommer. Wenn nicht, war man sich seiner Strafe sicher.

Wann Sommer war, bestimmten die Erzieher mithilfe des Thermometers. Dann war das Tragen von kurzen Hosen vorgeschrieben.

Bestraft wurde selbstverständlich das Zu-spät-Kommen nach dem Sonntagsausgang, ebenso wie schlechtes Benehmen in Heim und Schule oder der Besitz eines Transistorradios.

Wie aus heiterem Himmel traf einen jeden aus der Schulbubenabteilung immer wieder mal eine Bestrafung. Nicht einen einzigen Tag war man davor gefeit. Die zum Teil recht willkürlich erlassenen Vorschriften lauerten aus jedem Winkel hervor und warteten nur darauf, übertreten zu werden.

Wehmütig dachte Hardy an die Gruppe vier zurück, in der alles ganz anders war, irgendwie schöner. Der Tagesablauf in der Schulbubenabteilung spielte sich zwar ähnlich ab, aber da war etwas, das Hardy von Anfang an Unbehagen im Bauch verschaffte. War es der Kommandoton oder das völlige Unfreisein, welches hier noch deutlicher spürbar war, als in der Kinderabteilung.

Es begann schon mit der Art und Weise, wie die Burschen geweckt wurden. Jeder Erzieher hatte zwar seine eigene Methode, aber eines hatten alle gemeinsam: Sie verursachten sehr viel Lärm. Recht unsanft wurde man aus seinen Träumen gerissen und war sehr schnell wieder auf dem Boden der Tatsachen.

Herr Wölfel bevorzugte es, mit einem goldfarbenen Blechgong scheppernd von Zimmer zu Zimmer zu gehen, während Herr Maiwald, der Seemann, es vorzog, laut und schrill durch seine Finger zu pfeifen. Andere Erzieher stießen geräuschvoll die Tür auf und klatschten schallend in die Hände.

Nach dem Aufstehen begann der Ansturm auf die Waschräume und die wenigen Toiletten. Beim anschließenden Bettenbau lagen pedantische Maßstäbe zu Grunde. Es erforderte schon einige Mühe, bis Hardys Oberbett den festgesetzten Normen entsprach. Zuerst das Bett aufschütteln, in der Mitte falzen, halbieren, herumwerfen, die unteren Ecken einschlagen, das Ganze wieder wenden und mit den Handflächen brettgerade ausrichten. Bald ging Hardy der sich täglich wiederholende Bewegungsablauf in Fleisch und Blut über. Laken und Kopfkissen durften natürlich keine Falten aufwerfen, wenn man nicht riskieren wollte, dass der Liegestattinhalt gnadenlos herausgerissen wurde und einem vor die Füße segelte.

Wenn die Betten fertig waren, musste in der Stube noch gekehrt und Staub gewischt werden. Danach war man gezwungen, sich in Zweierreihen vor dem Aufenthaltsraum zur allgemeinen Musterung aufzustellen.

Wenn Herr Maiwald Dienst hatte, nutzte er die allmorgendliche Prozedur zu militärisch-disziplinarischen Drillübungen. Er trat vor sein Zimmer, ließ seinen obligatorischen Weckpfiff los und rief hinterher: „mit Konkurrenz!“

Alle wussten sofort, was dies zu bedeuten hatte. Hektisch rannten sie wie wild durcheinander. Sie traten gegenseitig als Konkurrenten an, im Wettstreit um den ersten Platz. Sieger wurde die Mannschaft, welche ihre Stube als Erste fertig hatte, dessen Betten den vorschriftsmäßigen Schliff aufwiesen und Boden und Einrichtung staubfrei waren. Der Stubenälteste schrie lauthals in den langen Flur: „Stube fertig“, während die übrigen Zimmerkameraden zum Appell bereitstanden. Herr Maiwald eilte herbei, warf sich zwischen die Bettgestelle in den Liegestütz, suchte sämtlich Kanten und Ritzen nach Staubflusen ab, prüfte den Sitz der Leintücher und kontrollierte mit der Akribie eines Truppenführers, ob der Schlafraum den erforderlichen Ansprüchen entsprach und schließlich auch noch, ob alle sich gewaschen hatten.

Die Siegermannschaft durfte, wenn alles in Ordnung war, in den Aufenthaltsraum und über das Frühstück herfallen. Ungestraft durften die Burschen dann das tun, was sonst verboten war. Sie suchten sich das Beste heraus und hamsterten Brot oder Brötchen.

Was die danach kommenden Kinder am meisten ärgerte, war, dass von der begehrten Milch, die ohnedies immer nur sehr knapp zugeteilt wurde, nicht ein Tropfen mehr übrig war.

Milch war im Gegensatz zu dem täglichen roten Einheitstee eine willkommene Abwechslung, wurde aber zum Leidwesen der Zöglinge sehr selten und nur in kleineren Mengen von der Küche ausgegeben.

Die Sieger der "Konkurrenz" tranken nicht nur eine oder zwei Tassen Milch, vielmehr schlürften sie direkt aus einer auf dem Tisch stehenden Tasse, während sie gleichzeitig die Milch aus der schräg gestellten Blechkanne von oben nachlaufen ließen. Ein laut vernehmbarer Rülpser signalisiert dann, dass die Kanne leer war.

Jeder wäre gern einmal Sieger geworden. Für eine Tasse Milch.

Die besondere Schwierigkeit des Konkurrenzkampfes lag jedoch darin, dass für sämtliche sechs Schlafstuben nur ein einziger Besen vorhanden war.

Sieger dieses unfairen Kampfes wurden daher immer die Größten und Stärksten, weil sie die Kleineren beim Besenholen einfach auf die Seite drängten oder mit einem Fausthieb in die Rippen einschüchterten.

Es galt ja das Recht des Stärkeren.

Und Hardy gehörte als Neuer zu den Jüngsten und auch zu den Schwächeren. Mit den Kräfteverhältnissen zurechtzukommen, hatte er noch seine Schwierigkeiten.

***

Um auch einmal in den Genuss zu kommen, Siegermilch trinken zu dürfen, hegten die Kameraden des Viererzimmers, in dem Hardy schlief, einen Plan aus.

Als Herr Maiwald wieder Dienst hatte, holten sie sich nachts den Besen und kehrten die Stube. Es war nicht ganz einfach, denn nächtliche Geräusche wurden wachsam registriert. Dennoch war es ihnen gelungen, den Besen unbemerkt an seinen Platz in der Putzkammer zurückzustellen.

Damit der vermaledeite Fußboden tatsächlich staubfrei blieb, wischten sie bis zum Morgengrauen den Kunststoffbelag - besonders unter den Bettgestellen - mit einem angefeuchteten Handtuch. Die halbe Nacht verbrachten die Zimmerkameraden damit, den Fußboden frei von Staubflusen zu halten. Diesmal würden sie die Siegermannschaft sein und würden die Milch genauso maßlos in sich hineinschütten, wie die anderen es immer zu tun pflegten.

Als am Morgen der Weckpfiff des Herrn Maiwald ertönte, waren die Vier schon wieder fest eingeschlafen. Sie sprangen aus den Betten und lauschten auf das Kommando, das sonst dem Pfiff unmittelbar folgte. Hatten sie es schon überhört? Nein!

Es kam nicht, das Signal zum Konkurrenzkampf. Die nächtlichen Mühen waren umsonst. Vielleicht hatte der Erzieher sie in der Nacht belauscht und wollte sie nun seinerseits hereinlegen.

Keiner wusste, was los war. Jedenfalls gab es an diesem Tag keine hektischen Kämpfe rivalisierender Zimmernachbarn, keinen Konkurrenzkampf und keine Siegermilch!

***

Die täglichen Pflichten ähnelten denen, die Hardy schon von der Kindergruppe her kannte. Nur, dass die anfallenden Reinigungs- und Aufräumarbeiten in wöchentlichem Wechsel an Arbeitsgruppen vergeben wurden. Nach den Mahlzeiten mussten die zwei Küchendienstler die Tische abdecken, sauber abwischen sowie das Geschirr für achtundzwanzig Personen abwaschen und zur Nachkontrolle bereitstellen. Dazu mussten die Geschirrteile sauber aufgestapelt, das Besteck formiert und natürlich die Edelstahlspüle blitzblank geputzt sein.

Besonders Herr Maiwald nahm sich die Mühe für eine sorgfältige Nachüberprüfung jedes einzelnen Teils. Mit den Fingerspitzen holte er jeden Teller einzeln vom Stapel, hielt ihn ins Licht und drehte und wendete ihn auf der Suche nach den winzigen Resten eines Wasserfleckchens. Zwar gaben sich die Burschen schon Mühe, den strengen Erfordernissen gerecht zu werden, indem sie das Geschirr nach dem Abwaschen nicht nur einfach abtrockneten, sondern auch noch mit einem fusselfreien Geschirrtuch nachpolierten, dennoch wurde hin und wieder ein Fingerabdruck am äußersten Tellerrand oder der Hauch eines Wassertröpfchens übersehen. Dies fiel natürlich unter das Strafregister.

Jeder Küchendienstler bekam für jedes „mangelhafte" Geschirrteil ein Reiberle. Bei einem Geschirrberg für achtundzwanzig Mann kam es schon mal vor, dass der ein oder andere Teller oder 'ne Tasse den Lichttest nicht bestanden. Je nach Anzahl der festgestellten Mängel steigerten sich die Reiberle in Intensität und Grobheit und wurden nicht selten durch eine harte Kopfnuss gekrönt, was als "Reiberle mit Spezialeffekt" bezeichnet wurde.

Machten sich die Jungen auf den Weg zur Schule, wurden sie vor Verlassen des Hauses nochmals begutachtet. Es schien die Devise vorzuherrschen: Den Zöglingen ist grundsätzlich nicht zu trauen, sie führen ständig etwas im Schilde.

Was zum Teil allerdings auch zutraf.

Das Gefühl, in der Schule als Heimkind einer Randgruppe anzugehören, wurde nicht nur durch den Orfan-Haarschnitt, sondern auch zum Teil durch die Kleidung hervorgehoben. Im pubertären Alter kurze Hosen tragen zu müssen, war Hardy und seinen Altersgenossen ungemein peinlich. So versteckten sie ihre langen Hosen zusammengerollt in der Büchertasche unter den Schulsachen. In der Schultoilette wurde dann die kurze Hose ausgezogen und gegen die lange eingetauscht.

So betrachtet, war den Zöglingen tatsächlich nicht zu trauen. Die orfaneigene Logik ging also auf.

Es war doch logisch, dass man Zöglingen nicht trauen konnte, die mit allen möglichen Tricks versuchten gegen Weisungen der Erzieher - selbst wenn diese noch so irrwitzig waren - zu verstoßen. Wehe dem, bei dem eine lange Hose in der Büchertasche gefunden wurde, obwohl "Sommer" angeordnet war.

***

Auf dem Weg von der Schule zurück ins Heim sprachen sich die Kinder aus Hardys Klasse untereinander ab, ob, beziehungsweise welche Hausaufgaben gemacht werden.

Hardy, der ein gewissenhafter und interessierter Schüler war, wurde regelmäßig überstimmt.

Die nachmittäglichen Schulaufgaben wurden sehr streng überwacht und Hardy konnte schlecht mehr Hausaufgaben erledigen, als die anderen Kameraden seiner Klasse vorgaben, ohne deren Zorn auf sich zu ziehen.

Hardy war nicht in der Lage, sich frei zu entscheiden. Es war ihm klar, dass unerledigte Hausaufgaben nicht nur Ärger in der Schule, sondern auch und vor allem im Heim nach sich zogen. Aber die Rolle des Verräters gegenüber seinen Mitschülern gefiel ihm nicht besonders. Verräter hatten im Heim keinen leichten Stand.

Hardy befand sich in der Zwickmühle zwischen seiner Gewissenhaftigkeit auf der einen und dem Gruppenzwang auf der anderen Seite. Den restlichen Tag über plagte Hardy das schlechte Gewissen wegen mangelhaft erfüllter Hausaufgaben. Manchmal blieb er die halbe Nacht auf und wartete, bis alle eingeschlafen waren.

Dann schlich er durch den langen Gang der Abteilung und vergewisserte sich, ob der Erzieher auch schon schlief. Drang durch die Türritzen des Erzieherzimmers noch Licht hindurch, so ging er auf die Toilette und legte sich wieder hin, um nach etwa einer halben Stunde einen weiteren Versuch zu starten. Brannte im Zimmer des Erziehers kein Licht mehr, presste Hardy sein Ohr ans Schlüsselloch, um sich der gleichmäßigen Schlafgeräusche des Erziehers zu überzeugen. Dann schlich er den düsteren Gang weiter vor bis zum Eingangsbereich, in dem ein großes Aquarium auf einem Podest stand. Er holte seine Büchertasche, rückt leise einen Stuhl an das Podest heran und schrieb im diffusen Licht der Aquariumbeleuchtung an seinen Hausaufgaben. Einige Stunden kritzelte, malte und lernte Hardy oft, bis er fertig war. Manchmal machte er nachts sogar die Hausaufgaben für seine Klassenkameraden mit, damit an ihm nicht der Ruf des Verräters haften blieb.

Verräter wurden gemieden und gehasst und nicht selten durch Spießrutenlaufen gequält. Beim Spießrutenlaufen standen sich zwei Reihen Jungs gegenüber, zwischen denen der zu Strafende wie durch eine Gasse hindurchgeschubst, geprügelt und getreten wurde. Der Dienst habende Erzieher ging meistens weg und schritt nicht ein.

Nein, Verräter wollte Hardy nicht sein.

Verräter waren Außenseiter in der Gruppe.

Die Außenseiterrolle als Heimkind in der Schule genügte ihm vollauf.

Die nächtlichen Schularbeiten waren sehr anstrengend, denn das Licht für die Fische war schwach und außerdem musste alles äußerst lautlos geschehen. Das Aquarium stand zwar in einer Nische und war vom langen Flur aus nicht einzusehen, doch jedes Papiergeraschel in der nächtlichen Stille hätte Hardy verraten. Immer wieder musste er seine Aktivitäten unterbrechen, wenn er die barfüßigen Schritte eines Kindes tapsen hörte, das zur Toilette ging, oder gar den Erzieher bei einem seiner Kontrollgänge. Mucksmäuschenstill wartete er dann ab, bis alles wieder ruhig war, ehe er weitermachen konnte.

Hardy befand sich ständig auf einem Balanceakt zwischen der Schule, deren Anforderungen er gerecht werden wollte und dem Druck seiner Heimkollegen, die von der Schule weit weniger wissen wollten.

Allmählich setzte sich aber bei seinen Mitschülern die Vernunft insoweit durch, dass man sich einig wurde, zumindest den schriftlichen Teil der Hausaufgaben offiziell in dem vom Heim am Nachmittag festgesetzten Zeitrahmen zu erledigen.

***

Wie in der Kindergruppe, so war auch in der Schulbubenabteilung nach gemeinsamer Abwicklung der überwachten Hausaufgaben bis zum Abendessen genug Zeit für Spiele im Hof.

Der Hof für die Schulbubenabteilung und die Lehrlinge war von dem der Kindergruppen durch einen Drahtzaun getrennt. So gab es für Hardy keinerlei Gelegenheit mehr, mit seinen Geschwistern zusammenzukommen. Die frühzeitig begonnene Entfremdung der Geschwister untereinander nahm hierdurch ihren Fortgang.

Im Hof befand sich ein riesiger Fußballplatz, dessen Belag aus festgewalzten, mit Sand vermischten Schottersteinen bestand. Nach mehrmaligem Gebrauch des Spielfeldes traten die Steine wieder an die Oberfläche und fügten einem bei einem Sturz stark blutende Schürfwunden zu.

Zum Glätten des Belages gab es eigens eine schwere, eiserne Walze, die von Hand über den Platz gezogen werden musste. Regelmäßig konnte man zusehen, wie zwei blauweiß gestreifte Kerle aus der Sträflingsabteilung mit der Walze im Schlepp, schwitzend und schnaubend ihre Bahnen zogen, einem Ochsengespann nicht unähnlich, bis der Platz wieder glatt war.

***

Ungeachtet der Mühen und Strapazen, die in stundenlanger Schwerstarbeit für das Plattwalzen der Platzoberfläche von den Burschen aufgewendet werden mussten, brachte der Heimleiter anschließend seiner holden Ehefrau auf dem Spielfeld das Autofahren bei.

Mit unglaublicher Ignoranz gegenüber den Schutzbefohlenen drehten die beiden ihre Runden.

Auf dem frisch gewalzten Belag studierte die Heimleitersgattin mit unermüdlichem Fleiß Anfahr-, Schalt-, und Bremsvorgänge ein.

Die Jungs trauten ihren Augen kaum. War ihnen doch sogar das Fahrrad fahren im Hof bei rigoroser Bestrafung verboten, um so mehr empfanden sie nun diese verächtliche Rücksichtslosigkeit des Direktors und seiner Frau als eklatanten Verstoß gegen die Gerechtigkeit.

Aber was bedeutete im Orfan schon Gerechtigkeit?

Das hellblaue Auto des Heimleiterehepaares hinterließ auf dem Platz regelrechte Manöverschäden. Die Reifen gruben sich ins Schottergestein ein und wühlten den losen Belag wieder auf.

Doch, was machte das schon?

Am nächsten Tag kamen erneut zwei blauweiß gestreifte Kerle aus der Sonderabteilung und zogen, mit der eisernen Walze im Schlepp, schwitzend und schnaubend ihre Bahnen, bis der Platz wieder glatt war, oder - bis die Gattin des Direktors wieder Lust verspürte, mit ihrer hellblauen Limousine das Vorwärts- und Rückwärtsfahren, sowie das Einparken zu probieren.

***

Während des Spielens im Hof beobachtete Hardy die wöchentlich ein- oder auch zweimal eintreffenden Brotlieferungen. Es war immer der gleiche Ablauf. Das Lieferauto hielt vor dem Eingang zur Küche, der Fahrer sprang heraus, öffnete die seitliche Ladetüre, lud drei oder vier Metallkisten - voll gestapelt mit großen, glatten Brotlaiben - auf ein Wägelchen und verschwand damit im Haus.

Indessen sich der Mann in der Küche befand, lugte Hardy durch die Seitenfenster des Wagens. Bleche mit leckeren Streuselkuchen waren darin übereinander geschichtet, Gebäck und andere Köstlichkeiten, die man ihnen im Heim niemals bot, lagen körbeweise auf der Ladefläche.

Hardy lief das Wasser im Munde zusammen.

Er sah auch abgebrochene Hörnchen oder Kuchenstücke, die vom Blech gerutscht und zwischen den Körben eingeklemmt waren, oder achtlos auf dem Boden des Wagens herumlagen.

So ein Krümelstückchen würde ihm schon genügen. „Die werfen es doch bloß weg“, überlegte Hardy, genierte sich aber, den Fahrer darum zu bitten. Der Mann kam kurze Zeit später aus dem Lieferanteneingang, stieg in den Wagen und fuhr mit den eingeklemmten Kuchenresten und den abgebrochenen Plunderhörnchen zum Hof hinaus.

Eines Tages passte Hardy die Brotlieferungen ab.

Kaum war der Fahrer ausgestiegen, öffnete Hardy hilfsbereit schon die Seitentüre und half eifrig mit, die schweren, brotgefüllten Blechkisten auf das Rollenbrett zu laden.

Dann wartete er, bis der Fahrer seine Lieferung ins Haus brachte und bald aus der Küche zurückkam. „Da ist ein Stück Kuchen heruntergefallen, kann ich das haben?" bettelte Hardy den schon etwas älteren Mann an. Dieser hob das Kuchenstückchen vom Boden der Ladefläche auf und überreichte es achselzuckend dem Heimkind. Hardy bedankte sich. Es war ein zerknautschtes Stück Mohnkuchen, zwar nicht mehr ganz formschön, aber für Hardy sah es dennoch recht lecker aus. In einer stillen Ecke des Hofes setzte er sich ins Gras und genoss den süßen Geschmack auf der Zunge.

Von da an half er bei jeder Gelegenheit dem Lieferanten der Großbäckerei beim Ausladen und verdiente - oder besser: erbettelte - sich so ein paar eingequetschte oder auf den Boden gefallene Gebäckteile.

***

Das obligatorische Spiel der Heranwachsenden war, wie bei unzähligen anderen Burschen auf der Welt auch, der Fußball.

Nachdem die Freizeit ausschließlich innerhalb des Heimgeländes verbracht werden musste, wurde unermüdlich gebolzt, gekickt und gedribbelt. So mancher bekam ein gutes Ballgefühl und entwickelte sich zu einem wahren Fußballmeister.

Neben Fußball wurde gelegentlich auch amerikanisches Baseball gespielt oder auf der Hofeinfahrt Rollschuh gelaufen, gebalgt oder einfach nur so herumgehangen.

Beendet wurde sämtlicher Spieleifer durch die Kommandorufe des Erziehers zum Abendessen.

Dabei hatte auch Herr Maiwald seine eigenen Methoden. Aus einem Fenster der Gruppe fünf, die ganz oben unter dem Dach einquartiert war, pfiff er - wie üblich - schrill durch die Finger und schrie lauthals: „Den Letzten beißen die Hunde!"

Wohl wissend, was damit gemeint war, rannten alle sofort los. Es begann ein Ansturm aufs Treppenhaus. Keiner wollte der Letzte sein. Die Schwächeren wurden auf der Treppe schlichtweg festgehalten, weggezerrt, geschubst und regelrecht überrannt.

Natürlich durften keine Sachen, wie Turnschuhe oder Bälle, im Hof zurückbleiben. Alles musste eingesammelt und mit hochgebracht werden. Pech für denjenigen, der sein Trikot erst noch hinter dem Pfosten des Fußballtores hervorholen musste. Dann im Spurt zum Treppenhaus, vier Stockwerke rauf, wo Herr Maiwald mit in die Hüften gestemmten Fäusten schon darauf wartete, einem die „gerechte" Strafe zu verabreichen. Reiberle mit Spezialeffekt, denn: Den Letzten beißen die Hunde!

Die Methoden des Herrn Maiwald waren zwar gefürchtet, dennoch respektierten die Burschen ihn wegen seiner korrekten Art. Beim Spielen im Hof sangen sie oft - als Parodie auf seine militärische Herkunft - während sie im Gleichschritt marschierten: „links ein Wald, rechts ein Wald, in der Mitte Maierswald".

Beim Abendessen teilte der Erzieher - ebenso wie bei den übrigen Mahlzeiten auch - jeweils die Portionen zu.

Du konntest wählen, ob du viel, mittel, oder wenig auf dem Teller haben wolltest.

Was du aber mal auf dem Teller hattest, musstest du vernünftigerweise dann auch aufessen.

Nichts durftest du zurückgehen lassen.

Einmal erwischte Hardy ein fettes Stück Fleisch, sehnig und knorpelig, welches sich weder schneiden noch zerkauen ließ. Er biss und würgte an dem zähen Brocken herum, der - so kam es ihm vor - in seinem Mund immer mehr, statt weniger wurde. Als er den Klumpen im Ganzen herunterschlucken wollte, konnte er gerade noch mit Mühe den aufkommenden Brechreiz unterdrücken.

Seinen Kameraden ging's genau so. Aber jegliche Versuche, das Fleisch zurückgehen zu lassen, wurden lauthals vom Erzieher zunichte gemacht. "Was auf dem Teller liegt, wird gegessen!"

In seiner Not hielt sich Hardy unauffällig eine Hand vor den Mund und spuckte den unverdaulichen Fleischklumpen hinein. Unbemerkt steckte er sodann das schmierige Corpus delicti in seine Hosentasche und übergab es nach dem Essen der Obhut des Abfalleimers.

Hardys Tischkamerad Peter Sauer, der beim Essen mit dem Rücken zum geöffneten Fenster saß, hat in einem unbeobachteten Moment das sehnige Fleisch kurzerhand mit dem Löffel ins Freie katapultiert.

***

Die Wochentage liefen in strenger Gleichmäßigkeit ab. Es gab kaum Möglichkeiten für den Einzelnen zur Bildung seiner Persönlichkeit oder zur freien Entfaltung. Überall stieß man an Grenzen, die von den Erziehern sehr eng abgesteckt worden waren.

Die Wochenenden durchbrachen diese Monotonie. Freitags Abend achtzehn Uhr öffnete der Erzieher die Tür seines Dienstzimmers und schaltete das Radio ein, damit die Zöglinge die heiß begehrten Schlager der Woche anhören konnten. Natürlich nur, wenn alle zuvor parierten. Dicht gedrängt standen sie dann vor der Türe herum und lauschten, wie Heintje das Lied von seiner Mama sang - das so manchem rührend zu Herzen ging - oder wie sich die Beatles mit ihren ersten Songs in die obersten Spitzen der Hitlisten trällerten. Sicher hatten die Pilzköpfe dabei nicht an Heimkinder gedacht, als sie rhythmisch-gefühlvoll behaupteten: *All you need is love.*

Alles, was du brauchst, ist Liebe.

***

Freitag war der Tag, vor dem es Hardy in der Schulbubenabteilung am meisten grauste. Nach dem Abendessen war gemeinsames Duschen vorgeschrieben.

Mit Waschzeug bewaffnet, das aus einem großen Stück Kernseife und einem Handtuch bestand, mussten alle antreten. In Zweierreihen marschierten dann die achtundzwanzig Schulbuben in ihren langen Einheitsnachthemden - ein groteskes Bild abgebend - durch das ganze Treppenhaus hinab zum Massenduschraum im Keller.

In dem deckenhoch gefliesten, nicht unterteilten Raum reihten sich Brausewannen und Duschköpfe längs der Wand aneinander. Die Buben zogen sich aus und teilten sich immer zu zweit eine Duschwanne. Die Wassertemperatur konnten sie nicht selbst bestimmen, sondern wurde vom Erzieher reguliert, der die zwei Haupthähne für Warm- und Kaltwasser bediente.

Mit der Kernseife wusch man sich Haut und Haare.

Den Duschvorgang schloss die aufgezwungene Abhärtung ab.

Der Haupthahn für Warmwasser wurde abgedreht. Damit keiner der Abhärtung ausweichen konnte, beorderte der Erzieher jeden einzeln in die Duschwanne und drehte den Kaltwasserhahn höchstpersönlich auf. So mancher der Knaben japste gotterbärmlich nach Luft unter dem eiskalten Wasser, sodass einem manchmal wirklich Angst und Bange um dessen Gesundheit werden konnte. Hardys hagerer Freund Zbigniew erlitt sichtlich Höllenqualen während der kalten Duscherei. Hilflos nach Luft ringend bot er ein erbärmliches Bild. Die Kehle schnürte sich ihm zu und sein Hals wurde immer länger. Er trampelte hilfsbedürftig nach Luft ringend auf der Stelle, aber der Erzieher kannte keine Gnade.

Im Gegenteil, Herr Maiwald äffte die Mimik des Leidgequälten nach und die anderen Kinder lachten darüber.

Love is all you need.

***

Nach dem Duschen fanden die wöchentlichen Schrankkontrollen statt. Der schmale Spind wurde nicht nur dahingehend kontrolliert, ob die Wäschestücke alle sauber und ordentlich nach militärischem Vorbild zusammengelegt und eingeräumt waren, sondern es wurde auch nach Gegenständen gesucht, deren Besitz offiziell verboten war, wie zum Beispiel Bargeld oder ein Radiogerät. Fand der Erzieher den Spind mal nicht so vor, wie er sich das einbildete, schmiss er einem den gesamten Schrankinhalt vor die Füße und man bekam Gelegenheit, die Sache wieder gut oder besser zu machen.

Die Schrankkontrollen empfand Hardy als menschenverachtend und entwürdigend. Selbst zehn- bis vierzehnjährige Buben haben den Wunsch, irgendwelche ganz privaten, für sie ungeheuer wichtigen Dinge - die aus der Sicht eines Erwachsenen möglicherweise banal wirken mögen - aufzubewahren und vor dem Einblick oder Zugriff anderer zu schützen. Die Spindkontrollen machten jede Illusion dahingehend zunichte. Sogar das Postgeheimnis wurde nicht selten mit Füßen getreten.

Aber Hardy suchte und fand einen Ausweg.

Die eingebauten Wandschränke standen auf einem etwa zehn Zentimeter hohen Holzsockel, der vorne verblendet war.

Vom Innern des Schrankes löste Hardy mit einem kleinen Schraubenzieher die vier Kreuzschrauben, mit denen der untere Fachboden auf den Sockel aufgeschraubt war. Er entfernte die Holzplatte und es tat sich ihm ein Hohlraum auf, der sich als äußerst nützlich erwies. In dem Geheimfach verbarg Hardy ein paar persönliche Dinge, die ihm heilig waren. Und er versteckte darin sein gespartes Geld, um es vor Diebstahl zu schützen. Den Holzboden schraubte er wieder fest und räumte das untere Fach des Schrankes wieder ein.

Niemand wäre auf die Idee gekommen, hier ein Geheimfach zu vermuten. Dem geheimen Fach konnte man vor allem Dinge anvertrauen, die für die Nasen der Erzieher nicht bestimmt waren.

In der Gruppe gab es technisch begabte Tüftler, mit denen Hardy sich verbündete. Sie entwickelten einen bescheidenen Radioempfänger, der aus einer simplen Konstruktion bestand und noch dazu ohne jegliche Stromquelle funktionierte. Die nötigen Teile, wie Dioden und winzige Kopfhörer eines Transistorgerätes ließen sie sich von Verwandten besorgen und ins Heim bringen.

Schnell waren die Teile zusammengelötet. Die Konstruktion war recht einfach und kostete wirklich nur Pfennigbeträge. Mit einer kleinen Krokodilklemme am Ende eines dünnen Kabels konnte man das Ganze an einer blank geschabten Stelle des Heizkörpers anschließen oder über den Federbügel einer Steckdose, welcher normalerweise mit der Erdleitung verbunden ist.

Dieser kleine Empfänger lieferte nur ein Programm und die Lautstärke des Ohrhörers war nicht regulierbar. Dennoch war Hardys Glücksgefühl unbeschreiblich, wenn er abends im Bett vor dem Einschlafen die Klänge und Kommentare des Bayerischen Rundfunks vernahm.

Mit der Zeit entwickelten sie das Gerät soweit, dass sie mithilfe eines speziellen Kohlestäbchens, welches von einer winzigen Drahtkonstruktion umgeben war, den Effekt eines Schiebereglers erreichten und somit einen zweiten Sender, nämlich den amerikanischen Soldatensender AFN empfangen konnten.

Hardy und seinen Kumpanen war schon klar, dass sie mit diesem Gerät gegen Vorschriften des Heimes verstießen. Deshalb fand die Konstruktion auch seinen Platz im Geheimfach unter dem Schrankboden.

Das Geheimnis des Schranksockels wurde bald so populär, dass viele davon Gebrauch machten, zu viele.

Eines Freitags, die Jungs trauten ihren Ohren kaum, kündigte Herr Maiwald wie jeden Freitag die obligatorischen Schrankkontrollen an und fügte brüllend hinzu: „Mit Geheimfach!“

Hardy traf fast der Schlag.

Betreten schraubte jeder vor den Augen des Erziehers den Fachboden auf und gab den Inhalt des letzten privaten Winkels preis. Triumphierend holte Herr Maiwald die verborgenen Gegenstände heraus. Den selbst gebauten Radioempfänger konnte er - mangels Sachverstand - nicht als solchen identifizieren und gab ihn wieder zurück. Offenbar hielt er die miteinander verlöteten, aber sonst losen Teile für Bastelzubehör eines Elektronikbaukastens.

Hardy atmete auf.

Doch nicht jeder hatte so viel Glück. Was verboten war, wurde auf Nimmerwiedersehen beschlagnahmt. Und wenn‘s nur ein handgroßes, harmloses Transistorradio war.

Die Entdeckung des geheimen Verstecks im Schrank förderte die Wachsamkeit der Erzieher und das Misstrauen gegenüber den Zöglingen. In die Schrankkontrollen wurde von da an das „Geheimfach“, welches nun eigentlich keines mehr war, mit einbezogen.

***

Freitags gab's auch immer das Taschengeld. Vier Mark monatlich. Genau genommen war es gar kein richtiges Taschengeld, sondern Fahrgeld für eine Heimfahrt pro Wochenende mit der Straßenbahn. Ansonsten wurde den Kindern kein Geld ausgehändigt. Auch nicht für klitzekleine Wünsche, wie 'ne Flasche Limo im Sommer oder so.

Irgendjemand vom Küchenpersonal verkaufte nebenbei Limonade. Wenn Hardy zum Essenholen dran war, sah er die Getränkekästen in der Ecke aufgestapelt stehen und er sah, wie der Sprudel ihn anlachte. Wie erfrischend wohl die gelbe Orangenlimonade schmeckt?

Für den Durst gab es zwischen den Mahlzeiten frisches Wasser aus der Leitung, das man aus der hohlen Hand schlürfte. Oder eben Tee. Wenn noch welcher da war. Roter Früchtetee oder ungesüßter Pfefferminztee.

Tee wäre auch nicht schlecht. Aber meistens war keiner mehr da.

An heißen Sommertagen so 'ne gelbe Limo, das wäre schon mal was.

Hardy nahm den Essenswagen in Empfang, bedankte sich und schielte im Hinausgehen zu den Getränkekisten hinüber. Die Zunge klebte ihm am Gaumen.

So 'ne gelbe Limo, das wäre jetzt was.

Doch die kostete vierzig Pfennig. Und die hatte er nicht.

Die Erzieher konnten sich eine Limonade leisten.

Einmal schickte Herr Bauerreiß den Hardy los, damit er ihm eine Limonade holen möge. Hardy zahlte in der Küche die vierzig Pfennige und nahm die Flasche mit.

Auf dem Weg zurück zur Gruppe hielt er sich die Flasche an die Wange und genoss die Kühle, die vom Glas ausging. Dann, im dunklen Gang des Untergeschosses, der zur Küche hinführte, wagte er es. Die Flasche hatte einen Drehverschluss, der sich leicht öffnen ließ.

Hardy schraubte die Kapsel ab.

Ein leises Zischen trat aus der Flasche.

Erwartungsvoll hielt er sich die Öffnung des Flaschenhalses unter die Nase. Von der Kohlensäure aufgewirbelt, prickelten ihm Tausende kleiner Sprudelteilchen entgegen.

Die Nase kitzelte ihm so, dass er sie fest rubbeln musste. Ein herrlich erfrischendes Gefühl strahlte die Limonade aus, eine Versuchung, der Hardy nicht widerstehen konnte.

Er nahm ein winziges Schlückchen. Nur einen Fingerhut voll. Gerade soviel, dass der Erzieher es nicht bemerken würde. Genussvoll ließ er das himmlische Prickeln auf der Zunge zergehen. Es schmeckte köstlich. Am liebsten hätte er die ganze Flasche in einem Zug geleert.

Brav drehte er den Verschluss wieder zu.

Die Limonade gehörte ihm nicht. Einen Erzieher zu bestehlen zählte zu den schwersten Delikten überhaupt.

Selber kaufen konnte er sich keine Limo. Vierzig Pfennige waren ihm viel zu teuer.

Vierzig Pfennige kostete gerade ein Kinderfahrschein mit der Straßenbahn nach Hause, die er aber einsparte, wenn er den Weg durch die halbe Stadt lief. Und er lief meistens, wenn er sonntags seine Mutter oder seinen Bruder besuchte. Und meistens lief er auch noch zurück. Dann hatte er achtzig Pfennige gespart.

Vierzig Pfennige für eine Limo, dafür war er viel zu geizig.

Doch irgendwann wird er sich auch mal 'ne Limo leisten. Heute tut's nochmal das Wasser aus der Leitung.

Er gab dem Erzieher die bestellte Sprudelflasche. Der merkte von dem geklauten Schluck nichts. Der alte Sadist, der ihn zum Limoholen schickte. Ihn, der sich selbst nur dann eine Limo hätte kaufen können, wenn er dafür durch die halbe Stadt lief, um sein Fahrgeld zu sparen.

Doch was verstand schon ein besoldeter Erzieher von den Wünschen eines Heimzöglings.

***

Am Wochenende durfte, wer wollte und wer ein Zuhause hatte, nach Hause fahren.

Einige hatten kein Zuhause und sie durften nicht fahren, weil es niemanden gab, zu dem sie hätten fahren können. Andere hatten ein Zuhause, aber sie wollten nicht fahren, weil sie von einem besoffenen Vater statt Zuneigung nur Schläge, oder von einer asozialen Mutter anstelle von Liebe nur Gleichgültigkeit zu erwarten hätten.

Ausgang in dem Sinn, dass die Kinder oder Jugendlichen sich außerhalb des Heimes frei bewegen durften, oder einfach mal Zeit zu ihrer freien Verfügung beanspruchen konnten, gab es nicht. Wer nach Hause fuhr, musste von dort eine Bestätigung mitbringen, in welcher die genaue Ankunftszeit und die Uhrzeit, wann man von zu Hause wieder wegging, eingetragen war.

Der Dienst habende Erzieher billigte einem, je nachdem wie weit, das Zuhause vom Heim entfernt lag, eine gewisse Fahrzeit zu und wehe dem, dessen Wegzeit eine erhöhte Diskrepanz aufwies. Entschuldigungen halfen nichts und wurden generell nie akzeptiert.

Sonntags holte Hardy seine drei Geschwister in der Kinderabteilung ab und sie verließen das Heim. An der Feuerwache gegenüber, deren Einsatzübungen sie von den Fenstern der Aufenthaltsräume beobachten konnten und wovon sie immer wieder aufs Neue fasziniert waren, gingen sie vorbei über die Rosenau, einer riesigen steppenartigen Fläche, welche im Sommer namhafte Zirkusse aus aller Welt mit buntem Treiben füllten, durch die Innenstadt bis hinter den Rathausplatz zu dem Hotel, in dem die Mutter als Küchenhilfe arbeitete und auch eine kleine Dachkammer bewohnte.

Früher, als die Mutter noch im Schafhoflager wohnte, welches nördlich außerhalb der Stadt lag, dauerte der Fußweg der Geschwister fast zwei Stunden. Dann blieb nicht viel Zeit für ein zusammen sein mit der Mutter und sie mussten wieder aufbrechen.

Im Hotel kamen sie schon nach einer guten Stunde an.

In der Enge des Zimmers hockten sie umeinander, schauten zum Fenster raus, aßen ein Stück Kuchen oder sie brachen alle zusammen auf und besuchten die Oma, welche eine halbe Stunde Fußweg entfernt wohnte.

Die Oma war eine alte verhärmte Frau, die immer nur in der Küche auf einem Stuhl hockte und mit dem ganzen Körper wippte. Im Gleichtakt mit den Wippbewegungen ließ sie ihre eine Hand unaufhörlich über ihr linkes Knie streichen, in dem sich die Arthrose breit machte und den greisenhaften Körper peinigte. Die Großmutter hatte strenge Augen und einen langen grauen Zopf, den sie zu einem Nestchen zusammengerollt, auf dem Hinterkopf feststeckte. Auf beiden Seiten baumelten ihr graue Haarsträhnen, die sich vom Zopf gelöst hatten, ins Gesicht, was sie geisterhaft skurril erscheinen ließ. Laute Geräusche vertrug sie nicht und sie schimpfte, während sie wippte, wenn ihre Enkelkinder beim Spielen witzelten und lachten.

Hardy bemerkte, dass seine Oma, wenn sie schimpfte, vor lauter Aufregung schneller zu wippen begann und ihre knochige Hand dabei noch fahriger über das kaputte Knie strich.

Niemals brachte die Oma den Enkelkindern auch nur einen Hauch von Güte entgegen und kein einziges Mal konnte Hardy, sosehr er auf ihrem aschfahlen Gesicht auch suchte, auch nur den Anflug eines Lächelns entdecken.

Stinklangweilig waren die Nachmittage bei der wippenden Großmutter und als sie starb, empfand Hardy nichts.

Dabei war die Großmutter früher – in Danzig – eine großmütige, gutherzige Frau gewesen.

Andy erzählte einmal, dass er in den schweren Zeiten des Krieges von ihr immer eine extra Scheibe Brot mit ganz wenig Butter drauf bekam. Die Butter war von ihr nur so dünn aufgetragen worden, d gerade die Poren des Brotes verschlossen waren.

Andy erzählte weiter, wie er Großmutter einmal hereinlegte mit der Butter. „Oma, ich schmier mir heute die Stulle selber." „Is' schon gut, aber nimm nich soviel Butter", erwiderte sie besorgt. Andy bestrich das Brot so, wie seine Oma es immer tat. Nur die Löcher zuspachteln und den Rest wieder abkratzen. Als die Oma einen Moment wegsah, hat Andy die Scheibe

Brot umgedreht und auf die Unterseite so viel Butter draufgeschmiert, dass seine Vorderzähne später beim Abbeißen tiefe Abdrücke darin verursachten.

Als er mit dem Bestreichen fertig war, drehte er schnell die Stulle wieder um, zeigte die mager bestrichene Seite seiner Großmutter und fragte scheinheilig: "Ist das gut so?"

„Bist ein braver Junge. Weißt du, Butter ist kostbar und muss gut eingeteilt werden", habe ihm die Oma daraufhin gütig erklärt und ihm zärtlich übers Haar gestrichen.

Krieg und Elend, Vertreibung und Not, sowie der zu frühe Tod ihres Mannes haben sie mattherzig werden lassen. Eine arme, alte, verhärmte Frau, die wippend auf ihrem Stuhl saß und immerzu ihr schmerzendes Kniegelenk streichelte.

Am späten Nachmittag machten sich die Geschwister wieder auf den Weg, denn pünktlich um sechs mussten sie im Heim zurück sein.

Die Bestätigung, die Hardy in der Schulbubenabteilung vorlegen musste, ließ er von seiner Mutter so ausfüllen, wie die Erzieher es am liebsten haben wollten. Er hatte fast nie Probleme wegen irgendwelchen Fehlzeiten zwischen Heim und Zuhause oder Zuhause und Heim. Seine Fahrtzeiten waren präzise ausgerechnet.

Nur ein einziges Mal bekam Hardy Ärger wegen der albernen Zettelschreiberei. Anstelle zur Mutter besuchten die Geschwister manchmal auch den großen Bruder Jürgen, der zwischenzeitlich verheiratet war und eine kleine Wohnung besaß. Auf den abgerissenen Rand einer Zeitung kritzelte er Hardys Wunschzeiten und ergänzte die Bestätigung provokativ mit einem Satz: „Dies war die letzte Bestätigung, die ich meinem Bruder geschrieben habe. Diesen schikanösen Blödsinn werde ich nicht länger unterstützen!" Ausrufezeichen und Unterschrift.

Und weil die Erzieher am längeren Hebel saßen, bekam Hardy fürs nächste Wochenende Ausgehverbot, nach dem Motto, ohne Bestätigung kein Ausgang.

XII

Der tägliche Gleichklang im Heim wurde hin und wieder durch die Einlieferung eines Neuen bereichert.

Im Großen und Ganzen waren die Gruppen keiner sehr hohen Fluktuation unterworfen. Wer einmal ins Heim eingewiesen wurde, kam dort auch so schnell nicht wieder raus. Ab und zu wurde schon mal einer entlassen, sei es, weil die Mutter einen neuen „Vater" an Land gezogen hatte, oder einfach deshalb, weil sich die familiäre Situation zu seinen Gunsten verbessert hatte. Dann wurde ein Bett frei und ein Neuer wurde gebracht.

Manchmal von der Polizei oder manchmal von zivil gekleideten Herren vom Jugendamt. Einmal wurde einer in Hardys Schlafzimmer einquartiert, der die ganze Nacht nach seiner Tante brüllte.

Hardy wollte ihn beruhigen, doch der Neue schubste ihn grob weg und schrie nur immer wieder: "Ich will zu meiner Tante, ich will zu meiner Tante." Die Schreie verstummten erst im Morgengrauen. Hardy hatte Mitleid mit dem armen Kerl, auch wenn der ihn um den Schlaf brachte.

Irgendwie beneidete er ihn auch. Wie musste er seine Tante lieben, nach der er jetzt so herzzerreißend weinte.

Ein anderes Mal kam Nolan, ein bulliger Kerl, dessen amerikanischer Vater sich in die USA abgesetzt hatte.

Nolan kam aus einem berüchtigten Glasscherbenviertel der Stadt und hatte offenbar von klein auf gelernt, sich mit seinen Fäusten zu verteidigen. Wenn er von zu Hause erzählte, von der Gegend, in der er aufgewachsen war, so sprach er immer nur vom „Block". Seine Stimme bekam dabei den Klang einer Mischung aus Wehmut und Stolz.

Hardy beneidete ihn um etwas, das er selbst nicht kannte: Nolan hatte da, von wo er herkam etwas zurückgelassen, wovon er stets mit Stolz in der Stimme erzählte - nämlich eine Heimat, wie immer diese auch geartet sein mochte.

Auch wenn vieles, was er vom „Block" erzählte, mit Schlägereien und Kampf zu tun hatte, so hatte er doch eine Heimat verloren, die er jetzt vermisste.

Hardy wird Nolans ersten Tag im Heim nie vergessen.

Nolan lag auf der Wiese, einen Ellenbogen aufgestützt, im Mund nach amerikanischer Sitte einen Grashalm kauend und beobachtete gelangweilt die Grashalme, die er mit der Hand ausrupfte und im Wind verwehen ließ.

Weil im Heim das Recht des Stärkeren galt, ließ es sich der eine oder andere nicht nehmen, an den Neuen seine Kräfte zu messen und sie gleich in ihre Schranken zu verweisen.

So auch der blonde Karl.

Er ging auf den am Boden liegenden Nolan zu und forderte ihn mit großkotzigem Hochmut heraus: „Wenn dir was nicht passt, sag's jetzt gleich. Hörst du. Dann kannst du nämlich was erleben, was du so schnell nicht vergessen wirst!" Provokativ stieß er dabei den am Boden Liegenden heftig mit dem Schuh in die Seite.

Nolan sah hoch und ohne seinen gelangweilten Gesichtsausdruck zu verändern, kaute er weiter auf seinem Grashalm.

Ohne einen Ausdruck von Überraschung oder Empörung sah er den Karl an und bemerkte, wie die anderen Jungs neugierig und sensationslüstern einen Kreis um die beiden Kontrahenten bildeten. Dann erwiderte er dem Stänkerer: "Bitte, lass mich in Ruhe. Mir ist schlecht."

Von so einem kräftigen Kerl haben die Umherstehenden eigentlich eine andere Reaktion erwartet. „So ein Feigling", murmelten einige sich zu.

Siegessicher und mit stolz geschwellter Brust wandte Karl sich ab. Enttäuscht löste sich der Kreis auf.

Eine geraume Zeit später, als der kleine Zwischenfall bei den anderen längst vergessen war, stand Nolan ebenso ruhig, wie er dagelegen hatte auf und ging ebenso ruhig auf den verdutzt dreinblickenden Karl zu. „Du wolltest doch vorhin was haben?", fragte er ihn und ohne eine Antwort abzuwarten, versetzte er ihm mit der Faust einen solchen Schlag in die Magengegend, dass, der große Blonde wie ein Taschenmesser zusammenklappte, mit dem Kopf vornüberkippte und auf den Boden aufgeschlagen wäre, wenn Nolan ihn nicht blitzschnell am Haarschopf gepackt und einen zweiten Schlag mitten ins Gesicht platziert hätte, der den armen Kerl wieder für einen Moment aufrichtete, ehe er vollends zu Boden sank und sich auf dem Rasen vor Schmerzen krümmte.

In drohender Haltung stand Nolan über ihm, doch er sah, dass er mit Widerstand offenbar nicht mehr zu rechnen hatte. Kerls Nase blutete. „Ich hoffe, das reicht", fragte Nolan den Besiegten und fügte hinzu: „Aber du kannst gerne noch mehr haben."

Von da an hatte Nolan seine Ruhe und brauchte sich nicht mehr ernsthaft verteidigen.

Obgleich von eher bescheidener Zurückhaltung war Nolan ein aufgeschlossener Kerl, der obendrein die Fähigkeit besaß, sich im rechten Moment verbal oder handfest zur Wehr zu setzen.

Trotz einiger Gegensätzlichkeiten verspürte Hardy so etwas wie Seelenverwandtschaft zu Nolan. Er fand bald dessen Zuneigung und sie wurden gute Freunde.

Mit keinem Menschen zuvor konnte sich Hardy so gut unterhalten, wie mit Nolan. Nolan kam von draußen, vom „Block", wie er immer sagte, er kannte nicht nur den eng begrenzten Horizont des Kinder- und Jugendheimes und machte dem Hardy – der sich ein Leben nach seinem Heimdasein überhaupt nicht mehr vorstellen konnte - bald klar, dass es außerhalb dieser Anstalt auch noch etwas anderes gibt. Nolan hatte die Gabe, sich über großartige, bewegende Probleme mit ganz einfachen Worten auszudrücken: „Du musst das so sehen Hardy", erklärte er seinem Freund „das Heim ist wie ein großer, steiler Berg, den du besteigen musst. Irgendwann bist du oben und dann hast du es geschafft."

So hatte es Hardy noch nie betrachtet.

Für ihn gab's nur dieses Heim. Seit er denken konnte, war er schon in diesem Heim. Und solange er denken kann, wird er wohl in diesem Heim bleiben. Dass es da noch ein Leben danach geben könnte, war für Hardy so unwirklich und unerreichbar weit weg, wie Robinsons chilenische Juan-Fernandez-Insel im Pazifik.

Diese Heimwelt hier war eine geschlossene Einheit voller Tricks und Lügen und stellte in Hardys Gedanken keinen Teil des wirklichen Lebens dar. Das wirkliche Leben musste die ganz große Freiheit sein, wo du den Menschen vertrauen kannst, wo du nicht zu lügen und keine Tricks anzuwenden brauchst, weil ja alle richtig frei sind.

Also weshalb lügen und betrügen? Nolan kam von draußen und Hardy hatte Vertrauen zu ihm.

Vielleicht hatte Nolan Recht, vielleicht würde er den Gipfel Berges doch irgendwann erreichen?

***

Kinder wurden entlassen, dafür wurden Neue eingeliefert, weil sie zu Hause überflüssig waren, oder weil die Fürsorgebehörden aufgrund äußerer Umstände es anordneten. Manche blieben nur kurz im Heim, die meisten jedoch etwas länger.

So lange wie Hardy und sein alter Freund Zbigniew war noch keiner da. Hardy gehörte schon fast zum Inventar, weshalb er von allen nur noch „der Alte“ genannt wurde. Manche der neueren Mitbewohner kannten nicht einmal seinen richtigen Namen, aber den „Alten“ kannte jeder.

Und weil sein treuer Freund Zbigniew, der schon mit Hardy zusammen in der Kinderabteilung war, ihm nie von der Seite wich, nannte man beide zusammen scherzhaft “der Alte und sein Knecht“.

Zbigniew war der Sohn einer polnischen Emigrantin, die als Staatenlose im Schafhoflager wohnte. Da Zbigniews Mutter kein einziges deutsches Wort sprach, gestaltete sich die Verständigung zwischen ihr und ihrem Sohn nicht immer ganz einfach. Zbigniew, der wie Hardy schon als Kleinkind ins Heim geholt wurde, verstand und sprach kaum noch polnisch.

Er war ein hochgeschossener, hagerer Kerl mit dünnem blonden Haar und federndem Schritt. Die Kleider, die er trug, wirkten an ihm wegen seiner langen Arme immer etwas zu kurz. Zbigniew war gutmütig und besaß eine liebenswürdige Schusseligkeit.

Wenn einer auf der Straße rückwärts laufend sich mit den anderen unterhielt und deswegen gegen einen überhängenden Briefkasten knallte, dann war es Zbigniew.

Und was passierte, wenn man auf dem Schulweg Zbigniews Namen rief? Willig und gehorsam drehte er sich um, ohne weiter auf seinen Weg zu achten, den Blick zum Rufenden hingerichtet lief er weiter und hetzte geräuschvoll gegen einen Laternenpfahl oder gegen den Pfosten eines Verkehrsschildes.

Einmal warf Hardy im Bad übermütig eine leere Zahnpastatube in weitem Bogen durch das geöffnete Fenster des Waschraumes in den Hof, welche genau vor den Füßen eines Erziehers landete.

Der Erzieher blickte hoch und sah am Fenster den vermeintlichen Malefikanten stehen. Aber nicht Hardy war es, der den Flug der Tube bis zur Landung vom Fenster aus beobachtete, sondern Zbigniew. Als er den Erzieher unten im Hof stehen sah, trat er noch schnell einen Schritt zurück - aber zu spät. Ehe er sich versah, sprang der Erzieher die Treppen rauf und klebte ihm eine.

Ein anderes Mal entwickelte sich nach dem Zapfenstreich in Zbigniews Stube eine Kissenschlacht. Zbigniew war bereits eingeschlafen.

Zunächst noch leise und zaghaft attackierten sich die Burschen seines Zimmers gegenseitig mit ihren Kopfkissen. Erst als die Kämpfe heftiger und das Schlachtengetümmel immer lauter wurde, Zbigniew so manchen Treffer abbekam, wachte er auf. Er wollte seine Ruhe haben und zog sich seine Bettdecke über den Kopf. Dann stand er ärgerlich auf und wollte zur Toilette gehen. Auf dem dunklen Flur lief er dem vom Kampfeslärm ebenfalls wachgewordenen Herrn Bauerreiß, welcher mit wehendem Morgenmantel und wüst zu Berge stehendem Haarschopf schlaftrunken aus seinem Dienstzimmer stürzte, genau in die flapsigen Arme. Verschlafen, wie Zbigniew noch war, fing er sich ein paar kräftige Watschen ein, die ihn vollends gewaltsam von seiner Müdigkeit befreiten.

Zbigniew war ein Pechvogel zwar, aber ein netter Kerl. Weil seinen Namen ohnehin keiner richtig aussprechen konnte, riefen ihn alle „Schbigi". Oftmals verspotteten ihn manche wegen seines polnischen Namens und sangen im Chor: „Schbigniew Piekarsky, spicko, specko, spucko!"

Als Schbigi und Hardy etwa dreizehn Jahre alt waren, genehmigte Herr Bauerreiß den beiden, trotz sonst totalen Ausgehverbots, nach der Schule einen Stadtbummel.

Offenbar vertraute er ihnen, was er besser jedoch nicht hätte sollen.

Die zwei schlenderten in die Stadt. Zwei Stunden hatten sie Zeit.

Sie beobachteten die Leute und genossen das bunte Treiben der Freiheit. Die Auslagen der Schaufenster weckten die Kauflust. Ohne einen Pfennig in der Tasche bummelten sie durch die Warenhäuser und erfreuten sich am Rolltreppenfahren.

Sie streiften durch die Reihen von Regalen, aus denen die Versuchung lockte. Als sie gerade ein Kaufhaus verlassen hatten, griff Hardy in die Hosentasche und holte ein paar Gegenstände heraus, die er dem Zbigniew zeigte: ein kleiner Schraubenzieher mit gelbem Griff, eine längliche Plastikdose mit kleinen Männchen darin, wie man sie für eine Modelleisenbahn braucht und eine Neun-Volt-Flachbatterie.

„Wo hast du das denn her?" Schbigi tat erstaunt.

„Ist kleben geblieben", antwortete Hardy verschmitzt.

Sie besuchten das nächste Kaufhaus. Zbigniew wollte es dem Hardy gleichtun. Er nahm etwas aus dem Regal, drehte seinen Kopf so auffällig nach allen Seiten, dass unbedingt jedem auffallen musste, was er vorhatte, stupste den neben ihm stehenden Hardy mit seinem spitzen Ellenbogen auch noch an, um ihm sein Beutestück zu zeigen und ließ es erst dann unbeholfen in der Tasche verschwinden. Hardy hätte sich vor so viel Ungeschicklichkeit am liebsten die Haare gerauft und entfernte sich schnell. Schbigi folgte ihm. Als beide dem Ausgang zustrebten, stellte sich eine schon etwas ältere Dame mit einem topfähnlichen Hut auf dem Kopf vor ihnen auf und versperrte mit ihrer Leibesfülle den Weg.

Die mit Stockschirm und Handtasche bewaffnete Frau, die aussah wie Charlys Tante in dem gleichnamigen Film, war dem Hardy schon vorher aufgefallen. Sie stand immer in der Nähe und sah zu den beiden herüber, benahm sich sonst aber wie eine gewöhnliche Kundin und schob, wie andere Kunden auch, einen mäßig gefüllten Einkaufswagen vor sich her.

Also eine Kaufhaus-Detektivin dachte Hardy, als die korpulente Dame unerwartet, vor ihnen stand.

„Was habt ihr denn da in eu'ren Taschen" fragte sie resolut und Hardy erwog für einen kurzen Moment die Möglichkeit, an der dicken Dame vorbei und zum nur wenige Meter entfernten Ausgang hinauszurennen. An und für sich ein Kinderspiel, überlegte er ernsthaft, aber er war ja nicht allein. Schbigi würde bestimmt nicht reagieren, sondern einfach stehen bleiben und dann käme ja doch alles raus.

Folglich fügte er sich seinem Schicksal und leerte - wie Schbigi es vor ihm schon bereitwillig getan hat seine Taschen.

In der Zwischenzeit war noch der Abteilungsleiter hinzugekommen, der mit weißem Mantel und wichtiger Miene seine Pflicht tat und die beiden Ladendiebe unter den Augen zahlreicher Schaulustiger mit eisernem Griff in sein Büro abführte. Deutlich konnte man ihm den Stolz über seinen Erfolg anmerken.

Mit sich selbst übertreffender Tüchtigkeit füllte er einen Bogen aus, rief sodann die Polizei an und vergaß auch nicht, den beiden Hausverbot auf Lebenszeit zu erteilen. Wenige Minuten später kamen zwei Polizisten herein und nahmen die Straftäter mit. Im Fond des Streifenwagens wurden sie zum Revier gefahren.

Hardy war so beschämt, dass er für die Technik und das Innenleben des Polizeiautos keinen Gedanken frei hatte. Außerdem hatte er ein furchtbar flaues Gefühl im Magen vor lauter Angst.

Angst vor der Polizei und Angst vor Herrn Bauerreiß.

Auf der Polizeiwache wurden beide getrennt verhört.

Hardy gab bereitwillig zu Protokoll, was der Beamte von ihm wissen wollte. Dann kam die Frage nach dem Taschengeld.

„Vier Mark“, antwortete Hardy.

„Vier - Mark - in - der - Woche“, buchstabierte der Polizist im Takt seiner Schreibmaschine laut vor sich hin, auf welcher er ungelenk Hardys Antworten in die leeren Spalten seines Protokolls eintippte.

„Nein“, widersprach Hardy, „nicht in der Woche - im Monat!“

„Im Monat?“ Der Polizist schaute ungläubig auf.

„Ja, vier Mark im Monat“ entgegnete ihm Hardy wahrheitsgemäß.

Während der Schutzmann das eingespannte Papier mit dem Radiergummi traktierte, um den Schreibfehler zu berichtigen, kam Herr Bauerreiß zur Dienststelle herein und stellte sich als Erzieher des Kinder- und Jugendheimes vor.

Als Hardy ihn zur Tür hereinkommen sah, wäre er am liebsten mitsamt seinem Verhörstuhl im Erdboden versunken.

Nachdem das Protokoll fertig war, durfte Herr Bauerreiß die zwei Diebe mitnehmen. Unterwegs strafte er die beiden mit Verachtung und sprach kein Wort.

Im Heim angekommen, knöpfte er sich beide einzeln vor.

Hardy trat schuldbewusst ins Dienstzimmer und ehe er sich‘s versah, schlug ihn der Erzieher mit solcher Wucht links und rechte ins Gesicht, dass er regelrecht taumelte und noch lange ein Dröhnen in den Ohren verspürte. Zusätzlich musste er laut gebrüllte Schimpfkanonaden über sich ergehen lassen und wurde darüber hinaus - nach dem Motto, ein Mann ohne Knast ist wie ein Schiff ohne Mast - in die Besinnungszelle gesperrt.

Herr Bauerreiß ging voraus und öffnete mit rasselndem Schlüsselbund die Zellentüre. Sodann ließ er Hardy eintreten, knallte die Tür zu und drehte den Schlüssel im Schloss zweimal herum.

Wie ein armer Sünder setzte sich Hardy auf die Kante des eisernen Bettgestells, auf dem eine dünne aber feste Matratze lag. Das Gestell war mit den kurzen Füßen am Boden verschraubt.

Hardy sah sich im Raum um, welcher etwa drei mal drei Meter maß. Die Pritsche in der Mitte, eine Kloschüssel im Eck, sonst keinerlei Möbel.

Du kannst nur dasitzen und glotzen.

Unterhalb der Zimmerdecke ein kleines längliches Fenster, - von außen vergittert, innen ohne Griffe - aus dem du zwar nach oben zum Himmel, nicht aber nach unten in den Hof sehen kannst.

Völlig isoliert von der Außenwelt sitzt du auf der Kante der niederen Bettstatt, oder du legst dich flach auf den Rücken und starrst auf die vergitterte Deckenleuchte. Es ist totenstill. Keine Geräusche dringen zu dir durch.

Besinnungszelle.

Immer wieder blickst du zur Tür und wartest.

Aber es rührt sich nichts. Selbst der kleine Fensterspion im eisernen Zugang bleibt stumm.

Worauf sollst du dich eigentlich besinnen?

Du hast geklaut, und es tut dir leid. Dafür sitzt du jetzt im Knast.

Die Wände sind kahl. Warum ist eigentlich die Deckenleuchte vergittert? Der eiserne Schieber in der Tür bleibt immer noch stumm. Dann gehst du zum Fenster und schaust dir das Blau des Himmels an. Du legst dich wieder aufs Bett und verschränkst deine Arme hinter dem Kopf.

Die Tür bleibt still. Nichts rührt sich.

Du liegst und döst blöde vor dich hin. Und du spürst die Ungewissheit im Bauch, weil du nicht weißt, für wie lange du zur Einzelhaft verdonnert bist.

Zur Schule werden sie mich schon wieder rauslassen, dachte Hardy und schloss die Augen.

Wie viele Stunden er so da lag, wusste er nicht.

Irgendwann hörte er vor der Zellentür das Rasseln des Schlüsselbundes und kurz darauf das Geräusch des Schlüssels, der sich zweimal im Schloss umdrehte.

Die grenzenlose Freiheit des Orfans hatte ihn wieder.

Ein neuer Zellengast wurde eingebuchtet - Zbigniew.

Da es bedauerlicherweise im Heim nur eine Zelle gab, mussten Straftäter zu hochkonjunkturellen Zeiten wie dieser, nacheinander eingeliefert werden.

Als Hardy in seine Gruppe zurückkam, fand er rege Anteilnahme bei seinen Kameraden vor. Viele machten ihm zum Vorwurf, dass er zu blöd sei, weil er sich habe erwischen lassen, beim Klauen.

***

Alles lief weiter wie vorher.

Ausgang gab's wieder nur sonntags gegen Bestätigung.

Ohne dass Hardy eigentlich wusste, was er später beruflich einmal anfangen wollte, meldete er sich bei Kursen für Schreibmaschine und Stenografie an, die in der Schule angeboten wurden. Die Kurse fanden nachmittags statt und Hardy benutzte sie eigens dafür, sich ein paar Freistunden vom Heim einzuräumen. Da er der einzige Teilnehmer vom Heim war, waren Kurs- und Wegzeiten nur sehr schwer nachprüfbar.

Im Stenografenhort freundete sich Hardy mit einem augenscheinlich aus gutem Hause stammenden Jungen an. Wolfgang war ein aufgeräumter Typ mit klugen Augen, die allwissend hinter einer Nickelbrille hervorstrahlten. Er sah so aus, wie man sich einen Primus vorstellt. Ein echter Streber.

Wolfgang konnte sich sehr gewählt ausdrücken und Hardy hörte ihm gerne zu, weil er für alles eine plausible Erklärung parat hatte. Wolfgang war - weil eher geistigen Werten zugewandt - ein unsportlicher Kerl mit schlaksiger Haltung.

Hardy drückte neben ihm die Kurzschriftschulbank und sie paukten das Schnellschreiben von Silben und Kürzeln. Regelmäßig nach dem Unterricht ging Hardy ein Stück mit ihm des Weges und sie frönten altklugen Dialogen über Gott und die Welt. Sie mochten sich.

Eines Tages, als die beiden die Schule verließen, war Hardy vollkommen frappiert, wie Wolfgang zu ihm sagte: „Das war heute das letzte Mal. Ab nächste Woche komm ich nicht mehr.

Hardy war wie von den Socken und Wolfgang fügte in seiner sachlich nüchternen Art hinzu: „Ich zieh mit meinen Eltern nach Regensburg. Komm, ich hab eine Überraschung für dich."

Sie gingen die steinerne Treppe hinunter und hinaus auf die Straße, wo Wolfgang sein Fahrrad abgestellt hatte.

Sorgfältig löste er das Ringschloss, mit dem er das Rad am rostigen Eisenzaun des alten Schulhauses gesichert hatte, spielte mit dem kleinen Schlüssel, indem er ihn ein paar Mal ein Stück in die Höhe warf und wieder auffing und streckte dann dem irritierten Hardy den Schlüssel mit den Worten entgegen: „Da, das Rad schenk ich dir."

Hardys Verwirrung war komplett. Mit dem Tempo, in dem die Überraschungen auf ihn einstürzten, kam er nicht mit.

„Aber – „, gatzte er hervor.

„Nein, nein. Das ist schon in Ordnung. Weißt du, ich krieg in Regensburg ein neues. Das haben mir meine Eltern versprochen."

Das war für Hardy zu viel des Guten. Ein eigenes Fahrrad! Er fand nicht die richtigen Worte, sich angemessen zu bedanken. „Danke", brachte er nur fassungslos hervor.

Wolfgang streckte ihm scheinbar emotionslos die Hand entgegen: „Also dann mach's gut. Wir werden uns ja wohl nicht wiedersehen. Bist 'n feiner Kerl."

Wolfgang ging einfach fort und sah sich nicht einmal mehr nach ihm um.

Hardy sah ihm nach und wusste, dass er einen Freund verloren hatte.

Dafür hatte er jetzt ein Fahrrad.

Es war ein altes, schwarzes Fahrrad, mit bequemem Gesundheitslenker, und unter dem braunen Ledersattel baumelte an den großen, silbrig-verchromten Spiralfedern eine abgegriffene Werkzeugtasche. Das Rad war zwar alt, aber - wie sein Vorbesitzer – gut gepflegt.

Hardy konnte es einfach nicht glauben. Es ging alles viel zu schnell.

Dieses Fahrrad soll jetzt ihm gehören. Das ist doch unglaublich.

Die anfängliche Freude über das Geschenk wich bald der Sorge um ein Problem, dass er nun nämlich am Hals hatte.

Das Fahrrad war ein Problem.

Ins Heim konnte er es nicht mitnehmen. Niemand würde ihm glauben, dass er es geschenkt bekam.

Also wohin damit?

Hardy setzte sich auf den Sattel und fuhr ein paar Runden. Das Rad war einfach toll.

Aber wohin damit?

Hardy wusste es nicht.

Behutsam fuhr er in Richtung des Heimes. Das Rad fühlte sich gut an. Die dicken Ballonreifen vermittelten eine gute Bodenhaftung und surrten leise auf der Straße.

In der Nähe des Orfans, in einer verwinkelten Seitenstraße schob Hardy das Rad in die Toreinfahrt eines fremden Wohnhauses und kettete es im Innenhof am Pfosten eines Maschendrahtzaunes mit dem Ringschloss fest.

Die Woche darauf holte er es wieder ab und fuhr von nun an zum Stenounterricht in die alte Schule mit seinem Fahrrad.

Ohne Wolfgang waren die Kursstunden mit einem Male trist. Hardy fühlte sich auf einmal allein gelassen.

Nach den Unterrichtsstunden versteckte er sein Fahrrad immer wieder woanders. Hardy wechselte die Toreinfahrten und Hinterhöfe, ohne dass er sich der Absurdität seines Tuns je bewusst war. Wie ein Dieb seine Beute, so versteckte er sein Fahrrad. Nur, dass er das Rad nicht gestohlen, sondern auf ehrliche Art und Weise erworben hatte. Aber das war ja egal.

Immer, wenn er in den Hof eines fremden Hauses eintrat, prüfend die Fenster der umliegenden Häuser absuchte, damit er sein Gefährt unbeobachtet in einer dunklen Ecke anschließen konnte, hatte er das schlechte Gewissen eines Räubers.

Sonntags holte er sein Fahrrad hervor und radelte damit zu seiner Mutter.

Als er eines Tages seine Mutter wieder verließ und nach Hause fahren wollte, war sein Velo weg. Gestohlen! Er ging um alle Hausecken herum und suchte, aber es war nicht mehr da.

Das alte Fahrrad, welches ein kleines Stückchen Freiheit und Unabhängigkeit für ihn bedeutet hat, weil er länger bei seiner Mutter bleiben und seinen sonntäglichen Ausgang bis in die letzten Minuten genießen konnte, war nun einfach geklaut.

Vor dem Haus, in dem seine Mutter, wohnte, fand Hardy an jenem Tag keine Möglichkeit, wo er sein Rad mit dem Ringschloss sichern konnte und so benutzte er nur das Speichensteckschloss.

Und jetzt war es geklaut. Er war selber schuld. Nun musste er den ganzen Weg zum Heim im Dauerlauf zurücklegen, weil er ohne Rad sonst zu spät ankommen würde.

Einige Wochen später, Hardy konnte den Verlust seines Rades nur überwinden, als er sich abermals auf dem Weg von seiner Mutter ins Heim befand, entdeckte er sein Fahrrad wieder. Es stand nur zwei Häuserecken von der Stelle entfernt, an der er es das letzte Mal abgestellt hatte.

Kein Zweifel, das war sein Fahrrad, er kannte es ja genau. Es sah übel aus und hatte einen platten Hinterreifen.

Hardy kniete davor nieder und besah es sich aufmerksam. Die abgegriffene Werkzeugtasche baumelte noch immer am Sattelende, war aber weit aufgerissen. Von der Glocke fehlte der Deckel und der kleine Riegel des Speichenschlosses war gewaltsam zur Seite gebogen worden. Sein schönes Fahrrad, über und über voll von Lehmspritzern.

Hardy stand auf, nahm das Rad von der Wand, an der es angelehnt stand, und schob es fort.

Plötzlich packte ihn von hinten eine kräftige Hand an der Schulter und drückte fest zu. Hardy drehte sich um und sah vor sich einen hochgewachsenen Kerl stehen, der ein Paar an den Schnürsenkeln zusammengebundene Schlittschuhe um den Hals trug.

„Was machst da denn da?“ fragte der Riese.

„Nichts, ich schieb nur mein Fahrrad nach Hause, weil es einen Platten hat“, antwortete Hardy verwundert.

„Aha, dein Fahrrad ist das? Wo hast du das denn her?“, forschte der andere weiter.

„Wieso? Das.. das.. habe ich geschenkt bekommen von einem Freund“, stammelte Hardy wahrheitsgemäß hervor. Was wollte der Kerl bloß?

„Weißt du was Junge, das ist mein Fahrrad. Wir gehen jetzt mal schön zur Polizei und werden das aufklären “, hielt der Fremde ihm barsch entgegen.

„Selbstverständlich geh‘ ich mit zur Polizei“, nahm Hardy den Vorschlag mit vorgetäuschtem Selbstbewusstsein an. Dabei war in seinem Kopf alles durcheinander geraten. Er verstand überhaupt nichts. Im Übrigen hatte er ja überhaupt keine Zeit, mit zur Polizei zu gehen. Dies würde seine Verspätung im Heim zur Folge haben. Außerdem, die Geschichte mit dem Rad, die ihm ja sowieso keiner glauben würde. Die Polizei nicht und die vom Heim auch nicht. Und Ärger würde er kriegen, wenn die Polizei im Heim anruft und der Erzieher ihn wieder abholen muss. Ihn, den Fahrraddieb, der keiner war, aber glauben würde man ihm nicht.

Hardy schob das Rad so, dass es zwischen ihm und dem Fremden war. Tausend Gedanken schossen ihm durch den Kopf. Der fremde Mann, war das der Dieb seines Fahrrades? Wenn ja, was wollte er dann bei der Polizei? Aber wenn er der Dieb war, dann bluffte er jetzt.

„Wie heißt du eigentlich?“ unterbrach der andere Hardys Gedanken.

Reaktionsschnell log Hardy den Namen eines Mitschülers aus seiner Klasse. War vielleicht doch nicht so gut, dachte er noch, aber was Besseres ist ihm auf die Schnelle nicht eingefallen.

„Und wo wohnst du?"

„In der Südstadt", log Hardy weiter und wusste im Grunde selbst nicht, warum er sich immer mehr in seinen eigenen Lügen verstrickte. Bei der Polizei würde ja doch alles rauskommen.

Eigentlich war er sich keiner Schuld bewusst, aber die Situation verwirrte ihn und hatte in seinem Kopf ein Alarmsignal ausgelöst. Die Sachlage schien für ihn vertrackt und irgendwie gefährlich.

Nein, zur Polizei konnte er nicht.

Wortlos ging der ungeschliffene Riese neben ihm her.

Hardy beobachtete ihn aus den Augenwinkeln heraus, ohne den Kopf zu drehen. Ihm war die ganze Sache nicht geheuer.

Wo lag eigentlich die nächste Polizeiwache?

Einfach wegrennen? Hardy fühlte sich wie gelähmt. Er hatte Angst. Der große Kerl würde ihn bestimmt schnappen, sportlich, wie der aussah. Ehe er die Risiken genau abwägen konnte, hatten sich seine Hände im gleichen Augenblick schon verselbstständigt und - wie einer inneren Stimme gehorchend – das Fahrrad dem mysteriösen Widersacher mit solcher Wucht vor die Füße geknallt, dass der darüber stolperte und zu Boden stürzte. Hardy wunderte sich über seine reflexartige Handlungsweise und preschte, so schnell er konnte, davon.

„Wenn der dich jetzt erwischt, bist du dran", dachte er und rannte mit übermenschlicher Kraft. Lang würde er dieses Tempo nicht aushalten, dann würde der andre ihn einholen.

„Halt! Bleib‘ stehen, du Drecksack!", rief der kräftige junge Mann ihm nach.

Hardy warf während seines Spurts den Kopf herum und merkte, dass der Fremde ihm folgte. Er sah aber auch, dass der Abstand noch groß genug war, sodass im Augenblick für ihn keine Gefahr bestand, eingeholt zu werden.

„Bleib‘ sofort stehen, oder ich schieß dich zusammen!" hörte Hardy, wie sein Jäger ihm nachbrüllte.

Hatte er wirklich richtig gehört? Oder war das Ganze nur ein Albtraum, in dem man immer wegrennen will und doch nicht vom Fleck kommt, weil die Beine schwer wie Blei sind und dem Verstand nicht gehorchen wollen?

Aber nein. Er war wach und rannte wie der Teufel, gehetzt von der Angst, die sein Verfolger ihm einflößte. Die wenigen Passanten auf der abendlichen Straße stoben erschreckt auseinander und machten dem Flüchtenden bereitwillig Platz.

Sollte der Mann, der ihm nachjagte, wirklich eine Schusswaffe haben?

Die Gedanken wirbelten Hardy wie wild im Kopf durcheinander.

Vielleicht schießt der wirklich? Gleich muss der Knall kommen.

Du musst weg von der Straße, sonst holt er dich ein oder er schießt dich über den Haufen, wie in einem Kriminalfilm!

Das meint der doch nicht im Ernst? Du brauchst ein Versteck!

Warum lässt der Kerl mich eigentlich nicht in Ruhe? Das ist doch mein Fahrrad! Schnell ein Versteck!

Keuchend bog Hardy in die Einfahrt eines Wohnhauses ab und befand sich wie in einer Mausefalle in einem Garagenhof, der ringsum von Hauswänden umgeben war. Direkt am Hauseck neben der Einfahrt war eine Eingangstüre. Blitzschnell sprang Hardy hin und rüttelte. Die verdammte Tür war verschlossen. Es gab keinen Ausweg.

Jeden Moment würde der blöde Gigant hier sein, dann Gnade ihm Gott.

Die Garagen im Innenhof hatten allesamt zweiflügelige, blaugrau gestrichene Tore, von denen einige weit offen standen. Die meisten Holztore waren jedoch verschlossen. In einigen der offenen Garagen standen Autos, viele aber waren leer.

Blitzschnell rannte Hardy in eine leere Garage hinein, zog hastig die beiden Türflügel zu und beobachtete durchs Schlüsselloch den Hof. Durch den begrenzten Blickwinkel des Guckloches konnte er nur einen kleinen Teil der Einfahrt überschauen, sah aber dennoch plötzlich den fremden Mann, der vor seinem Tor stehen blieb und sich nach allen Richtungen umblickte. Er schien nicht bemerkt zu haben, wie Hardy die Türen geschlossen hatte. Gerade noch rechtzeitig in allerletzter Sekunde.

Völlig außer Atem konnte Hardy kaum sein Keuchen unterdrücken. Angsterfüllt hielt er sich den Mund zu und wagte es nicht, sich zu bewegen. Der Fremde stand nur wenige Meter von seinem Schlüsselloch entfernt. Hardy war es schon ganz schlecht. Der Fremde mitten im Hof drehte sich langsam um seine eigene Achse und beobachtete aufmerksam jeden Winkel. Hoffentlich kommt jetzt nicht der Autofahrer und will in seine Garage! Hardy getraute sich nicht zu atmen, die Angst schnürte ihm die Kehle zu.

Auf einmal war der Fremde aus dem Blickwinkelbereich seines Schlüssellochs verschwunden. Ob er noch im Hof stand, oder bereits hinausging, konnte Hardy nicht mehr sehen.

Krampfhaft lauschte er an der Garagentüre. Vergeblich. Es rührte sich nichts. Hardy wagte es immer noch nicht, tief durchzuatmen. So verharrte er mehrere Minuten lang und sah unaufhörlich durchs Schlüsselloch.

Der Fremde war nicht mehr zu sehen.

Langsam ging Hardy rückwärts bis ans Garagenende, lehnte sich an die Rückwand, schnaufte ein paar Mal vorsichtig durch und ließ sich mit dem Rücken an der Wand erschöpft herabgleiten bis in eine Hockstellung, in der er sich einige Momente lang ausruhte. Dabei starrte er wie gebannt auf das Garagentor und beobachtete den durchs Schlüsselloch hereinfallenden, winzigen Lichtschein, der allmählich immer schwächer wurde und bald ganz verschwunden war.

Draußen brach die frühe Dunkelheit der Nacht herein.

Hardy müsste schon längst im Heim sein.

Wie spät es wohl jetzt ist? Das Uhrwerk eines nahen Kirchturms schlug zweimal. Also ist es halb, dachte Hardy. Aber was halb, halb sechs oder halb sieben?

Wie lange hockte er schon in dieser fremden Garage?

Um sechs sollte er im Heim sein. Der Zettel seiner Mutter war so ausgerechnet, dass er um sechs im Orfan sein musste.

Und jetzt war es halb. Wahrscheinlich halb sieben, schätzte Hardy. Einige Minuten hockte er noch an der Garagenrückwand, ehe er aufstand und sich leise wieder zum Tor vortastete. Angestrengt versuchte er, durchs Schlüsselloch etwas zu erkennen, aber außerhalb war es ebenso düster, wie in seinem Versteck. Wo war der Fremde?

Sein Herz klopfte wie wild, als er vorsichtig einen Türflügel öffnete und ins Freie trat. Jeden Moment würde der Grobian aus dem Dunkel auf ihn zu treten und ihn packen. Der Hof war unbeleuchtet. Die Uhr des nahen Kirchturms begann zu schlagen.

Hardy blieb stehen und zählte den Stundenschlag. Siebenmal dröhnte es vom Kirchturm. Verdammt, um sechs sollte er im Heim sein. Weit mehr als eine Stunde musste er in der Garage gehockt haben.

Im Dunkeln suchte er den Weg zur Hofeinfahrt hinaus. Ihm schauderte bei dem Gedanken, dass ihn augenblicklich zwei kräftige Hände von hinten an den Schultern packen und herumwerfen könnten. Ängstlich zog er das Genick ein und schlich weiter.

Am Ende der Zufahrt spähte er noch einmal in alle Richtungen hinaus auf die Straße, doch von seinem Verfolger war nichts mehr zu sehen. Er atmete auf.

Im Dauerlauf begab er sich auf den Rückweg ins Heim, ohne die geringste Ahnung, was er dem Erzieher erzählen sollte. Die Bestätigung seiner Mutter war auf achtzehn Uhr programmiert und als er im Orfan ankam, war es halb Acht.

Herr Bauerreiß brüllte ihn an: „Wo warst du? Weißt du überhaupt, wie spät es ist?“ Dabei löste er das Armband seiner Uhr und steckte diese in seine Tasche.

Hardy antwortete nicht.

Er wusste, dass alles, was er sagen würde, sowieso nichts einbrachte. Also schwieg er.

Dies half dem Erzieher aber auch nicht weiter.

Hardy nahm - ohne eine Miene zu verziehen - die Schläge ins Gesicht hin. Aber er sagte nichts. Scheinbar gleichgültig schaute er nur drein.

Herr Bauerreiß tobte.

Mit den Ohrfeigen allein war es aber nicht getan, weitere Strafen folgten: Sofort ohne Abendessen ins Bett, nächste Woche Ausgangssperre, morgen Hof kehren.

Hardy sprach noch immer kein einziges Wort.

Erst im Bett wischte er sich ein paar Tränen aus den Augen.

***

Herr Bauerreiß war derjenige Erzieher, welcher sich berufen fühlte, die größeren Kinder seiner Gruppe in Sexualkunde aufzuklären. Um seinem Unterricht die notwendige Feierlichkeit zu verleihen und um die Bedeutung des erhabenen Augenblicks hervorzuheben, schenkte er Bier an die Buben aus. Obwohl die Teilnahme freiwillig war, kamen fast alle der angesprochenen

Burschen. Aber nur wegen des Bieres. Eigentlich schmeckte dem Hardy das Bier überhaupt nicht.

Aber er tat - was aus altersbedingtem Imponiergehabe wahrscheinlich alle taten - so, als ob er es gewohnt sei, Bier zu trinken.

Das Bier schmeckte herb.

Mit wichtiger Mimik zeichnete Herr Bauerreiß Skizzen an die Wandtafel und las wissenschaftliche Begriffe aus einem Fachbuch vor.

Das Bier und der monotone Vortrag zeigten bald ihre einschläfernde Wirkung. Hardy hatte große Mühe, die Augen offen zu halten und musste sich das Kichern verbeißen, als er sich in der Runde seiner Gleichaltrigen umsah. Den anderen ging es nicht viel besser. Der Rudi aus seiner Klasse war sogar eingeschlafen. Er hatte sein Kinn auf den Handrücken, und die Hand auf ein hochgestelltes Holzlineal aufgestützt und schlief. Aus den kraftlos herabhängenden Mundwinkeln lief ihm in dünnen Bahnen die Spucke heraus.

Unbeirrt führte Herr Bauerreiß voller Eifer seinen Vortrag bis zum bitteren Ende durch, ohne von der mangelnden Aufnahmebereitschaft seiner Zuhörer Notiz zu nehmen.

Hardy verstand nichts von diesen wissenschaftlichen Fremdwörtern und blieb den weiteren theoretischen Einweisungen in Sexualkunde künftig fern. Das Bier schmeckte ihm sowieso nicht, damit konnte man ihn nicht anlocken.

Auch wenn die anderen es immer nicht zugeben wollten, ihm schmeckte das Bier nicht.

***

Das Heim, welches sich Kinder- und Jugendheim nannte, nahm zwar männliche Kinder und Jugendliche jeden Alters auf, für Mädchen jedoch, die ihre Schulzeit beendet hatten, war kein Platz mehr. Dies führte dazu, dass Geschwister regelrecht auseinander gerissen wurden. Hatte sich Hardy anfangs an die räumliche Trennung gewöhnen müssen, als er von der Kinderabteilung in die Schulbubenabteilung verlegt wurde und seine Schwestern von da an nur noch sonntags sehen durfte, musste er sich bald auch daran gewöhnen, dass er seine ältere Schwester Waltraud überhaupt nicht mehr zu Gesicht bekam.

Als Waltraud mit der Schule fertig war, wurde sie - gerade vierzehn Jahre alt - in ein Mädchenheim gesteckt, welches mehrere Hunderte von Kilometern vom Orfan entfernt, in der Pfalz lag.

Die Chancen für eine Familienzusammenführung schwanden immer mehr.

Die Orfanverwaltungsbehörden bestätigten immer wieder nur das, was die Kinder von Anfang an im Heim erfahren mussten: Dass man ohne Rücksicht auf familiäre Bindungen oder Einzelschicksale nur eine Karteikarte der Verwaltung war.

Etwa ein Jahr später, als Waltraud in das katholische Mädchenheim "Maria Rosenberg" verschickt worden war, wurde auch die Karteikarte der Schwester Ingrid umsortiert, und zwar ebenfalls in das Wohnheim in der Pfalz.

Jetzt waren nur noch Hardy und seine kleine Schwester Mariele, zu der er ein besonders herzliches Verhältnis hatte, im Orfan übrig geblieben.

Die behördliche Willkür nahm keine Rücksicht auf kindliche Gefühle.

Ein Heimkind war kein Mensch, sondern nur ein seelenloser Verwaltungsakt, auf dem allenfalls noch ein menschlicher Name vermerkt ist.

Hardy sträubte sich gegen den Gedanken, dass für ihn das Leben im Orfan unvermindert weitergehen sollte, als wäre überhaupt nichts geschehen. Er sehnte sich nach der Geborgenheit des Krankenzimmers zurück, in welchem er die schönste Zeit seines Heimdaseins verbrachte.

Damals erlebte er seine Krankheit als etwas Herrliches, weil ihm besondere Pflege und Zuwendung zuteil wurden, die er zuvor und danach im Orfan niemals erfahren durfte.
Krank sein zu dürfen, wäre wie Urlaub von den Misshandlungen der Seele, dem mangelndem Verständnis und dem rüden Umgangston.
Eine Flucht in die Krankheit als Ausweg.

Da er aber nicht krank war, wollte Hardy dem Schicksal helfend unter die Arme greifen.

Er drückte sich den Inhalt einer großen Tube Zahnpasta in den Mund. Die scharfe Creme würde ihm die Magenschleimhäute zerfressen, hoffte Hardy. Dann würde er richtig schön lange krank sein.

Er schluckte die unappetitliche Masse herunter, würgte an dem scheußlichen Zeug und musste mit jedem Schluck erneut den Ekel überwinden. Doch Hardy drückte tapfer weiter, bis der längliche Behälter leer war.

Danach war ihm hundeelend und zum Kotzen zumute. Der beißende Geschmack trieb ihm die Tränen in die Augen.

Mit Genugtuung vernahm er kurze Zeit später die ersten Reizerscheinungen seiner Magenschleimhaut.

„Bald ist's geschafft", freute sich Hardy und spürte eine aus dem Magen in den Mund aufsteigende, brennende Empfindung, „dann müssen sie dich gesundpflegen und sie müssen gut zu dir sein und Rücksicht nehmen."

Die krankhafte Einwirkung auf seine Magentätigkeit verursachte einen Überschuss an Säuren und führte zu widerlichem Sodbrennen.
„Gut so, nur weiter so", dachte Hardy und war sich der Pervertiertheit seiner selbstzerstörerischen Gedanken überhaupt nicht bewusst.

Ihm wurde kotzübel.

Das sauere Aufstoßen förderte immer wieder den unangenehmen, chemischen Frischegeschmack der Zahnpasta zu Tage, den Hardy wohl nie mehr vergessen wird.

Aber er hielt das alles mutig aus. Schließlich wartete doch das Krankenzimmer auf ihn - sein Königreich!

Freilich, sein Plan ging nicht auf.

Die von der beißenden Zahnkreme ausgelöste Reizwirkung auf die Magenwand entwickelte eine ungeheure Kraftentfaltung und schleuderte den Inhalt des Magens schließlich in weitem Bogen hinaus.

Wie ein Häuflein Elend kauerte Hardy vor der Kloschüssel, zum Sterben bereit.

***

Die Lehrer in der Schule waren mit Hardys Leistungen insoweit zufrieden und haben ihn deshalb - als es an der Zeit war - für die Laufbahn an einer höheren Schule vorgeschlagen.

Die gut gemeinten Ratschläge, für Hardy eine Schulart zu finden, die seinen Eignungen und Begabungen entspricht, wurden im Heim allesamt ignoriert.

Einmal legte Hardy das Empfehlungsschreiben seines Klasslehrers vor, wonach der Übertritt ins Gymnasium befürwortet werde, und bekam die gleichgültige Antwort des Dienst habenden Erziehers so serviert, als sei er ein Strafgefangener, der völlig zu Unrecht eine begünstigende Sonderbehandlung für sich verlangte. „Das geht nicht“, hörte Hardy den Erzieher sagen und er sah ganz deutlich die Verwunderung in dessen Gesicht.

Der Erzieher sprach aber nicht aus, was Hardy aus seiner Visage herauszulesen glaubte: Was bildest du dir eigentlich ein, auf Kosten des Heimes die Schulbank zu drücken. Wir sind doch hier nicht in einem Wohltätigkeitsverein.

„Wer soll denn hier mit dir Englisch lernen?“ brachte der Erzieher nur hervor. Nicht sehr überzeugend, aber Hardy hatte verstanden. Es tat ihm leid, dass er das Schreiben seines Lehrers überhaupt vorgelegt hatte. Hätte er es doch einfach verschwinden lassen. Er schämte sich auch wegen seiner „Unverfrorenheit“, ein Recht für sich zu fordern, das ihm offenbar nicht zustand. Heimkinder haben keine Rechte, das hätte er doch wissen müssen.

Auf diese Weise war ihm der Übertritt in höhere Schulen versagt geblieben und er drückte die Schulbank der Volksschule, bis er vierzehn Jahre alt war.

***

Mit Beendigung der Schulzeit und mit Hardys Übertritt ins Berufsleben endete gleichzeitig auch sein Aufenthalt in der Schulbubenabteilung.

Simultan mit dem neuen Lebensabschnitt musste sich Hardy an die veränderten Lebensbedingungen in der Lehrlingsabteilung gewöhnen. Mehr denn je galt dort das Recht des Stärkeren, was Hardy gleich am ersten Tag zu spüren bekam.

Er war noch beim Umräumen. Seine paar Habseligkeiten trug er von der Gruppe fünf hinunter in die Lehrlingsabteilung und legte alles auf das ihm zugewiesene Bett. Er war gerade dabei, seinen Wandschrank einzuräumen, als ein großer Kerl aus der Aufnahmeabteilung hereinkam, und in den Sachen herumstöberte, die noch auf dem Bett lagen. Gekonnt lässig zog er ein Kleidungsstück aus dem Wäscheberg heraus, hielt es hoch, machte blöde Witze und ließ es einfach auf den Boden fallen. Auf einmal entdeckte er Hardys zuunterst liegende Büchertasche und zog sie mit einem Ruck hervor, sodass die Wäschestücke durcheinander flogen und zum Teil auf dem Boden landeten. Sodann hielt er die Ledertasche hoch, bestaunte sie interessiert von allen Seiten und fragte Hardy provozierend mit einem drohenden Unterton in seiner Stimme: „Schenkst du mir die?"

„Nein, die brauche ich noch für die Berufsschule", erwiderte Hardy bange und spürte deutlich die Gefahr, die er mit seiner negativen Antwort heraufbeschwor.

Er wandte sich wieder seinem Spind zu und tat furchtlos.

Aber es nützte ihm nichts. Der brutale Schläger packte ihn und verdrehte ihm einen Arm nach hinten auf den Rücken.

Weiterhin hielt ihm der blöde Kerl noch seine geballte Faust unter die Nase und drohte noch lauter als vorher: „Schenkst du mir die Tasche? Du willst doch sicher nicht, dass wir Feinde werden. Oder?"

Hardy wollte sich losreißen, doch der Goliat, der ihn festhielt, verdrehte ihm den Arm so stark, dass Hardy seinen Widerstand bald aufgab. Was sollte er tun?

„Ja, dann nimm sie dir halt", stieß er wehrlos hervor.

Doch der Schlägertyp ließ Hardy noch nicht los: „Und noch eins mein Freund", zischte er durch die zusammengebissenen Zähne und drehte Hardys Arm mit einem Ruck noch fester, um seiner Drohung Nachdruck zu verleihen, Hardy hätte vor Schmerzen aufschreien mögen. „Wenn du mich an deinen Erzieher verpfeifst, geht's dir dreckig. Merk dir das gut." Dabei versetzte er mit seiner freien Hand dem eingeschüchterten Hardy noch zwei kurz aufeinander folgende tätschelnde Ohrfeigen, ließ ihn los und verschwand mit seiner neu erworbenen Tasche, ohne sich zu bedanken.

Gedemütigt setzte sich Hardy aufs Bett und legte seine Klamotten wieder zusammen. Wie er weiter mit dem Einräumen seines Schrankes beschäftigt war, trat Herr Täschner in Hardys Stube und maulte ihn an: „Bist du jetzt bald fertig mit deinem Umzug?"

Herr Täschner war einer seiner neuen Erzieher, der zugleich Hinterfotzigkeit und Despotismus ausstrahlte. Er war klein und hatte einen Bauchansatz. Sein schütteres Haar war nach hinten gekämmt und über seiner krummen Hakennase wanderte ein unruhiges Augenpaar rastlos wie Hilfe suchend umher.

„Wenn du Hilfe brauchst, sagst du mir Bescheid, damit ich dir in den Hintern treten kann. Vielleicht bist du mit dem Einräumen dann schneller fertig."

Hardy verzog keine Miene, doch Herr Täschner war noch nicht fertig. Herablassend kontrollierte er Hardys Spind, wandte sich ihm dann wieder zu und murrte ihn an: „Hast du alles, was du für deine neue Lehrstelle brauchst?"

Hardy nickte stumm und überlegte für einen Augenblick, ob er von dem Vorfall mit seiner Büchertasche berichten sollte.

„Wie bitte? Ich verstehe dich nicht!", plärrte der Erzieher den Neuen in seiner Gruppe an.

„Ja, ich habe alles", antwortete Hardy folgsam.

„Und wo ist deine Büchertasche?" erkundigte sich Herr Täschner, nachdem er den Schrankinhalt nochmals gesichtet hatte.

„Ich sehe sie nicht" schalt der Despot weiter.

„Meine Tasche ist weg. Ich hatte sie vorhin mit meinen Kleidern aufs Bett gelegt, jetzt ist sie verschwunden. Ich weiß nicht, wo sie ist", log Hardy.

„Ach so ist das? Verschwunden ist sie also. Ich glaube, ich werde dir erst mal beibringen müssen, wie man auf seine Sachen besser aufpasst", säuselte der Erzieher mit heimtückischer Miene, nahm dabei Hardys Ohrläppchen zwischen Daumen und Zeigefinger und drehte seine Hand einmal um die eigene Achse. Hardy riss vor Schmerzen den Mund weit auf und kniff im nächsten Moment die Zähne fest zusammen. Er hatte das Gefühl, als sei sein Ohr aus der Verankerung gerissen, doch es war noch dran und an ihm die unwirschen Finger des Herrn Täschner.

„Bis zum Abendessen ist deine Tasche wieder da! Verstanden!", drohte sein neuer Erzieher und drehte sein Ohrläppchen noch ein Stück fester, ehe er losließ.

***

Das Szenario des ersten Tages in der Lehrlingsabteilung erweckte in Hardy einen Vorgeschmack auf das, was auf ihn zukommen würde.

Seine Situation war ausweglos.

Ausweglos in Hardys Augen. Prügelstrafe vom Erzieher, wenn er seine Büchertasche nicht wieder vorweisen konnte, oder Prügelstrafe vom brutalen Schläger aus der Aufnahmeabteilung, wenn er ihn verpfiff. Hardy konnte auswählen, was ihm lieber war.

Dies war einer jener Momente, in denen Hardy sich wünschte, nicht mehr am Leben zu sein. Situationen wie diese kamen öfters vor und immer öfter wünschte sich der Vierzehnjährige den Tod herbei.

Die ersten Gedanken an den Tod, an jenem ersten Tag in seiner neuen Abteilung, flößten Hardy noch Furcht ein und er verbarg sich auf der Toilette, um heimlich ein paar Tränen zu weinen. Tränen vor lauter Selbstmitleid und Tränen, weil seine Mama ihm leidtat, wenn er tot war.

Mit der Zeit aber gewöhnte er sich an die Suizidgedanken, die jederzeit abrufbereit in seinem Hinterkopf lauerten und zu einem treuen Wegbegleiter seiner nächsten Jahre wurden.

Der Tod verlor in Hardys Augen seine Schrecken.

Die anfängliche Furcht bei dem Gedanken an ihn verschwand bald. Hardy wusste nun, dass es aus jedem Dilemma einen endgültigen Ausweg gibt. Die Gedanken an den eigenen Tod machten ihn frei.

Der Freitod wurde für ihn zu einem verlässlichen Freund, der ihn nicht im Stich lassen würde. Dessen war er sich sicher. Todsicher.

***

Hardy suchte Herrn Täschner in seinem Dienstzimmer auf.

„Ich weiß, wo meine Schultasche ist", murmelte er zögernd, „ein Kerl hat sie mir weggenommen, der - glaube ich - in der Aufnahmeabteilung wohnt."

„Und warum lässt du dir das gefallen?" schnauzte der Erzieher ihn an und fügte hinzu: „Na gut, dann werden wir deine Tasche jetzt zurückholen."

Betreten ging Hardy neben dem unsympathischen Mann her, ein Stockwerk höher in die Aufnahmeabteilung. Zufällig in der ersten Schlafstube lag der Taschendieb mit voller Bekleidung auf seinem Bett, die Arme hinter dem Kopf verschränkt und sah, mit offenem Mund schmatzend auf einem Kaugummi kauend, gelangweilt zur Decke. Er wandte seinen Blick auch nicht ab, als der Erzieher ihn nach Hardys Tasche fragte.

„Die hat mir der Junge geschenkt", äußerte er respektlos und schloss dabei für einen kurzen Moment träge die Augen, ohne jedoch die Blickrichtung zu ändern.

„Du fiese Ratte", hätte Hardy am liebsten schreien mögen, tat es aber nicht, sondern schüttelte nur den Kopf: „Nein, er hat sie mir weggenommen."

Hardy wunderte sich über die Unverfrorenheit des Pockennarbigen und über die furchtlose Respektlosigkeit, die er dem Erzieher gegenüber an den Tag legte. Das hätte sich Hardy Zeit seines Orfanlebens nie erlauben dürfen. Die Erzieher als absolute Autoritätspersonen forderten von ihren Schutzbefohlenen - dies musste Hardy frühzeitig begreifen lernen - bedingungslosen Respekt. „Schau mich bitte an, wenn du mit mir sprichst", wie oft hatte er diesen einen Satz im Heim schon zu hören bekommen. Und dieser Lümmel lag mitsamt seinen Schuhen einfach auf dem Bett und strafte Herrn Täschner mit gering schätzender Verachtung, indem er gelangweilt zur Decke sah.

Doch was tat der Herr Täschner?

Hardy blickte zu ihm hinüber und wartete darauf, dass dieser loslegte.

Er wartete auf lautes Gebrüll und auf tätliche Angriffe gegenüber dem pockennarbigen Flegel und er erwartete ein Donnerwetter, dass das ganze Haus zusammenlief.

Doch von alledem geschah nichts.

Ließ sich etwa dieser mickrige kleine Erzieher durch die Kaltschnäuzigkeit des bulligen Schlägertyps einschüchtern?

Herr Täschner tat nichts.

„Wenn dir soviel an dieser blöden Tasche liegt, dann nimm sie dir halt wieder. Dort unter dem Stuhl liegt sie", sprach der mit dem Narbengesicht - immer noch zur Decke starrend - und gab so der ganzen Situation eine überraschende Wende.

Hardy hatte seine Tasche wieder und seltsamerweise wurde er in der Folgezeit von dem brutalen Galgenvogel auch nicht weiter bedroht.

XIII

Hardys Einstieg ins Berufsleben war ein Fiasko.

Völlig unaufgeklärt schlitterte er in einen Beruf hinein, der ihm weder Spaß machte, noch seinen Neigungen entsprach.

Die Zeit der Lehre war für ihn - ebenso wie die Zeit im Heim auch - ein sehr lästiges Übel, das er irgendwie hinter sich bringen musste. Total lustlos begann er seine Ausbildung.

Dementsprechend fielen auch seine Leistungen in der Schule aus.

Das Leben wurde für ihn sinnleerer denn je.

Das Heim und der ungeliebte Beruf ergänzten sich vortrefflich. Hardy kam sich vor, als sei er vom eisernen Griff einer überdimensionalen Zange gefangen, welche immer mehr zudrückte und ihn zu zerquetschen drohte. Die Zangenenden, die ihn zermalmen wollten, bildeten auf der einen Seite das Heim und auf der anderen die Lehrfirma.

Ungewollte rutschte Hardy in seinem Betrieb wieder in die ihm sattsam bekannte Rolle des Außenseiters. Zum einen, weil er als Heimkind teilweise Mitleid und deswegen besondere Aufmerksamkeit bei seinen Kollegen erweckte, und zum anderen wegen seiner miserablen Leistungen in der berufsbegleitenden Schule, welche den anderen Lehrlingen sogar als abschreckendes Beispiel vor Augen gehalten wurden. „Seht euch mal diese Note an! Eine glatte Sechs in kaufmännischer Buchführung, so was hat es seit Bestehen unserer Firma noch nicht gegeben.“

Hardy wurde bedauert, an den Pranger gestellt, getadelt und bemitleidet.

Wie schon in der Schule, so war er bald auch im Betrieb nur „einer vom Waisenhaus“. Dieser Makel würde wohl ein Leben lang an ihm haften bleiben.

Bei der Weihnachtsfeier seines Betriebes bekam jeder Mitarbeiter ein Paket gleichen Inhalts überreicht, in welchem ein neuer Arbeitsmantel, eine Packung Lebkuchen und noch ein paar andere nützliche Kleinigkeiten als Dank für die geleistete Arbeit im zurückliegenden Jahr enthalten waren. Hardy bekam - weil er aus dem Waisenhaus kam - als Einziger ein Zusatzgeschenk, nämlich ein Oberhemd, und zwar während der Weihnachtsfeier vor versammelter Mannschaft offiziell überreicht.

Wie edel - und wie peinlich! Abgestempelt kam er sich vor!

Die gut gemeinte Geste der Geschäftsleitung empfand Hardy als demütigend und beschämend. Die Außenseiterrolle schien ihn selbst im Berufsleben nicht verlassen zu wollen.

Beschämend, dass er für diese Sonderbehandlung auch noch Dankbarkeit vortäuschen musste.

Das Orfan, der Beruf, alles kotzte ihn an!

Die ihm als Stift übertragenen Arbeiten führte er nur halbherzig aus. Seitenlange Inventurlisten zum Beispiel, die er mit der Lagerkartei Punkt für Punkt vergleichen und bestandsmäßig berichtigen sollte, hakte er ohne nähere Überprüfung einfach ab. Was interessierte ihn denn die Bestandskartei dieser Firma.

Natürlich kam man ihm auf die Schliche und seine Lage verschlimmerte sich zusehends. Hardy wurde von der zuständigen Firmenobrigkeit zur Rede gestellt, stand aber nur da und sprach kein Wort. Er sah die Leute, die mit ihm reden wollten, nur an und antwortete nicht auf deren Vorhaltungen. Die würden ihn sowieso nicht verstehen, weil sie ja doch nur ihre Bilanzen und Umsatzsteigerungen im Kopf haben. Außerdem brauchten sie ihn auch gar nicht zu verstehen. Die nicht.

Hardy ersparte sich die Antworten und ließ das Donnerwetter still über sich ergehen.

***

Die Lebensfreude wich mehr und mehr aus Hardys Gesicht. Es gab niemanden, der ihn verstand, mit dem er sich mal hätte aussprechen können. So zog er sich immer weiter in sich selbst zurück.

Nolans Theorie vom Berg nahm für ihn auf einmal ganz andere Dimensionen an. Sicher würde er eines Tages aus dem Orfan entlassen werden. Nämlich dann, wenn er den Gipfel des Berges, sprich seine Volljährigkeit, erreicht hatte. Wann das sein würde? Vielleicht in sieben Jahren, wenn er einundzwanzig wird. Sicher noch ein sehr langer, steiniger Weg. Wann er diesen verdammten Gipfel tatsächlich erreichen würde, lag außerhalb von Hardys Vorstellungsvermögen.

Was würde ihn eigentlich erwarten, dort oben auf dem Gipfel?

Der Ausblick auf eine lebenswerte Zukunft?

Oder ein Abstieg? Der Abstieg in ein Leben verkrusteter Denkweisen, mit seelischer Unstabilität im Tornister?

Und der Abstieg in einen ungeliebten Beruf, mit dem er sich nicht anfreunden konnte.

Lohnt es sich überhaupt, den Weg zum Gipfel weiterzugehen?

Wozu eigentlich?

Sein Leben war ihm nichts wert und Aussicht auf Besserung der Lebensumstände konnte Hardy vom Standpunkt seiner Betrachtung aus nirgendwo erblicken.

Gedanklich setzte sich Hardy häufiger mit seinem eigenen Suizid auseinander, welcher mehr und mehr in den Vordergrund rückte und allmählich konkretere Formen annahm. Sein Leben hing nur noch an einem seidenen Faden, namentlich seine Mutter. Allein der Gedanke an sie hielt ihn noch von einer Verzweiflungstat ab.

***

Hardys Wechsel von der Gruppe fünf in die Lehrlingsabteilung brachte nicht nur Umgewöhnungsschwierigkeiten und negative Eindrücke mit sich, sondern hatte durchaus auch ein paar angenehme Seiten.

Das Taschengeld erhöhte sich auf etwa vierzig Mark pro Monat. Oder anders herum ausgedrückt, das Lehrlingsgehalt wurde bis auf einen Rest von etwa vierzig Mark zur Deckung der Heimkosten mit herangezogen. So blieben wöchentlich etwa zehn Mark Taschengeld übrig welches allerdings - um die Lehrlinge nicht zum sinnlosen Verprassen zu verleiten - in zwei Teilbeträgen pro Woche ausbezahlt wurde. Acht Mark am Freitag und zwei Mark am Dienstag.

Den Umgang mit dem regelmäßigen Taschengeld musste Hardy erst noch lernen.

Als Geschenk empfand Hardy es, dass er als Lehrling auf einmal jeden Samstag und Sonntag Ausgang bekam, ohne eine Bestätigung von zu Hause vorlegen zu müssen.

Acht Mark in der Tasche und 'ne Menge angstlose Zeit zur freien Verfügung waren wirklich wie ein Geschenk.

Jetzt durften die neuen Lehrlinge auch ein Fahrrad besitzen und damit offiziell in die Firma oder nach Hause fahren.

Aus alten, besitzlosen Schrotteilen, die im Fahrradkeller umherlagen, baute Hardy sich ein eigenes Rad zusammen. Die fehlenden Teile sparte er sich wochenlang von seinem Taschengeld ab, bis das Unikum endlich fertig war.

Es sah recht lustig aus und wurde von den Kameraden viel belacht. Hinten hatte es den dicken Ballonreifen eines alten Herrenfahrrades und vorne die dünne Schmalspurbereifung einer Rennmaschine. Den wuchtigen zweibeinigen Ständer zwischen den Rädern hatte Hardy von einem alten Moped abmontiert und das ganze Vehikel am Schluss noch mit weißer Ölfarbe angepinselt. Die letzten Märker seines Taschengeldes investierte er in eine schmucke, dröhnende Ballhupe. Erst jetzt war das Rad so, wie es Hardys Vorstellungen entsprach.

Bald merkte Hardy, dass sein Taschengeld für Sonderwünsche zu knapp war.

Da war der ständige Durst, von dem Hardy in den zentralbeheizten Büroräumen seiner Lehrfirma tagtäglich geplagt wurde und gegen den er üblicherweise mit Leitungswasser ankämpfte. Leitungswasser zum Vesperbrot war eine sehr geschmacklose Angelegenheit. Wenn Hardy mal 'ne knappe Mark übrig hatte, kaufte er sich eine Flasche Bier zu seinem Pausenbrot.

Bier schmeckte ihm nicht. Und weil es ihm nicht schmeckte, trank er immer nur ganz wenig und ganz kleine Schlückchen. Dafür reichte es aber länger. Eine Flasche Bier reichte oftmals für eine ganze Woche.

Oder er kaufte sich eine große Flasche Limonade und schlug oben in den Verschluss einen Nagel ein. Durch das hierbei entstandene winzige Löchlein schlürfte Hardy den köstlichen Inhalt tröpfchenweise und sparsam dosiert. So reichte die Limo auch 'ne ganze Weile.

Meistens aber blieb Hardy wieder am Leitungswasser hängen. Sein schönes Geld war ihm viel zu schade, um für Genüsse dieser Art verschwendet zu werden.

In Hardys Büroraum stand direkt neben dem Einfüllstutzen der Rohrpostanlage eine offenbar herrenlose Limonadenflasche, die etwa noch zur Hälfte gefüllt war. Wochenlang musterte er die Flasche, aber sie schien niemandem zu gehören.

„Die hat bestimmt jemand vergessen“, dachte Hardy bei sich.

Ein paar Tage würde Hardy noch abwarten, dann - so nahm er sich vor - würde er die Flasche an sich nehmen und schluckweise leer trinken.

Am nächsten Tag sah Hardy mit Schrecken, wie ein Mechaniker mit dem Inhalt der Flasche die Rohrpostanlage ölte.

Was Hardy für übrig gebliebene Limonade hielt, war Maschinenöl.

Beinahe hätte er in einem unbeobachteten Moment mit der vermeintlichen Zitronenlimo seinen Durst gelöscht. Peinlich, wenn man ihn dabei erwischt hätte.

Für Getränke gab Hardy sehr wenig Geld aus, schließlich wollte er sein Taschengeld für nützlichere Dinge aufheben.

Aber auf eines wollte Hardy nicht verzichten.

Auf seinem Rückweg vom Lehrbetrieb ins Heim kaufte sich Hardy beim Bäcker hin und wieder eine Semmel für zwölf Pfennige.

Noch auf der Straße aß er das trockene Brötchen, welches so gut nach frischem Mehl roch. Ganz langsam aß er es, kaute bedächtig und jedes Mal, bevor er erneut abbiss, roch er daran und atmete tief den Duft der warmen Backstube ein, den die Schrippe noch ausströmte.

So musste ein Brötchen riechen. Das Brot, welches sie im Heim bekamen, roch nach gar nichts. Das Brot eines Multi-Backkonzerns, preisbewusst eingekauft, dafür geschmacksneutral. Aber es sättigte und erfüllte somit seinen Zweck. Doch es roch nach gar nichts.

Hardy erfreute sich an seiner Feierabendsemmel, die genauso köstlich duftete, wie sie schmeckte. Er aß sie so langsam und genussvoll, dass er den letzten Bissen erst herunterschluckte, als das Heim in Sichtweite kam.

Für seine Semmel nach Feierabend blieben von seinem Taschengeld ab und zu ein paar Pfennige übrig. Ansonsten kam Hardy mit seinem Geld nie aus.

War einmal eine neue Hose fällig, so war sein Taschengeld für den Rest des Monats oder manchmal sogar noch länger verbraucht. In dieser Zeit gab's weder eine Flasche Bier oder Limo zum Vesper, noch eine trockene Semmel zum Feierabend.

Dann kam langsam die Ära, in welcher Hardy und seine Altersgenossen die ersten Schnupperbesuche in eine Diskothek unternahmen. Das Leben lockte, aber so ein Besuch in der Disco, war teuer. Ein Glas Cola für vier Mark. Das war die Hälfte des Taschengeldes, welches Hardy freitags ausbezahlt bekam, dennoch gönnte er sich diesen Luxus gelegentlich. Stundenlang saß er dann vor seinem kostbaren Glas Cola und nahm etwa alle dreißig Minuten ein winziges Schlückchen.

***

Alles in allem reichte das Taschengeld also nicht.

Im Heim kursierten deshalb verschiedene Parolen, wie man sich sein knapp bemessenes Geld mehr oder weniger leicht aufbessern könnte. Das reichte von Tipps, wie man Zigarettenautomaten mit einfachen Kniffen dazu überreden kann, mehrere Markstücke auszuspucken, über die Gelegenheit, durch einen Überraschungsüberfall auf die Inhaberin eines Lottogeschäftes ein paar schnelle Scheinchen zu „verdienen", bis hin zu legitimen Vorschlägen, sich schlicht und einfach durch Samstagsarbeit zusätzlich etwas Geld auf ehrliche Art und Weise zu erwerben.

Zugegeben, Hardy hatte alle drei Möglichkeiten nacheinander - wenn auch nur kurz - in Erwägung gezogen.

Den Trick mit den Zigarettenautomaten traute er sich auf offener Straße nicht auszuprobieren. Dazu fehlte ihm die nötige Dreistigkeit. Die Geschichte mit dem Überfall auf einen Lottoladen wollte Hardy auch nicht recht schmecken. „Es ist wirklich ganz einfach!", hatte man ihm erzählt, „das Lädchen gehört einer alten Frau, die sehr schlecht auf den Beinen ist. Du betrittst den Laden, wenn grad kein Kunde drin ist. Blitzschnell springst du über den Tresen, ziehst die obere Schublade auf, die nicht versperrt ist, und grabschst dir einen Packen Geldscheine, den du in die Hosentasche steckst. Dann springst du zurück über den Ladentisch und bist zur Türe wieder draußen, bevor die Alte aus dem Nebenraum hereinkommt."

Nein! Damit konnte sich Hardy auch nicht anfreunden. Eine alte Frau zu bestehlen, ist Unrecht.

Hardy wählte die dritte Möglichkeit.

Samstags morgens ging er zum Güterbahnhof *An den Rampen*, dem so genannten Kohlenhof, wo er sich in die Warteschlangen der Gelegenheitsarbeiter einreihte. Düstere Gestalten waren darunter. Gestrauchelte, verwahrloste Typen, mit äußerst primitiver Ausdrucksweise, die - wie Hardy – ihre Lebensqualität verbessern wollten, sei es auch nur darum, das verdiente Geld schnellstmöglich in Spirituosen zu verwandeln, um den Promillepegel konstant halten zu können.

Anfangs fühlte Hardy sich nicht wohl unter diesen Menschen. Aber sie taten ihm nichts, sondern waren sogar recht freundlich und kameradschaftlich zu ihm. Sie waren allesamt arme Schweine, wie er selbst, wusste Hardy. Immer, wenn er samstags zum Kohlenhof kam, traf er sie dort auch an. Es waren immer die Gleichen. Einfache Leute, die - wie er - einer Randgruppe der Gesellschaft angehörten und die - wie er - kein richtiges Zuhause hatten. Gescheiterte Menschen, deren Biografien aus ihren Gesichtern zu erahnen waren. Irgendwie konnte Hardy sie verstehen, und er fühlte sich bald ein wenig zu ihnen hingezogen.

Alle auf der Straße vor dem Güterbahnhof Umherstehenden bekamen einen Job.

„Bist du schon achtzehn?" Der Mann mit der Frage sah Hardy von oben bis unten an. Er war der Angestellte einer am Kohlenhof ansässigen Speditionsfirma, der die Aufgabe hatte, Arbeitskräfte anzuheuern. „Na klar", antwortete der Fünfzehnjährige, der von seinen Orfankollegen schon auf diese Frage vorbereitet worden war, ohne zu zögern.

„Aha. Na, dann komm mal mit", forderte ihn der Mann von der Spedition auf. Sie schritten auf ein kleines Büro zu, das direkt an den Laderampen lag. Ein weiterer Angestellter in grauem Arbeitsmantel erklärte den Jobsuchenden die Bedingungen: „Jeder von euch kriegt die Stunde drei Mark. Was ihr zu tun habt, sagt euch der Mann im Lager."

Hardy wollte mit den anderen hinausgehen, doch der Kerl im grauen Mantel hielt ihn zurück: „Du bist schon achtzehn?"

„Natürlich!" erwiderte Hardy kess und wusste, dass der Mann ihm nicht glaubte.

„Mir soll's recht sein. Also los, an die Arbeit", sprach der Angestellte und deutete mit dem Kopf in die Richtung, in welcher die Lagerhalle lag.

Dort angekommen bekam Hardy eine Sackkarre in die Hand gedrückt und die Anweisung, riesige Kisten aus einem Güterwagon auszuladen und in die Lagerhalle zu transportieren.

Wenn Hardy sich zwei dieser riesigen Holzkisten auflud, die er gerade noch transportieren konnte, kam der Lagerarbeiter - ein gedrungener unsympathischer Wichtigtuer - daher und lud ihm noch eine obendrauf, sodass er fast unter der Last zusammenbrach.

„Die wollen es dir zeigen, weil du noch nicht achtzehn bist", vermutete Hardy im Stillen. „Aber ich werde denen zeigen, dass ich doch achtzehn bin. Zumindest kann ich arbeiten wie ein Achtzehnjähriger. Das werde ich denen beweisen."

Von Fuhre zu Fuhre wurde die Arbeit beschwerlicher. Die Arme wurden allmählich lahm und schmerzten. Das Kreuz tat ihm weh. Zwei Stunden Schinderei waren erst vergangen. Der Schwung, mit dem er am Morgen an die Arbeit heranging, ließ mehr und mehr nach. Dazwischen das ungeduldige Geplärr des fetten Lageristen, der Hardy und die anderen ständig anmeckerte. Mühsam schleppte Hardy seine Last.

Schwäche überkam ihn, weil er noch nichts gegessen hatte. Im Heim hatte er angegeben, dass er in seiner Firma heute arbeiten müsse, sonst hätte man ihn um sechs Uhr dreißig noch nicht aus dem Hause gehen lassen. Dafür musste er auf sein Frühstück verzichten und dafür war es ihm jetzt flau im Magen.

Um neun Uhr ertönte die schrille Glocke und rief zur Vesperpause. Die Arbeiter zogen sich in eine Ecke der Lagerhalle zurück, um ihre Brotzeit einzunehmen.

Hardy hatte nichts dabei.

Er schlich in der Lagerhalle umher und sah sich um.

Zwischen den bis unter die Decke hoch aufgestapelten Paletten entdeckte er ganz oben eine Kiste mit dem Aufdruck eines marktführenden Zwiebackherstellers.

Vorsichtig blickte Hardy sich um und verschwand zwischen den Regalreihen. Flink wie ein Affe kletterte er an den Kisten hinauf. Oben angekommen riss der den Deckel der Verpackung auf und nahm sich so viel Zwiebackscheiben, wie er in seinen Hosentaschen unterbringen konnte, heraus. Schnell war er wieder herabgeturnt und hockte sich unauffällig in eine Ecke, wo er heißhungrig den Zwieback hinunterschlang.

Die Vesperpause war noch nicht zu Ende. Hardy sah nochmals zu den anderen hinüber, die noch immer auf ihren Plätzen saßen, aßen und Bier tranken. Behände stieg er ein zweites Mal zu seinem Zwiebacklager hinauf und versorgte sich mit Nahrung.

Der Zwieback schmeckte gut und beseitigte Hardys Schwächezustand. Zwischen den Fahrten mit der Sackkarre beschaffte Hardy sich immer wieder Nachschub und konnte so körperlich gestärkt der harten Schinderei standhalten.

Nach fünfstündiger, knochenharter Plackerei hatte Hardy sich fünfzehn Mark verdient.

Das war eine Menge Geld für ihn. Geld, von dem das Heim nichts wusste. Wofür er früh aufstand und ohne Frühstück aus dem Hause ging. Meist war er auch zum Mittagessen nicht mehr rechtzeitig zurück. Wer nicht pünktlich beim Mittagstisch erschienen war, bekam auch nichts zu essen. Also ging Hardy am Nachmittag in eine drittklassige Imbissstube in der Innenstadt, wo er sich eine Currywurst mit Pommesfrites und viel Ketschup drauf einverleibte.

Danach traf er sich mit Freunden aus dem Orfan. Sie lungerten herum und setzten sich am frühen Abend in eine Disco, in der sie die ersten Gäste waren. Bei einem Glas Cola saßen sie bis halb neun, tanzten und flirteten. Dann brachen sie wieder auf, denn um neun Uhr mussten sie ja im Heim zurück sein. Im Dauerlauf rannten sie durch die ganze Stadt und kamen keine Minute zu früh an.

Wer seinen samstäglichen Ausgang bis zur letzten Minute genießen wollte, war natürlich nicht um sechs Uhr beim Abendessen zugegen. Du hattest also die Auswahl zwischen längerem Ausgang oder einem Abendessen um Sechs. Wer danach kam, bekam nichts mehr, selbst wenn noch genug da war. Das Abendessen wurde sehr dürftig beansprucht, denn jeder wollte so lange wie möglich was von seinem kostbaren Ausgang haben.

Doch die Orfan'sche Devise lautete: Fressen *oder* Freiheit.

Was vom Abendessen übrig war, wurde weggesperrt und die Zöglinge mussten hungrig ins Bett.

Die Materialkammer, in der ein Kühlschrank stand, war ein kleiner Raum mit einem Fenster, durch das man von außen hineinsehen konnte, wenn man von der Putzkammer nebenan durch eine Glastür auf den Balkon hinaustrat. Auf dem Kühlschrank lagen die vom Abendessen übrig gebliebenen Semmeln in einem Korb aufgehäuft.

„So eine Gemeinheit", dachte Hardy, „Sauerei". Da liegt das Essen und sie geben dir nichts, aus purer Boshaftigkeit. Diese Schweine.

Wenn sie dir dein Essen nicht geben, dann musst du dir's halt holen", ersann Hardy einen Plan.

Das Fenster der Speisekammer stand in Kippstellung. Der Zwischenraum zwischen Fensterflügel und Fensterrahmen bot gerade so viel Platz, dass man mit der Hand seitlich in die Öffnung hineingreifen und unter Verrenkung des Handgelenks mit den Fingerspitzen den Griff erreichen konnte.

Nach Einbruch der Dunkelheit versuchte Hardy sein Glück. Er fingerte solange am Fenstergriff herum, bis dieser sich um eine viertel Drehung verstellen ließ. Das genügte. Das Fenster löste sich aus seiner Kippstellung und baumelte nun lose an einem Ende des Beschlages. Hardy sah sich um.

Das Unterfangen war nicht ganz ungefährlich. Neben der Materialkammer lag unmittelbar das Erzieherzimmer. Das leiseste Knacken hätte den Diensthabenden auf den Balkon gelockt. Auf der anderen Seite, im rechten Winkel zu Hardys Standpunkt, lag die Fensterfront des Kinderheimes. Vier Stockwerke hoch und mit unzähligen Fenster, die ihn wie tausende neugieriger Augen beobachten konnten, ohne dass er es bemerkt hätte.

Hardy entdeckte nichts Auffälliges und hielt immer noch den ausgehängten Fensterflügel mit der Hand fest. Behutsam kletterte er daraufhin durch die Fensteröffnung und versuchte nun, den Flügel von innen wieder einzuhängen, was ihm auch gelang. Sodann fiel er über die Semmeln her. Er schnappte sich so viel Brötchen, wie er unter dem Nachthemd verbergen konnte, schob sich noch ein paar Wurstscheiben aus dem Kühlschrank in den Mund und trat den Rückweg an, immer die Angst im Nacken, erwischt zu werden.

Ehe er durch das Fenster zurück auf den Balkon stieg, äugte er vorsichtig zum Bau der Kinderabteilung mit den vielen Fenstern hinüber und lauschte in die Nacht. Alles war still, die Luft schien rein zu sein. Auf dem Balkon duckte sich Hardy hinter die Brüstung und sicherte noch einmal nach allen Seiten seinen Rückzug. Den Kipp- und Drehflügelbeschlag hatte er zuvor so eingestellt, dass er das Fenster von außen mit der Hand zuziehen konnte. Das Fenster war zwar dadurch nur angelehnt, erweckte aber auf den ersten Blick den Eindruck, als sei es verschlossen.

Durch den Dienstwechsel am nächsten Tag würde niemand danach fragen, ob das Fenster gekippt, oder aus Versehen nur angelehnt war, sofern es überhaupt auffallen sollte.

Mit den Semmeln unter seinem Nachthemd sah Hardy aus wie ein australisches Beuteltier. Doch zum Glück sah ihn ja keiner. Leise schlich er zurück in sein Zimmer und legte sich ins Bett.

Die Semmeln verteilte er unter dem Kopfkissen und aß sie nacheinander, trocken wie sie waren, genüsslich auf. Satt und wunschlos schlief er schließlich auf den Krümeln in seinem Bett ein.

Die Woche darauf bereitete Hardy seine samstäglichen Semmelklau-Aktionen generalstabsmäßig vor. Bereits einen Tag zuvor erbat er sich unter einem Vorwand Einlass in die Vorratskammer und drehte in einem unbeobachteten Augenblick den Fenstergriff so, dass er das Fenster in der Nacht zum Sonntag, von außen nur noch aufzudrücken brauchte.

So genehmigte Hardy sich regelmäßig das, was die Erzieher den ihnen anvertrauten Schutzbefohlenen vorenthielten, nämlich Ausgang bis neun Uhr und trotzdem Abendessen, also Fressen *und* Freiheit. Auch wenn's nur trockene Semmeln waren.

Am Sonntagmorgen wurden die vom Abendessen des Vortages übrig gebliebenen Essensreste an die Küche zurückgegeben und landeten dort nicht selten im Schweineeimer.

***

Klauen und beklaut werden gehörten im Orfan zum Alltag.

Geklaut wurde alles, was nicht niet- und nagelfest war. Wolltest du frühmorgens in den Fahrradkeller und dein Rad herausholen, so fehlte einmal nicht nur ein Ventil oder die Luftpumpe, sondern ein andermal das ganze Vorderrad oder manchesmal sogar der Sattel. Damit du schließlich nicht zu spät in deine Arbeitsstelle kommst, bedienst du dich halt schnell am Fahrrad, das daneben steht. Der Besitzer dieses Fahrrades wird, wenn er dich nicht vorher erwischt hat, es ebenso machen und die Kette setzt sich somit fort.

Kleidungsstücke wurden dir aus deinem Schrank gestohlen, wenn du vergessen hast, ihn abzuschließen. Selbst wenn dein Spind verschlossen war, so wusste dennoch jeder, wie man die Türe mithilfe eines Löffelstiels aufhebelte. Vor Dieben war also überhaupt nichts sicher.

Sein Bruder Andy besuchte Hardy einmal und schenkte ihm ein kleines Transistorradio. Es war wunderschön, aber verstieß ganz klar gegen Vorschriften des Heimes.

Er versteckte also das Taschenradio unter seinem Pullover und begab sich in den Aufenthaltsraum, in welchem eine Glasvitrine mit einer kleinen überalterten Bibliothek darin stand. Hardy suchte nach einem großen dicken Buch, das seinen Zwecken dienlich sein könnte, und fand schließlich ein abgegriffenes Lexikon, welches in Form und Größe seinen Vorstellungen entsprach.

Sodann machte er sich ans Werk. Er entfernte das Gehäuse des Gerätes, sodass er nur noch das blanke Innenleben vor sich hatte. Die Chassisteile zerstampfte Hardy mit dem Fuß in kleine Bruchstücke und verteilte sie in den Mülleimern im Hof.

Während seine Kameraden draußen spielten, bastelte er an seiner Konstruktion. Er schlug das Buch auf und blätterte ein paar Seiten um, bis zu der Stelle, wo die Riesenschlange Anakonda erläutert wird: „Die in Wassernähe lebende Anakonda ist der größte Vertreter aller Boaschlangen"; las Hardy interessiert, „die Gattung Eunectes murinus soll angeblich bis zu 9 Meter lang werden; ihr Verbreitungsgebiet erstreckt sich vom Amazonasgebiet ... und so weiter und so fort."

Aber es war nicht der informative Inhalt des aufschlussreichen Lexikons, den Hardy hier auswerten wollte. Gerade eben dieser lehrreichen Substanz wollte sich Hardy nun entledigen, um das Buch für seine Zwecke umzuwandeln.

Mit einer Rasierklinge schnitt er aus jeder Seite des Buches ein längliches Rechteck so heraus, sodass ringsum ein etwa vier Zentimeter breiter Rand stehen blieb. Seiten für Seiten bearbeitete Hardy in mühevoller Kleinarbeit mit der Rasierklinge solange, bis im Innern des Bandes allmählich eine ausreichend große Vertiefung entstand. Die übrig gebliebenen Ränder der zerschnittenen losen Seiten verklebte Hardy miteinander, sodass aus dem Inhalt des Buches regelrecht eine Schatulle wurde. In diesem neu gewonnenen Raum versenkte Hardy nun das technische Innenleben des Transistorradios.

Äußerlich sah das Ganze nach wie vor wie ein ganz normales Lexikon aus. So getarnt war der Empfänger vor Diebstahl und Beschlagnahme gesichert.

Das Buch legte Hardy mit zwei oder drei anderen Büchern auf sein Nachtkästchen und kein Mensch durchschaute das Geheimnis, welches sich darin verbarg.

Aufgeflogen ist die ganze Geschichte sehr viel später.

Hardys Freund Nolan brachte von zu Hause einen Plattenspieler mit, was natürlich illegal war. Hardy und Nolan, sowie die Mitbewohner ihrer Schlafstube warteten also ab, bis abends alle Lichter verlöscht waren. Danach wurde der Plattenspieler hervorgeholt und unterm Bett angeschlossen. Sie verklebten das Schlüsselloch mit einem Heftpflaster und machten das Licht wieder an. Daraufhin wurden die neuesten Scheiben aufgelegt. Gefühlsselig hörten sie den „Lords" zu, wenn sie von ihrem *Poor boy* oder von *Greensleeves* sangen, lauschten verzückt dem *House of the Rising Sun* in der Rock-Version von *Alan Price* oder den Protest-Songs von *Bob Dylan* und den Rock'n'Roll-Klängen der *Rolling Stones.*

Mit einem Male sprang laut berstend die Zimmertüre auf und flog krachend gegen den dahinter stehenden Schrank. Herr Täschner stand mit drohender Gebärde unter dem Türrahmen und wunderte sich über das Licht im Raum. Hatte er doch von außen bei seiner obligatorischen Schlüssellochpatrouille keinen Lichtschein feststellen können. Er sah hinter die Türe und entdeckte das Heftpflaster, welches er mit einem wütenden Ruck entfernte.

Dieser Moment genügte Nolan, um mit einem blitzschnellen Griff unter sein Bett die Saphirnadel von der Platte zu heben. Augenblicklich war es still im Raum. Herr Täschner ging wütend im Schlafraum hin und her. Sein dünnes Haar war zerzaust. „Ich will das Musikgerät haben!" brüllte der kleine Mann. „Raus damit, aber schnell, sonst könnt' ihr auf der Stelle was erleben!"

Die Burschen sahen sich gegenseitig betreten an und Nolan wollte, sich soeben nach seinem Plattenspieler unterm Bett bücken, da hielt ihn Hardy, der ihm gegenüber auf der Bettkante saß, am Arm fest.

„Lass nur, ich mach das schon."

Sodann griff er nach dem zweckentfremdeten Lexikon auf seinem Nachtkästchen, stand auf und streckte es dem blöde dreinblickenden Erzieher entgegen.

„Du willst mich wohl verarschen", brüllte Herr Täschner noch lauter als vorher, „was soll das?"

Wortlos schlug Hardy das Buch auf und blätterte bis zu der Seite mit der Anakonda. Er blätterte um, schaltete mit geübtem Griff das versenkte Radio ein und klappte den Buchdeckel wieder zu. Musik ertönte. Das klingende Nachschlagewerk übergab Hardy dem staunenden Erzieher.

Dieser fing sich jedoch schnell wieder aus seiner Überraschung: „Du und du," dabei deutete er mit seiner krummen Nase nacheinander erst auf Nolan, dann auf Hardy, „ihr beide dürft das Treppenhaus kehren! Und zwar jetzt sofort!"

Mit dem trällernden Buch unterm Arm stakste er davon.

„Der spinnt wohl, jetzt Treppenhaus kehren? Nachts um zehn Uhr?" Nolan sah Hardy entrüstet an.

„Dann geh'n wir halt" antwortete Hardy und zog die Schultern hoch.

Zu zweit nebeneinander begannen sie, von oben herab das riesige Treppenhaus zu kehren. Den Dreck kehrten sie einfach unter dem Geländer hindurch in die Tiefe. Überhaupt nahmen sie die ganze Sache nicht ernst und kehrten sehr oberflächlich. Sie übersprangen ganze Stockwerke und kehrten zwischendurch wieder ein paar Stiegen. Die Treppenhausbeleuchtung schaltete sich immer wieder aus, aber sie kehrten im Dunkeln weiter, machten ihre Witze und schalteten das Licht hin und wieder an. Das Kinn auf den Besenstiel gestützt erzählten sie sich spaßige und ernste Geschichten. Am meisten mussten sie aber über sich selbst lachen, wie sie mit ihren langen gräulich-weißen Orfannachthemden, schlotternd vor Kälte, mit den Besen herumhantierten und wirklich ulkige Figuren abgaben.

Irgendwann kam der Heimleiter ins Treppenhaus und fragte die beiden, was das soll.

„Wir müssen die Treppen kehren", lautete die Antwort wie aus einem Munde.

„Was? Jetzt nachts um elf Uhr?", wunderte sich der Heimleiter.

„Ja, das hat uns der Herr Täschner aufgebrummt", antwortete Nolan.

„Los, verschwindet jetzt in euer Bett! Gute Nacht!", befahl der Direktor jovial.

Die beiden Nachtgeister schlappten in ihre Gruppe.

Ordnungsgemäß wollten sie sich bei Herrn Täschner zurückmelden. Doch aus dessen Zimmer drang kein Licht mehr. Den Finger schon zum Klopfen angesetzt, hielt Hardy inne. Er drehte seinen Kopf zur Seite und drückte sein Ohr fest an die Tür. Von drinnen waren gleichmäßige Schnarchgeräusche zu hören.

"Der schläft schon", flüsterte er Nolan leise zu.

„Was?" empörte sich Nolan halblaut. Noch ehe er weiterreden konnte, packte Hardy ihn am Arm und schob ihn beiseite.

„Der blöde Sack schläft schon", entrüstete sich Nolan weiter „und uns lässt er die halbe Nacht das Treppenhaus kehren. Da hätte ich mich ja genauso gut auch ins Bett legen können!"

„Was soll's", zuckte Hardy die Achseln, „du bist hier eben bloß der Arsch."

Als sie wieder im Bett lagen, flüsterte Nolan: „Du, Alter!"

„Was ist denn noch? Lass' mich doch endlich schlafen.", gähnte Hardy müde zurück.

„Danke, wegen dem Plattenspieler. Du weißt schon", wisperte Nolan und fügte hinzu: „Wenn du mal von hier abhauen willst, sag's mir, ich gehe mit dir."

Hardy drehte sich um, zog sich die Bettdecke über den Kopf und war wenig später fest eingeschlafen.

***

Herr Täschner war wegen seiner perfiden Tricks sehr gefürchtet.

Zwar hatte niemand wirklich Respekt vor ihm, aber aufgrund seiner unberechenbaren Arglist überkam einem in seiner Nähe ein unangenehmes Schaudern, sodass man es vorzog, ihm weitestgehend aus dem Weg zu gehen.

Dennoch lächelte er dich immer süßlich an. Kamst du mal zwei Minuten zu spät vom Ausgang zurück, so bat er dich freundlich in sein Zimmer und zeigte vollstes Verständnis für deine Ausreden:

„Ja, die Straßenbahn. Ich weiß schon, wie das ist. Komm, setz dich doch erst mal hin." Und er lächelte dich an.

Folgtest du seiner Aufforderung und nahmst ahnungslos Platz, so schlug er dich ohne Vorwarnung links und rechts ins Gesicht, weil es dem kleinwüchsigen Mann leichter fiel, wenn du nicht vor ihm standest, und weil du im Sitzen keine Möglichkeit zum Zurückweichen hattest.

Oder er ließ seinen Schlüsselbund fallen, nach dem du dich wohl erzogen bücktest, um ihn aufzuheben, dafür bekamst du von unten einen Schwinger auf die Wange verpasst, respektive in schwerwiegenderen Fällen sein Knie in die Fresse.

Andersherum kam es aber auch vor, dass er dir am Samstag oder Sonntag in der Früh freundschaftlich seinen widerwärtigen Arm um die Schultern legte und er dich mit unechtem Lächeln fragte, ob du ein Stück Kuchen magst. Wenn du seine Fiesheit nicht durchschaut hast, sagtest du vielleicht: "Ja, gerne, vielen Dank." Und er lächelte dich an.

Aber die Bedingung, für die du den Kuchen angenommen hattest, ließ nicht auf sich warten, denn im Heim kriegst du ja schließlich nichts umsonst.

„Könntest du bitte mein Bett machen und das Zimmer aufräumen? Wärst du bitte so nett", hörtest du dann die süßliche Stimme des Herrn Täschner, die sich vor Freundlichkeit fast zu überschlagen drohte. Und auf einmal wollte dir auch der Kuchen nicht mehr so recht schmecken.

Ein zweites Mal wirst du auf diesen niederträchtigen Trick jedenfalls nicht mehr hereinfallen. Doch der Herr Täschner wird es immer wieder versuchen. Und immer wieder in der gleichen Reihenfolge. Er legt dir freundschaftlich den Arm auf die Schulter und fragt säuselnd, ob du ein Stück Kuchen willst und du sagst: „Nein danke, ich bin satt".

Herr Täschner wird sich ein neues Opfer suchen und ihm lächelnd seinen widerwärtigen Arm um die Schultern legen.

***

Der besondere Clou war jedoch der Ferienaufenthalt mit Herrn Täschner.

Ein Zeltlager im Allgäu. Während die Burschen in niederen Zweimannzelten schlafen mussten, wohnte Herr Täschner in einem noblen Bungalowzelt.

Nach dem Aufstehen am Morgen jagte er die Burschen in den nahen Fluss zwecks morgendlicher Wäsche und Abhärtung. Selbst im strömenden Regen. Und es regnete fast unaufhörlich während der 14 Tage des Ferienlagers.

Aber nicht etwa, dass Herr Täschner mit gutem Beispiel voranging. Nein, mit Gummistiefeln, Regenmantel und Schirm bewehrt, stand er am Ufer neben den frierenden Heimkindern und gab seine Kommandos.

Die Jungen dagegen standen mit freiem Oberkörper und dicker Gänsehaut in Reih und Glied bei strömendem Regen bis zu den Knöcheln im Wasser des Lechs.

Beim Zähneputzen bildete sich allmählich ein langes Rinnsal von dem Schaum, den zwanzig nebeneinander stehende Jungen ausspuckten. Die letzten in der Reihe, die flussabwärts standen, und an denen die immer breiter gewordene Schaumspur träge vorbeizog, fanden in den kalten Fluten kaum noch eine saubere Stelle, wo sie ihre Zahnputzbecher zum Nachspülen hätten eintauchen und auffüllen können.

Die Ferien mit Herrn Täschner verliefen sehr aktionsarm. Ihm fehlte jegliches Geschick, die Jungs zu motivieren oder sinnvoll zu beschäftigen. Das Zeltlager durfte nicht verlassen werden, außer wenn gemeinschaftliche Wanderungen auf dem Tagesplan standen.

Nicht nur wegen des Dauerregens war jeder froh, als die Ferien vorüber waren.

***

Das Leben in der Lehrlingsabteilung pendelte zwischen stinklangweiliger Eintönigkeit und nervenaufreibenden Aufregungen hin und her.

Hardy ging seinem Beruf nach, den er nicht liebte, dafür glaubte er, jederzeit aus diesem Leben scheiden zu können.

Mit diesem Glauben stand er nicht alleine da.

Da gab es einen Jungen in seiner Gruppe, der - im Gegensatz zu Hardy - offen von seinen Suizidabsichten sprach.

Die Mitbewohner der Abteilung nahmen ihn nicht ernst, oder sie interessierten sich nicht für das, was der Norbert Klein erzählte.

So geschah es an einem Freitag. Die Lehrlinge marschierten abends mit ihren Nachthemden, das Handtuch um den Hals, zu den Duschräumen im Keller. Die übliche Prozedur nahm ihren Lauf.

Erst warm duschen, dann kalt.

Schon während des Duschens fiel dem Erzieher, Herrn Jordan, auf, dass einer fehlte. „Wo steckt der Klein? Dem werd' ich später mal was erzählen, wenn der glaubt, aus der Reihe tanzen zu müssen", brüllte er in den dampferfüllten Duschraum hinein und jeder merkte, wie seine Laune sich schlagartig verschlechterte.

Hatte Herr Jordan schlechte Laune, so gab's in der Gruppe nichts mehr zu lachen. „Solange ich hier Dienst hab', drückt sich keiner vorm Duschen, damit das ein für alle Mal klar ist", stieß er fluchend hervor. Dabei kontrollierte er die Buben einzeln nacheinander, ob sie sich ordentlich gewaschen hatten, indem er sie grob an Schultern und Armen anpackte, mit dem Daumen fest an bestimmten Stellen in der Armbeuge oder am Hals rubbelte und die Gehörgänge der Ohren genauestens sichtete. Die Burschen mussten sich nackt vor ihm um die eigene Achse drehen und wurden von oben bis unten auf Herz und Nieren geprüft. Von den Fußsohlen angefangen über die Fersen, die Kniekehlen und natürlich die Hände innen und außen, bis hin zum Hals und hinter den Ohren wurde jeder Quadratzentimeter Haut sprichwörtlich unter die Lupe genommen.

Und nach dem Duschen standen noch die obligatorischen Schrankkontrollen bevor.

„Das wird wieder ein Freitagabend", seufzte Hardy still in sich hinein, „so richtig zum auf und davon laufen. Von wegen 'Schönes Wochenende'. Ganz schön beschissen ist das alles."

Als alle mit dem Duschen fertig waren und die Reinlichkeitsprüfungen bestanden hatten, ging die Gruppe wieder geschlossen nach oben. Herr Jordan sperrte die Türe auf und die Jungen stürmten in den langen Gang der Lehrlingsabteilung.

Entsetzt blieben sie abrupt stehen, als einer das Licht angeknipst hatte. In der Mitte des Flurs lag der Norbert in einer riesigen Blutlache. Er lag auf dem Bauch, das Gesicht mit der Nase an die Sockelleiste der Wand gepresst und den linken Ärmel hochgeschoben, wobei die vielen Einschnitte der Rasierklinge oberhalb des Handgelenks zu sehen waren. Rhythmisch im Takt seines Pulsschlages quollen kleine Blutschwälle aus den frischen Schnittwunden heraus. Der arme Kerl in seinem Blut bot ein jämmerliches Bild des Grauens, das den umherstehenden Kindern unter die Haut ging.

Nicht so jedoch dem Erzieher.

Nachdem der den vermeintlichen Selbstmörder wieder aufgepäppelt, verarztet und ihm den Arm verbunden hatte, schlug er ihm ins Gesicht.

Norbert, physisch und psychisch stark lädiert, schrie erbärmlich. Vom Schrecken des Abends immer noch ganz benommen, liefen die anderen Kinder herbei und mussten mit ansehen, wie der arme Norbert laut heulend aus dem Erzieherzimmer herauslief, gefolgt vom tobenden Erzieher, welcher ihn nach wenigen Schritten einholte, ihn an den Schultern packte und an die Wand drückte. Herr Jordan schlug auf den Burschen ein, der seine Arme schützend über den Kopf und vor den Leib hielt. Das Blut sickerte aus dem Verband seines linken Unterarmes und tropfte auf den Boden. Norbert kreischte wie am Spieß.

Im Nu war das Blut überall. Die Wand war verspritzt und der Fußboden verschmiert.

Herr Jordan brüllte: „Schreib' dir bitte eines ganz deutlich hinter die Ohren! Wenn dich hier jemand ins Jenseits schickt, dann bin ich das!“

Mit diesen Worten ließ er von seinem Opfer ab, verschwand in seinem Dienstzimmer und knallte die Türe zu.

Zurück ließ er einen Haufen verstört dastehender Kinder, die mit dieser Situation nicht fertig wurden.

Hardy war erschüttert. Er bekam Angst vor dem Erzieher.

„Selbst wenn du dich umbringen willst, weil du die Scheiße hier nicht mehr ertragen kannst, wirst du auch noch bestraft dafür“, grübelte er. „Ein versuchter Selbstmord, als Notschrei der Seele, würde also von vornherein ausscheiden. Wenn du wirklich für immer „abhauen“ willst, muss es beim ersten Mal klappen - todsicher!“

***

Hervorgehoben durch die sonst alltägliche Langeweile machte sich eine Unsitte im Heim breit, und zwar das Tätowieren der Haut. Eine gewisse Vorbildfunktion übte darin Herr Maiwald, der Seemann aus, wenn auch ungewollt, denn auf dessen Brust war ein rätselhaftes, geheimnisvolles Motiv eingraviert.

Die Heranwachsenden entwickelten in ihrem altersbedingten Imponiergehabe einen eigenen Schönheitssinn, was das Einritzen von Hautzeichnungen betraf. Alle möglichen und unmöglichen Motive zierten die Haut an allen möglichen und unmöglichen Stellen. Der eine oder andere Körper stellte mit der Zeit ein wandelndes Bilderbuch dar.

Das Tätowierfieber griff bald auch auf Hardy über. Es setzte sich in seinem unreifen Hirn fest und wollte nicht mehr loslassen. Hardy besorgte sich Nähnadeln, die er mit einem Bindfaden zusammenschnürte, um eine größere Einstichwirkung zu erzielen.

Eines Tages, als die Gelegenheit günstig schien, fügte Hardy sich im Küchenraum seiner Abteilung die Verletzungen seiner Haut selbst bei. Über der blauen Flamme des Gasherdes erhitzte er vor jedem Stich die zusammengebundenen Nadeln, die er daraufhin in normale Schultusche eintauchte. Die heißen, tuschegetränkten Nadeln stach er sich Punkt für Punkt in seinen linken Unterarm, bis die Pigmente allmählich das Bild eines Ankers erkennen ließen.

Welche Verletzungsfolgen sich durch sein unsachgemäßes Hantieren hätten ergeben können, darüber war Hardy sich in diesem Augenblick seines Tuns überhaupt nicht bewusst.

Auch nicht darüber, dass er sich ein Leben lang seiner Tätowierung schämen würde.

***

Offensichtlich durch einen Luftzug, der das Fenster aufdrückte, fiel eines Tages im Erzieherzimmer eine Topfpflanze vom Fensterbrett herunter auf den Fußboden. Herr Täschner hatte Dienst, war aber gerade nicht in seinem Zimmer. Der Blumentopf war zersprungen, von der Dieffenbachie waren ein paar Blätter abgeknickt und Erdkrümel bedeckten den Boden. Wütend entdeckte Herr Täschner - als er das Zimmer betrat - die Bescherung und verdächtigte, nicht etwa den Wind, sondern jemanden aus seiner Abteilung.

Wutentbrannt ordnete er außerplanmäßige Schrankkontrollen an.

Die Schränke entsprachen in puncto Ordnung natürlich nicht den so unvorhersehbar aufgetretenen Anforderungen.

Reihenweise räumte Herr Täschner die Spinde aus.

Auch Hardys Spind war darunter. Sein ganzes Hab und Gut lag auf dem Boden zu einem einzigen Haufen aufgetürmt. Hardy wischte seinen Schrank sauber und begann, Stück für Stück zusammenzulegen und wieder einzuräumen.

Als er fast fertig war, bemerkte er den Verlust seines Rasierapparates. Sein nagelneuer, elektrischer Rasierapparat, mit schönem, schwarz gepolsterten Etui, in dem, wenn man es aufklappte, sich ein kleiner Spiegel befand. Den Rasierer hatte Hardy vor einem Monat erst von seiner Schwester zu Weihnachten geschenkt bekommen.

Rasieren musste er sich zwar noch nicht, dennoch war er sehr stolz auf dieses Geschenk gewesen. Wertvoll und schwer fühlte sich die schwarze Schatulle in seinen Händen an. Er erfreute sich an dem edlen Anblick und fing nach und nach an, die schüchternen Ansätze seines Kinnflaumes zu barbieren. Es war einfach schön, einen eigenen elektrischen Rasierapparat zu besitzen.

Aber nun war er weg.

Während Hardy mit dem Einräumen seines Spinds beschäftigt war, hatte der Dieb in einem unbemerkten Augenblick die schwarze Box an sich genommen.

Hardys erster Rasierapparat war geklaut. Er war zutiefst enttäuscht und sehr traurig darüber.

Sofort ging er zum Erzieher, um den Diebstahl anzuzeigen.

„Da musst du auf dein Zeug schon besser aufpassen", entgegnete Herr Täschner ihm vorwurfsvoll und setzte noch eins drauf: „Wenn du deine Sachen so offen herumliegen lässt, musst du damit rechnen, dass etwas verloren geht."

Hardy steigen vor ohnmächtiger Wut die Tränen in die Augen. Du fiese Drecksau, dachte er, wegen deinem Scheiß Blumentopf machst du so einen Aufstand und wegen dir wurde nun mein Rasierapparat geklaut. Das wirst du mir noch einmal büßen. Hardys Wut stieg ins Unermessliche, doch wie immer ließ er sich nichts anmerken. Er würde sowieso nur den kürzeren ziehen. War er doch schon mehrmals Zeuge davon, wie sich die Erzieher - nicht selten zu Zweien - als Zuchtmeister betätigten, wenn einer der Zöglinge glaubte, gegen den herrschenden Befehlston rebellieren zu müssen.

Widerstandslos zog er es vor, den Zorn in seinem Bauch und die Hassgefühle nicht zu äußern, weil er allzu gut begriffen hat, dass sich seine Situation dadurch nur verschlimmern würde. Wieder schluckte Hardy die unverdaulichen Brocken seines Hasses und seiner Wut, die in seinem Innern die Grundlage zu seelischen Krankheiten bildeten, hinunter.

Hardy ging in sein Zimmer.

„Hier bleib' ich nicht länger", heulte Hardy in sich hinein, während er sich auszog und ins Bett legte.

Er hasste diesen Gnom von einem Erzieher, er hasste alle Erzieher und er hasste dieses Heim.

Sein Körper bebte vor Wut und der aufgestaute lähmende Hass, dem er willenlos ausgeliefert war, ließ ihn in dieser Nacht lange keinen Schlaf finden.

XIV

In den Morgenstunden des 24. Januar 1967 wurde ein Mann im Hof der Wollenweberstraße 7 in Rostock an einem Baum mit einer Wäscheleine stranguliert aufgefunden.

Aus den Angaben der Volkspolizei Rostock und dem Sektionsbericht des *Instituts für Gerichtliche Medizin* der Universität Rostock war Folgendes zu entnehmen: Leiche eines 53-jährigen Mannes in mäßigem Ernährungszustand; als Todesursache wurde eindeutig Erhängen festgestellt; die Wäscheleine lag doppelt um den Hals, die Beine berührten den Boden nicht; ein Abschiedsbrief wurde vorgefunden; im Bereich einer Gesichtsnarbe in Stirnmitte wurde ein kleinerer Metallsplitter (vermutlich Granatsplitter) gefunden; der Mann hatte links ein Glasauge.

Vom Tode seines Vaters hat Hardy nie etwas erfahren in seiner isolierten Orfanwelt. Und natürlich auch nicht, welche Gedanken ihn dazu getrieben hatten, den gebrochenen Mann, aus dessen vernarbten Gesichtszügen wohl jeder Hoffnungsschimmer gewichen war und der alles, was in dieser Welt so lebenswert und wichtig erscheint, verloren hatte: seine Gesundheit, seine Familie, seine Kinder, seinen Kampf ums Überleben.

***

Dafür teilte man ihm einige Tage später mit, dass nun auch noch seine Schwester Mariele aus dem Orfan fortgeschickt worden ist.

Ohne Vorankündigung und ohne Abschied.

Was war passiert?

Es war gerade Anfang Februar, also inmitten des Schuljahres, als man sie fortschickte. Nach Maria-Rosenberg hatte man sie verlegt, hieß es. Dorthin wo schon seine anderen beiden Schwestern Waltraud und Ingrid untergebracht waren.

Aber warum man sie fortschickte, erfuhr Hardy nicht.

Als er jedoch von der Verlegung seiner Schwester hörte, fasste er einen Entschluss: „Hier bleib' ich jetzt auch nicht länger."

Weswegen man die Karteikarte seiner Schwester Mariele nun auch noch umsortieren musste, hatte man ihm nicht erklären können oder wollen. Es war ihm zu dieser Stunde auch gleich.

„Ich verschwinde hier. Lautlos und bei Nacht und Nebel", entschloss er sich.

Und bei „Nacht und Nebel", im wahrsten Sinne des Wortes, brach Hardy auf.

Bekleidet mit Halbschuhen, einer dünnen Stoffhose, unter dem Hemd einen leichten Unterziehpulli und darüber ein Jackett, stahl er sich davon.

Schneefrei war die Februarnacht zwar, aber bitterkalt.

Vom Abendessen steckte er sich drei Schmalzbrote in seine schwarze Kollegmappe, nahm noch einen Sprachführer für „Spanisch" mit - denn er wollte zu seiner Schwester Edeltraud, die seit etwa einem Jahr in Barcelona verheiratet war – und wartete den Einbruch der Dunkelheit ab, ehe er davonschlich.

Stadtauswärts suchte er den Weg, der zur Bundesstraße Richtung Stuttgart führte.

Hardy war voller Zuversicht, als er loszog. „Du kommst durch", hielt er sich immer wieder vor Augen.

Den kleinen Kragen des Jacketts schlug er hoch und knöpfte es bis oben hin zu, um die Kälte abzuwehren.

Die Kollegmappe unter den Arm geklemmt, die Hände tief in den Taschen vergraben, marschierte er forsch und hatte bald den Stadtrand erreicht.

Nachdem er die letzten Häuser und binnen Kurzem auch die letzte Straßenlaterne hinter sich gelassen hatte, tappte er in völliger Finsternis die Bundesstraße entlang.

Bei den seltenen Autos, die zu jener späten Stunde an ihm vorbeifuhren, hob er jedes Mal den Daumen in die Höhe.

Doch es erbarmte sich keiner. Niemand hielt an.

Hardy lief weiter und fror. Zunächst an den Ohren und allmählich am ganzen Körper. Die Kälte kroch in alle Öffnungen seiner Kleidung. Er konnte gar nicht so schnell laufen, um sich warm zu halten.

Darüber hinaus musste er seine Kräfte gut einteilen.

Der schwarze Wald links und rechts der Fahrbahn strahlte eine Unheimlichkeit aus, so, als ob er nachts etwas verbergen würde, was am Tage gar nicht so geheimnisvoll erschien.

„Seltsam", dachte Hardy, „dass man den Wald während der Nacht mit anderen Augen betrachtet, als am Tag." Er ließ sich aber von der Furcht, die der dunkle Wald mit seinen schwarzen Schatten ihm einflößen wollte, nicht beeindrucken. Er hatte einen Weg, und dieser blöde schwarze Wald wird ihn nicht davon abbringen.

Hardys Füße marschierten auf der endlosen Kante des Fahrbahnrandes entlang. Schritt für Schritt vom Orfan weg. Die B-Vierzehn wand sich über Hügel und Felder hinweg, schlängelte sich durch Täler hindurch und streifte immer wieder nachtschwarze Wälder.

Dazwischen hin und wieder die Lichter eines Autos, welche die Landschaft für einen Moment aufhellten.

Hardy hob den Daumen.

Ein schwerer Sattelschlepper fuhr vorbei.

Die Bremslichter leuchteten auf.

Schon setzte Hardy sich schneller in Bewegung, um das Führerhaus des offenbar anhaltenden Lasters zu erreichen, als von hinten das Lichterpaar eines weiteren Fahrzeugs näher kam. Die Bremslichter des Lastautos erloschen und laut brummend nahm dieser wieder seine Fahrt auf. „So ein Pech“, maulte Hardy vor sich hin. „Der hätte mich bestimmt mitgenommen. Bis Stuttgart vielleicht oder bis zur Grenze oder vielleicht gar nach Südfrankreich oder Spanien.“

Erbärmlich frierend wanderte Hardy weiter durch die Nacht.

Erneut näherten sich die Scheinwerfer eines Automobils und erneut hob Hardy den Daumen. Ein ganzes Stück rollte der Wagen vorüber, hielt plötzlich aber doch an.

Ein Mann beugte sich über den Beifahrersitz hinüber, öffnete einladend die Türe und rief dem Anhalter zu, der eilig herbeigelaufen kam: „Ich fahre bis Ansbach, bis dorthin kann ich Sie mitnehmen.“ „Da will ich auch hin“, log Hardy und stieg ein. „Das ist nett, dass Sie angehalten haben.“

Die Limousine fuhr an. Das Autoradio spielte leise.

Obwohl es im Wagen warm war, zitterte Hardy am ganzen Körper.

Der freundliche Autofahrer versuchte, mit ihm ins Gespräch zu kommen.

Hardy, der keinen Verdacht erwecken wollte, log etwas von einer Tante, die er in Ansbach besuchen wollte.

Während er sprach, hatte er Mühe, sein Zähneklappern zu vertuschen. Er schlotterte noch immer vor Kälte.

Langsam verwob er sich mit seinen Antworten in einem Geflecht von Lügen, sodass der Mann, welcher das Auto lenkte, bald die Unterhaltung abbrach und keine Fragen mehr stellte. Hardy war froh und lauschte der leichten Unterhaltungsmusik des Radios.

Das Fahrzeug rollte fast lautlos die Straße hinab talabwärts in den Kessel, in dem die Stadt Ansbach liegt, und am gelben Ortsschild vorbei.

„Wo wohnt denn Ihre Tante? Wo kann ich Sie rauslassen?“, fragte der Fremde.

„Gleich an der ersten Straßenkreuzung“, antwortete Hardy, der in Ansbach völlig unkundig und nie zuvor dort gewesen war. Der Mann hielt sein Auto an, Hardy bedankte sich und stieg aus. „Ein seltsamer Vogel“, mag der Autolenker bei sich gedacht haben, „der Mitten in der Nacht eine Tante besuchen will, die es womöglich gar nicht gibt.“

Der Wagen bog an der Kreuzung links ab.

Hardy stand da und sah sich um, dann lief er stadteinwärts weiter. Erst jetzt merkte er, wie wohltuend die Wärme in dem Fahrzeug war. Während er einen Schritt schneller ging, öffnete er den Reißverschluss seiner Aktentasche unter seinem Arm und tastete nach einem eingewickelten Brot.

Die Straßen der Stadt leuchteten hell.

Hardy aß sein Brot und lief, doch die Kälte hatte ihn sehr schnell eingeholt.

Er lief an einem riesigen, schlossähnlichen Komplex vorbei, an dessen Portal ein Schild mit der Aufschrift *Regierung von Mittelfranken* stand, und fand bald einen Richtungsweiser, der ihm den Weg, zu „seiner" Bundesstraße zeigte.

Am Ortsende von Ansbach, wo die Straße gerade ihre letzten Laternen passiert, sah Hardy rechter Hand schräg vor sich ein Polizeifahrzeug auf einem Parkplatz stehen. Zielstrebig ging er vorbei. Die zwei Polizisten im Wagen sahen ihn vorübergehen.

„Jetzt ist es aus", grübelte Hardy und setzte unbeirrt seinen Weg fort, ohne den Kopf zur Seite zu drehen. „Gleich werden sie aus dem Auto steigen und mir dumme Fragen stellen." Es ist ja auch ungewöhnlich, dass ein Junge zu mitternächtlicher Stunde zu Fuß stadtauswärts in eine Richtung läuft, in der kilometerweit kein Haus, geschweige denn ein Dorf zu erwarten ist.

Hardy war schon klar, dass das auffällig war. Jeden Moment erwartete er das Klicken der Autotüren und, dass die Polizeibeamten auf ihn zutreten und ihn ansprechen würden.

Unbehelligt konnte er den Streifenwagen hinter sich lassen. Er wunderte sich, dass ihn die Polizisten vorüberziehen ließen. Als er einige Meter vom Polizeifahrzeug entfernt war, hörte er hinter sich das Anlassen und Starten des Motors, drehte sich um und sah, wie der Wagen wendete und stadteinwärts fuhr.

Hardy war wieder allein.

Allein mit seiner Kälte und allein mit seiner Bundesstraße.

Das Dunkel der Nacht verschluckte ihn.

Müde und frierend bewegte er sich vorwärts. „Du schaffst es. Du musst es schaffen", hielt er sich wieder und wieder vor Augen.

Doch seine anfängliche Zuversicht schwand unter dem Einfluss der eisigen Kälte und der ihn mehr und mehr überkommenden Müdigkeit. Schleppenden Schrittes tappte er durch die Finsternis der Nacht, vorbei an den schemenhaften Rändern der Waldung. Vor ihm, in der Ferne, tauchten die spärlichen Lichter eines Gehöfts auf.

„Da werde ich fragen, ob ich übernachten darf", dachte Hardy bei sich.

Er lief und lief auf die Lichter zu. Es dauerte lange, bis er den Bauernhof erreichte und als er ihn endlich erreicht hatte, fand er doch nicht den Mut, anzuklopfen, denn es fiel ihm keine plausible Erklärung ein, was er den Leuten hätte erzählen können.

Der warme Lichtschein, der heimelig aus den Fenstern drang, gedämpft durch die zugezogenen Vorhänge, lockte Hardy an und versprach ein Stück Geborgenheit, Schutz vor der Kälte und vielleicht ein kuscheliges Bett.

Aber die Wärme und Behaglichkeit galt nicht ihm. Er war ein Fremder, ein Landstreicher. Ihn würde man fortjagen. Oder man würde die Polizei rufen, weil er die Leute in ihrer Behaglichkeit bedroht, ihnen Angst macht, als Fremder, der nachts an der Türe klingelt. Zögernd wanderte Hardy weiter und sah sich noch einmal um, nach den erleuchteten Fenstern, hinter denen trauliche Geborgenheit zu wohnen schien.

Wie ein obskurer Schatten strolchte er vorwärts, an abgeernteten Feldern vorüber, auf denen kalt und weiß dicker Raureif funkelte. Auf den Äckern waren große Holzstangen zu wigwamartigen Gestellen zusammengebündelt aufgestellt. Sie boten zwar kaum einen wirkungsvollen Schutz gegen den Frost, dennoch wollte sich Hardy für einige Augenblicke darunterlegen und ausruhen.

„Nur ein paar Minuten", überlegte er. „Von der Straße dürfen sie dich nicht sehen. Ein Stückchen laufe ich noch, dann werd' ich mich hinlegen. Nur für einen Moment."

Trotzdem pilgerte er weiter, obwohl sich seine Gedanken nur um eines drehten: „schlafen, nichts als schlafen."

Wie viele Stunden er schon marschiert war, wie viele Kilometer?

Er wusste es nicht. Er wusste nur eines, er wollte schlafen.

Dennoch legte er sich nicht nieder. Vielleicht eine innere Stimme, die ihn davon abhielt, sich niederzulegen und ihn möglicherweise vor dem sicheren Erfrierungstod bewahrt hat. Müde schleppte er sich voran.

Er war abgehauen, weil sie ihm seine letzte Schwester auch noch weggenommen haben, und er war abgehauen, weil sie seine Familie kaputtgemacht haben, und er war abgehauen, weil sie seinen Gerechtigkeitssinn mit Füßen getreten haben.

Weit weg wollte er. Weg vom Heim und weg von den gefühllosen Erziehern.

Doch jetzt, müde und frierend, sehnte er sich nach einer warmen Stube und nach einem Bett.

Sein Bett im Heim stand leer.

Wenn das Orfan außer liebloser Gefühlskälte auch sonst nichts zu bieten hatte, weder Nestwärme und Geborgenheit, noch Liebe oder Vertrauen und guten Willen, so gab es zumindest dort für Hardy ein eigenes Bett, welches jetzt leer stand und das ihn augenblicklich vor den grimmigen Minusgraden dieser Februarnacht hätte schützen können.

Ein entsetzliches Gefühl von Einsamkeit überkam ihn.

Immerzu lief er am äußersten Rand der Fahrbahn entlang,

Einzelne Lichter tauchten am nachtschwarzen Horizont auf. Die Straße führte direkt darauf zu.

„Ein Dorf", freute sich Hardy verhalten. „Dort werd' ich nach einer Übernachtungsmöglichkeit fragen. Aber was soll ich bloß erzählen? Geld habe ich keins. - Mir wird schon noch was einfallen."

Im Ort angekommen, sank sein Mut wiederum und er suchte in Seitenwegen und Gässchen nach Fenstern, aus denen noch ein Lichtschein herausdrang. Dann stand er unschlüssig davor, ängstlich und mutlos und genierte sich schließlich abermals, anzuklopfen. Sicher würden ihm die Leute nur Misstrauen entgegenbringen oder den Hofhund auf ihn hetzen.

Also entschloss er sich, weiterzugehen.

Die Turmuhr der Dorfkirche schlug ihm die Uhrzeit: eine Stunde nach Mitternacht.

Müde taumelnd wanderte Hardy wieder zum Dorf hinaus, an kahlen Äckern vorüber und durch dunkle, unheimliche Wälder hindurch. Schwarz geteert wie die Straße waren der Wald und die Nacht.

Nach einer Weile schritt er erneut auf den kargen Lichterschein einer kleinen Ansiedlung zu, die einige Kilometer vor ihm im Dunkel der Nacht zuerst schwach und allmählich immer deutlicher zu erkennen war. Diesmal würde er es wagen.

Die Straße wand sich in einem Bogen durch das Dorf.

Rechts der Fahrbahn lag eine Wirtschaft, deren Fenster hell erleuchtet waren und deren Eingangstüre weit offen stand. Hardy stieg die drei Steinstufen empor und trat in den Flur. Niemand begegnete ihm. Er ging an der Türe zur Gaststube vorbei, aus der dumpfes Gemurmel drang. Am Ende des Gangs wies ein kleines Schild zu den Toiletten.

Hardy folgte dem Pfeil, öffnete die Aborttüre und klappte den Deckel des WC herunter. Er verriegelte die Türe von innen und setzte sich auf die Kloschüssel. Das Örtchen war schön warm. Hardys Zehen bitzelten in den Schuhen. Behutsam öffnete er den Reißverschluss seiner schmalen Kollegmappe und holte sein letztes Schmalzbrot hervor. Er biss von dem kalten Brot und tastete nach einer bequemen Sitzposition, während er sich zurücklehnte. Im Eck der kleinen Kabine verlief ein Heizungsrohr, welches seinen Rücken angenehm wärmte. Die Füße stemmte er gegen die vordere Holzwand und saß so in einer einigermaßen kommoden Schräglage. Unterdessen er sich aufwärmte und sein Brot aß, fühlte er sich fast wieder richtig wohl.

Mit dem angebissenen Fettbrot in der Hand nickte er ein.

Laute Geräusche weckten ihn plötzlich aus seinen Träumen. Im ersten Augenblick seines Erwachens glaubte er sich im Orfan, während der Morgenstunden, wo sie auch jeweils sehr geräuschvoll geweckt wurden. Als er jedoch die Augen aufschlug, erinnerte er sich sofort seiner Situation. Jemand rüttelte von außen an seiner Klotüre und bewegte den Türgriff mehrmals heftig nach unten. Eine laute Stimme rief: „Willi! Bist du da drin?“

Geistesgegenwärtig hielt sich Hardy eine Hand vor den Mund und murmelte ein undeutliches „Ja Ja“.

Zu seiner Überraschung war der Krachmacher vor der Türe damit offenbar zufrieden und verschwand wieder.

„Hier kann ich nicht bleiben“, beschloss Hardy.

Vor seiner Kabine war wieder alles ruhig. Leise drehte er die Verriegelung in der Toilettentüre auf, klemmte sich seine schwarze Tasche unter dem Arm fest und lugte hinaus. Im Flur war alles ruhig.

Angestrengt horchte er in die Stille und huschte dann vorsichtig an der Gaststube vorbei. Diesmal drang seltsame Geräuschlosigkeit durch die Tür.

„Eigenartig, diese Ruhe“, dachte Hardy noch und steuerte auf den Ausgang zu.

In diesem Moment hörte er hinter sich das Öffnen einer Tür und eine Stimme, die ihn ansprach: „He, Sie, was machen Sie da?"

Hardy drehte sich um. In der nun offen stehenden Türe des Gastraumes hatte sich ein älterer, etwas dicklicher Mann mit einer ledernen, braunen Halbschürze um den Bauch aufgebaut. Neben ihm einige weitere Männer, deren Gesichter er im Halbdunkel allesamt nicht erkennen konnte.

„Entschuldigen Sie bitte, ich war nur eben mal schnell auf der Toilette", sprach Hardy und verließ das Haus, ohne eine Reaktion des Gastwirtes abzuwarten. Als er die Eingangsstufen hinunterstieg, riefen ihm die Männer noch unflätige Bemerkungen hinterher. Eilig entfernte sich Hardy weg von dem Wirtshaus. Er sah sich nicht mehr um und ging schnurstracks auf der Bundesstraße zum Ortsende hinaus.

Die Kälte kroch ihm sofort wieder von oben in den Kragen und hatte ihn im Nu vollkommen eingehüllt.

Während er lief, trauerte er seiner schönen warmen Toilette nach.

Völlige Dunkelheit umgab ihn.

Nach einer Weile hörte er plötzlich das leise Summen eines Motors, welches allmählich immer lauter wurde. Es klang wie das Motorengeräusch eines Autos, jedoch die Straße vor und hinter ihm blieb dunkel. Sonst war es immer zuerst der Lichterschein, der sich lange vor dem Motorengeräusch eines heranfahrenden Autos ankündigte, aber jetzt? Keine Scheinwerfer, die sich näherten.

Das Brummen des Motors verstummte mit einem Male. Hardy blieb stehen und lauschte in die Dunkelheit.

Nichts war zu sehen.

Vorsichtig ging er weiter, während er sich ängstlich umsah.

Der dunkle, schwarze Wald reichte an diesem Teilstück links und rechts besonders dicht an die Fahrbahn heran. Die Baumkronen hingen - soviel konnte Hardy gerade noch erkennen - so dicht über die Straße, dass sie sich in der Mitte berührten.

Wieder blieb er stehen. Es war unheimlich. Absolut nichts war zu hören.

Beklommen tasteten seine Sinne nach allen Seiten.

Es herrschte Grabesstille. Nur sehr langsam ging er weiter, angestrengt den nächtlichen Geräuschen des Waldes lauschend.

Jedes auch noch so leise Rascheln registrierte er mit allergrößter Anspannung.

Er hatte Angst.

Die Straße vor ihm verschwand in einem schwarzen Loch. Über ihm, zwischen den Baumwipfeln, konnte er den tiefschwarzen Himmel erahnen.

Zaghaft tastete er sich voran.

Laufend sah er sich um. Doch da war nichts.

Hardy wollte schneller gehen, aber seine Schritte waren wie gelähmt. Seine Angst steigerte sich ins Unermessliche, als plötzlich ein paar Meter vor ihm zwei dunkle Gestalten aus dem Nichts auftauchten. Er erschrak zutiefst und blieb wie erstarrt stehen.

Ein Schauer lief ihm über den Rücken. „Das ist ein Albtraum! Nein, das darf nicht wahr sein. Du träumst“, schoss es ihm durch den Kopf.

Ehe er richtig kapierte, was los war, blendete ihn das grelle Licht einer Taschenlampe und auf einmal packten ihn kräftige Arme mit geübtem Griff und hielten ihn fest. Seine Tasche flog zu Boden.

„Mitkommen, Polizei“, hörte Hardy einen der Männer sagen und sein entsetzlicher Schreck wich allmählich einem Gefühl aufkommender Erleichterung.

Die Männer führten ihn zu einem Wagen, der seitlich der Straße völlig im Dunkeln abgestellt war.

Restlos erleichtert war Hardy aber erst, als einer der beiden Männer das Standlicht des Fahrzeugs einschaltete und Hardy anhand der Uniformen und der weißen Aufschrift auf der Fronthaube des dunkelgrünen Volkswagens sicher sein konnte, dass dies tatsächlich die Polizei war.

Im Scheinwerferlicht wurde er wie ein Schwerverbrecher nach Waffen abgetastet, während der andere zurücklief, seine Kollegmappe holte und deren Inhalt durchsuchte.

„Die Beschreibung trifft zu“, sprach der eine Polizist, der nach Hardys Schätzung mindestens drei Zentner wiegen musste. „Junger Mann, circa einundzwanzig Jahre alt, circa einen Meter und achtzig groß, schlank, mit dunklen, kurz geschorenen Haaren“, las der zweite Polizist aus einem kleinen Notizbuch vor.

„Steigen Sie ein“, forderte der dicke Polizist Hardy auf, öffnete die rechte Tür seines Dienstfahrzeugs und klappte die Rückenlehne des Beifahrersitzes nach vorne, damit Hardy in den Fond des Wagens steigen konnte. Der schlanke, jüngere Polizist setzte sich ans Steuer, während der Dreizentnermann auf dem Beifahrersitz Platz nahm. Unter seinem wuchtigen Rücken gab die ächzende Lehne derart nach, dass Hardys Raum auf der Rücksitzbank immer enger wurde und seine Knie regelrecht eingequetscht waren.

Die Scheinwerfer der grünen Minna tasteten sich durch das Dunkel der Nacht, den Weg, den Hardy gekommen war, zurück zum „Goldenen Hirschen“.

In der Gastwirtschaft herrschte helle Aufregung.

„Ja, das ist der Kerl“, rief der Mann mit der Schürze um den Bauch, als die zwei Polizisten mit Hardy in ihrer Mitte in die Schankstube eintraten. - „Ja, das stimmt“, erhärtete einer der herumstehenden Männer die Aussage des Gastwirtes. - „Das kann ich auch bestätigen“, nickte ein Weiterer zustimmend mit dem Kopf.

Mitten in das empörende Gemurmel fuhr der Wirt fort: „Wissen‘s Herr Wachtmeister, das war so. Pünktlich zur Sperrstund‘ wollt‘ ich meine Wirtschaft abschließen. Bei den Toiletten hab‘ ich gemerkt, dass da noch wer drin war. Dann hab ich den Willi sein‘ Namen gerufen, weil ich glaubt hab‘ der Willi, ich meine der Herr Kunze, is da drinnen. Aber die Stimme, die mir durch die Klotür geantwortet hat, war nicht vom Willi. Das hab ich gleich gmerkt. Und wie ich zurück bin in die Wirtsstube, war der Willi noch da g'hockt.“

„Ja, das stimmt", unterbrach der Mann neben dem Wirt dessen Schilderung und nickte heftig ein paar Mal mit seinem Kopf.

Der Mann mit der Schürze erzählte aufgeregt weiter: „Wie wir dann so dastanden und überlegten, was wir tun sollten, der Willi und ich, kam der Fremde, ich meine dieser Kerl da, aus dem Abort und ging schnurstracks zur Tür da hinaus." Mit ausgestrecktem Arm deutete der Wirt fahrig auf Hardy und rief: „Der hier wollte sich in meiner Wirtschaft einschließen lassen und mich dann ausrauben!"

„Ja, das stimmt, das glaube ich auch", stotterte der Mann hervor, welcher der Willi sein musste.

Die Luft im Gastraum stank nach Bierausdünstung und Raucherqualm.

„Das ist doch alles überhaupt nicht wahr", entgegnete Hardy halblaut, wurde aber sofort durch die lauten Stimmen der Gäste unterbrochen.

Dem dicken Landpolizisten gelang es schließlich, für Ruhe zu sorgen und an Hardy ein paar gezielte Fragen zu richten.

„Ja, es ist schon richtig, dass ich heute Nacht hier auf der Toilette war. Aber nur, um mich aufzuwärmen", murmelte Hardy gedrückt.

„Du Lump! Aufwärmen nennt man das heute!", plärrte der Wirt ihn an.

„Euch Halbstarke müsste man einsperren und erst einmal das Arbeiten beibringen, bevor ihr nachts herumlungert", fuhr er barsch fort.

"Ruhe bitte!" ermahnte der dicke Schutzmann den Wirtshausbesitzer und wandte sich an Hardy. „Sie geben also zu, heute Nacht hier auf der Toilette gewesen zu sein?"

"Ja", nickte Hardy und fügte eilig hinzu: „Aber ich wollte mich wirklich nur aufwärmen", wusste freilich auch sofort, dass die ihm sowieso nicht glauben würden. Wieso sollten sie ihm auch glauben?

Mittlerweile war es ihm auch völlig egal, was sie glaubten und was sie nicht glaubten.

„Ich bin aus dem Waisenhaus abgehauen und seit gestern Abend auf den Beinen", erzählte er kleinlaut.

Mit einem Male herrschte betroffenes Stillschweigen im Saal. Die aggressive Stimmung, die bislang feindlich gegen Hardy gerichtet war, schlug um, und verwandelte sich unvermittelt in Freundlichkeit. „Warum hast du das denn nicht gleich gesagt?" fragte der Wirt auf einmal teilnahmsvoll. „Du hättest doch bei mir übernachten können."

„Jetzt ist es zu spät", dachte Hardy. Woher hätte er wissen können, dass der Wirt ihm ein Quartier gewährt hätte. Vielleicht hätte er ja auch nicht, wenn Hardy bei ihm angeklopft und ihn um einen Schlafplatz angebettelt hätte, ohne einen Pfennig Geld in der Tasche.

Die Polizisten tippten zum Gruß mit den Fingerspitzen der rechten Hand an ihre Mützen, und nahmen den vermeintlichen Einbrecher mit. Im Hinausgehen klopfte der Gastwirt kameradschaftlich auf Hardys Schulter und senkte wie entschuldigend den Kopf.

Hardy zuckte die Achseln und folgte den Vollzugsbeamten zum Wagen.

Wie schon zuvor nahm er auch diesmal im Fond des dunkelgrünen VW-Käfers Platz und wie zuvor zerquetschte ihm der Koloss in Uniform schier die Beine, als der sich in den Beifahrersitz sinken ließ. Der Polizeiwagen fuhr jetzt in die Richtung, in die Hardy eigentlich weitermarschieren wollte.

Doch hier war seine Wanderschaft beendet.

Er wagte es kaum, sich auf dem Rücksitz zu bewegen. Jede Straßenunebenheit veranlasste den Beifahrersitz unter dem Gewicht des Dicken nachzufedern und noch mehr auf Hardys geschundene Schienbeine zu drücken. Er hätte am liebsten vor lauter Qual aufschreien mögen. Da er es aber gewohnt war, selbst in ungünstigsten Situationen seine Schmerzgefühle nicht zu äußern, tat er es auch diesmal nicht. Schließlich war er ja festgenommen worden, von der Polizei, was für ihn gleichbedeutend war, wie Heimkind zu sein und daher keine Rechte zu besitzen.

Der Streifenwagen fuhr auf der Bundesstraße durch den Forst, an einsamen Gehöften vorbei, zwischen den Häusern eines kleinen Dorfes hindurch, und blieb letztendlich in Feuchtwangen vor der Polizeiinspektion in der Ringstraße stehen.

Hardy durfte aussteigen und rieb seine schmerzenden Kniescheiben.

Die Polizisten führten ihn ins Haus.

Das grellweiße Neonlicht in den Amtsstuben erschreckte Hardys Augen.

Die wachhabenden Männer waren sehr freundlich und zeigten großes Verständnis für seine Lage. Sie teilten mit ihm ihre Pausenbrote und führten ihn - nachdem er ihr Vesper gierig und hungrig verschlungen hatte - in den hinteren Teil des Gebäudes, zu den Zellen.

„Aha;“ grübelte Hardy, „hinter der Zellentüre hört also das Verständnis auf. Sie zeigen zwar Einfühlungsvermögen für deine Situation, trauen dir indessen dennoch nicht über den Weg.“

Hardys Zelle war ein großer, hell erleuchteter und kahler Raum, welcher vom restlichen Teil des Zimmers nur durch ein riesiges Eisengitter abgetrennt war. Somit konnte jede Handlung des Gefangenen von den Dienst habenden Beamten jederzeit beobachtet werden.

Die ebenfalls aus massiven Eisenstäben bestehende, Tür innerhalb der Vergitterung schloss sich mit einem stählernen Klicken und verdeutlichte damit das Ende von Hardys Flucht.

Die flache Pritsche an der Wand war hart, doch die Zelle war warm. Hardy faltete die graue Decke, welche am Fußende lag, auseinander, legte sich so, wie er war, auf die Liegestatt und kuschelte sich in sich selbst zusammen.

„Morgen werden sie dich zurückbringen ins Heim, und der ganze Scheiß geht weiter wie bisher. Oder du haust nochmal ab, dann verschlimmerst du deine Lage und sie stecken dich in eine andere Erziehungsanstalt. Auf deine Karteikarte drücken sie einfach den Stempel SCHWER ERZIEHBAR und rechtfertigen so ihre Handlungsweise. Dann geht's dir wie dem Andy. Du hast einfach keine Chance, keine Rechte - bist eben nur ein Heimkind.“

Während Hardy so über seine augenblickliche Lebenslage nachdachte, war er eingeschlafen. Die Müdigkeit war stärker, als seine nutzlosen Gedanken.

***

Das durch die Gitterstäbe des Fensters hereinfallende Tageslicht und die rege Betriebsamkeit in der Polizeiwache weckten Hardy aus seinem unruhigen, viel zu kurzen Schlaf. In der Dienststelle war Schichtwechsel.

Trübselig setzte er sich auf die Bettkante und ordnete seine Gedanken.

Das Fenstergitter warf karoförmige Schatten auf den Boden direkt vor Hardys Füße. Draußen erwachte das Leben auf den Straßen.

Hardy stand auf und reckte seinen entmutigten Körper.

Seine misslungene Flucht deprimierte ihn.

Die Vorstellung, ins Orfan zurückzumüssen, stieß ihn bitter auf. Ein Polizist kam und sperrte seine Zellentür auf, nachdem er ihn freundlich begrüßt hatte. Dann schob er ein Tablett herein: „Ein Frühstück aus unserer Krankenhausküche der Herr. Wie war die Nacht?"

„Geht schon", brummte Hardy zurück.

„Ein besseres Quartier haben wir auf die Schnelle nicht auftreiben können", scherzte der Uniformierte augenzwinkernd, „ich hoffe, Sie waren trotzdem zufrieden und beehren uns gerne mal wieder." Sodann ließ er das Gitter erneut zuschnappen.

Die Kollegen der Sonntagsschicht waren ebenso freundlich und nett wie die von der Nacht. Sie schafften es, Hardy mit ihren Witzeleien etwas aufzumuntern.

***

Schließlich wurde Hardy abgeholt. Vom Direktor des Heimes persönlich. Die Zelle öffnete sich und Hardy war wieder „frei".

Im Orfan verlief alles wie vorher.

Zu Hardys Verwunderung wurden ihm für seinen Ausbrecher keine großmächtigen Vorhaltungen gemacht. Das war sonderbar, denn bereits für viel kleinere Delikte wurde man zur Rede gestellt und mit Moralpredigten und Strafen überhäuft.

Hardy fasste dieses Nichtbeachtetwerden seiner Tat als Warnung auf, die ihm sagen will: Versuch's noch einmal, Junge, dann kommst du fort.

Hardy wusste genau, dass seine Flucht dilettantisch und kopflos war. Es war ihm auch klar, dass es eine impulsive Reaktion auf mehrere zusammentreffende Ereignisse war, die in seinem emotionsgeladenen Hirn keinen Raum für eine nüchterne Vorbereitung und zielgerichtete Planung seiner Flucht zuließen.

Kaum jemand merkte, dass Hardy abgehauen war. Seine Flucht dauerte nur eine Nacht und spielte sich von Samstag auf Sonntag ab. Am Montag ging er wieder arbeiten, als ob überhaupt nichts gewesen wäre.

Nur im Orfan wurde Hardy manchesmal aufgezwickt: „Nicht jeder, der hier abhaut, schafft es bis Feuchtwangen."

Das stimmte sogar.

Hardy kannte viele nette Kerle, die aus dem Heim ausgerissen waren und über deren Schicksal er nie mehr etwas erfahren hatte.

Ob sie geschnappt wurden? Man wusste es nicht.

Sicher wurden sie alle wieder eingefangen und zur Verwahrung in eine der berühmt-berüchtigten Erziehungsanstalten *Voccawind*, ins *Moor* oder sonst wohin verbracht. Es lebe die Pädagogik.

Für das Wochenende nach seiner nächtlichen Wanderschaft bekam Hardy Ausgangssperre.

Ein Wochenende ohne Ausgang ist hart. Du hängst im Heim herum und langweilst dich. Deine Kumpels gehen alle fort und du bist ganz allein.

Der Erzieher hat nichts zu tun und lässt sich - zum Glück – kaum blicken. Wenn er sich aber blicken lässt, gibt's nicht selten Zoff. Du verkriechst dich in dein Zimmer, setzt dich auf dein Bett und spielst auf der Gitarre eines Kumpans die *Streets of London* oder *Where have all the flowers gone*.

Der Erzieher hört vom Gang aus die Rhythmen deines Plektrums, bricht lautstark in die Bude herein und scheucht dich mit den Worten auf: „Wenn es dir langweilig ist, dann gehst du jetzt sofort runter und kehrst den Hof! Und wenn du damit fertig bist, meldest du dich wieder bei mir! Also, verschwinde!"

Angeödet erhebst du dich, stellst die Gitarre ins Eck und bewegst dich gerade so schnell aus dem Zimmer, dass der Erzieher dir nicht in den Hintern tritt. Missmutig kehrst du in sehr gemäßigtem Tempo den Hof und denkst nicht im entferntesten daran, dich bei ihm wieder zu melden, nur, um freiwillig weitere Sonderaufgaben entgegenzunehmen. Der Hof ist groß, also wirst du halt nicht fertig.

Auch dieses Wochenende ging vorüber und was blieb, war die Vorfreude auf das nächste Wochenende - ohne Ausgangssperre.

Leider - wie eben das Leben im Orfan so spielte - bekam Hardy an dem Wochenende danach ebenfalls Ausgangssperre:

***

Es war Freitag, als Herr Täschner während des Abendessens durch die Tischreihen ging und Haarschnitt und Haarlänge der Burschen kontrollierte.

Damals, in den Sechziger Jahren, waren die *Beatles* oder die *Rolling Stones* nicht nur mit ihrer Musikrichtung tonangebend, sondern leiteten auch in der Haarmode eine neue Epoche ein. Für die Jugendlichen in aller Welt übten diese und andere Rock- und Popgruppen eine Art Vorbildfunktion aus.

Den heranwachsenden Orfanbuben war eine eigene, freie Entscheidung beispielsweise auch hinsichtlich ihrer Haarpracht strikt unterbunden. Ein Nacheifern der Jugendbewegungen auf der ganzen Welt wurde im Orfan - selbst wenn es sich nur um ein paar harmlose Zentimeter Haartracht gehandelt hat - unter Strafe gestellt.

Eine individuelle Lebensform war nicht zugelassen.

Freitags wurden am Abend also nicht nur die Schränke kontrolliert, sondern auch - und hiervon hing unter anderem das Schicksal des bevorstehenden Wochenendes ab - die Köpfe der Zöglinge. Jedes noch so kleine Löckchen, welches sich hinter dem Ohr auch nur andeutungsweise zu kräuseln wagte, wurde zum Fallstrick und bedrohte die Freiheit des kommenden Wochenendes.

Natürlich tastete man sich an die Grenzen des Erlaubten heran und war froh um jeden Zentimeter Haarlänge, um den man den Erzieher bescheißen konnte. Vor dem Abendessen wurde das ja trotz allem noch sehr kurze Haar mit dem nassen Kamm glatt gekämmt, um einen Friseurbesuch vorzutäuschen. Der Hemdkragen wurde etwas niedergeschoben und der Hals während der Kontrolle in die Höhe gereckt. Manchmal kam man damit durch, doch spätestens eine Woche später war man sowieso fällig.

Die Erzieher sorgten schon dafür, dass es nicht zu Übertreibungen hinsichtlich der Haarlänge kam. Vorgeschrieben war der Fassonschnitt und kein Millimeter mehr.

Dem Orfan stand in der Nähe ein linientreuer Friseur zur Verfügung, bei dem sich die Kinder gegen Gutschein einen - den Vorschriften mehr als entsprechenden - Haarschnitt abholen konnten.

Diese „Rasur“ zeichnete die Heimkinder allerdings auch vom Rest der freien Welt deutlich ab. Als Jugendlicher war man daher nicht sonderlich erpicht auf diese Haarfrisur „gegen Krankenschein“, wie sie verächtlich bezeichnet wurde und ging lieber zu einem Friseur seiner Wahl, den man allerdings von seinem Taschengeld bezahlen musste.

***

Diesmal hat es also Hardy erwischt.

Ausgangssperre!

Ein weiteres ausgehfreies Wochenende stand ihm bevor.

Aber dieses Wochenende ging ebenso vorbei, wie auch manch andere Erlebnisse vorübergingen. Erträgliches und Unangenehmes wechselten sich im Orfan täglich, ja oft fast stündlich ab. Es war ein ständiges auf- und nieder.

Mitunter, bei guter Führung, erhielten die Lehrlinge – was zwar nicht oft vorkam - eine Sonderbehandlung in Form eines Freigangs nach dem Abendessen. Selbstverständlich unter Aufsicht des Erziehers. Natürlich auch nur dann, wenn sich während des Abendessens keine Zwischenfälle ereigneten.

Bei der zumeist sehr niedrig angelegten Toleranzgrenze der Erzieher - die zudem noch von der jeweiligen Laune des Tages abhängig war - genügten schon sehr geringe Anlässe, um den angekündigten Abendspaziergang abzublasen.

„Vergesst nicht, ihr seid hier schließlich in einer Erziehungsanstalt“, wurde den Zöglingen gerne vorgehalten.

„Wieso eigentlich Erziehungsanstalt“, überlegte Hardy, „das klang ja etw so wie Zuchthaus für Kinder.“

Hardy war sich keiner Schuld bewusst, er hatte nichts verbrochen, wof man ihn in eine Besserungsanstalt hätte stecken müssen.

Als man ihn ins Heim einlieferte, war er noch nicht einmal fünf Jahre alt. Und was kann ein Fünfjähriger schon für gefährliche Straftaten begangen haben, dass man ihm nun vorwarf, er sei schließlich nicht ohne Grund hier.

Trotz seiner Empörung zeigte Hardy wie immer keine Regung. Seinem Ärger oder seiner Entrüstung Luft zu machen, hat im Orfan noch keinen gut getan, war eine von Hardys einprägsamen Lebenserfahrungen.

Zwischendurch klappte es aber auch mal, dass der versprochene Abendspaziergang tatsächlich durchgeführt wurde.

Der Erzieher führte die Meute, die sich dennoch in kleine Grüppchen unterteilte, in die Altstadt, durch den Burggraben und in angrenzende Stadtviertel.

Von der Gefahr, innerhalb einer dieser Grüppchen ungewollt in ein kriminelles Delikt verstrickt zu werden, war Hardy dabei mehrmals bedroht gewesen.

Die Cliquen zogen sich auseinander, die Abstände wurden immer größer. Dann wurde auf der Straße geraucht, die Krägen der Jeansjacken hochgeschlagen, mitunter auch mal andere Jugendliche herausfordernd angepöbelt. Man fühlte sich wie eine Einheit und unheimlich stark.

Plötzlich fand sich Hardy inmitten einer strafbaren Handlung wieder. Wie die Halbstarken standen sie im Kreise herum, rauchten und plauderten, als einer aus dem Haufen mit einem Male anfing, an einem abgestellten Motorrad herumzuhantieren. Hardy wollte ihn abhalten, doch Bobby, ein riesenhafter Mischling, warnte ihn scharf: „Hast wohl die Hosen voll? Pass lieber auf, dass keiner kommt!“

Währenddessen Hardy Schmiere stand und sich ängstlich umsah, allerdings in der Hoffnung, dass tatsächlich bald einer auftauchen und sie verscheuchen würde, tat sich binnen Kurzem wirklich ein Fenster auf und ein Kerl - möglicherweise der Besitzer der Maschine - brüllte herunter: „He, was macht ihr da? Ihr spinnt wohl! Wenn ihr nicht sofort verschwindet, hole ich die Polizei!“ Hardy war heilfroh und rannte mit den anderen aufgeschreckt davon.

Das war ja noch einmal gut gegangen.

Hardy hatte Glück, dass er nicht innerhalb dieses „Wir“-Gefühls - durch lches man sich zu leicht von seinen eigenen Gedanken abnabelt und un- Zurückstellung eigener Vorstellungen über Moral und Ethik einem penzwang unterliegt - in den Sog krimineller Machenschaften gerissen n ist.

***

ch nur Glück, dass Hardy die Mangelerlebnisse seiner Kindheit ußerlich unbeschadet überstanden hat, oder hatte er es einzig ienlosen Anpassungsfähigkeit zu verdanken?

ndeln war von einer Zweckmäßigkeit bestimmt.

lebensstrategie, welche sich aus den ihn umgebenden Wider- und widersinnigen Normen entwickelt hat, mag zwar für die Zeit im Heim ein machbarer Weg gewesen sein, ohne größere Blessuren oder sichtbare Schäden durchzukommen, hatte jedoch für ein Leben danach keinerlei Gültigkeit mehr.

Das Milieu der Lieblosigkeit und Ungeborgenheit und die eigenwilligen Erziehungsmethoden ließen es nicht zu, dass die Kinder ihre Selbstfindung vollziehen konnten. Konflikte entstanden zwangsläufig durch die widersprüchlichen Einflüsse seitens des Orfans und durch die fehlenden Grundlagen für eine seelische Gesundheit.

Anstelle von Zielstrebigkeit, Tüchtigkeit und Selbstbewusstsein traten Versagerängste, Gefühlsarmut und Ichschwäche zu Tage.

Weil es im Orfan nicht möglich war, in Übereinstimmung mit seinen Gefühlen zu handeln, weil Hardy sein reales Selbst verleugnete, wurde er das, was man von ihm erwartete.

Das Fatum vieler Orfankinder war eine alles überdeckende Angst. Angst, welche neben ständigen Schuldgefühlen die Dämpfung sämtlicher Lebensfunktionen bis hin zu Suizidtendenzen bewirkte.

Angst, welche psychosomatische Störungen auslöste.

Und Angst vor dem Leben.

Die Bedingungen dieser Kindheit haben viele der Zöglinge zu seelischen Krüppeln gemacht, zu einer Karikatur dessen, was sie hätte sein können.

Orfankinder litten unter den verschiedensten Symptomen einer Gefühlsmangelkrankheit.

Hardy erlebte Burschen, die vor dem Einschlafen unaufhörlich und sehr rasch den Kopf hin und her warfen. Oftmals auch die ganze Nacht hindurch, dass die Zimmerkameraden durch das permanente Rascheln des Kopfkissens in ihrer Nachtruhe empfindlich gestört waren, bemerkten die Verursacher selbst nicht. Trotz des heftigen Kopfschaukelns waren sie nicht ansprechbar und schliefen fest.

Andere Kameraden waren infolge ihrer disparaten Entwicklung im Alter von vierzehn, fünfzehn oder mehr Jahren noch Bettnässer und wurden zu ihrem Leidwesen deshalb von den übrigen Heimkindern obendrein auch noch verhöhnt und verspottet. Innerhalb der ja schon gewohnten Randgruppe wurden sie als weitere Randgruppe in einem speziellen Bettnässerzimmer ausgegrenzt.

Bei so manch anderem brach hin und wieder die pure Lust an Grausamkeiten hervor.

Hardy wurde einmal Zeuge, wie zwei Jungen seiner Gruppe, vielleicht vierzehn und fünfzehn Jahre alt, auf dem Fensterbrett ihres Schlafraumes einer lebenden Taube mit dem Tischmesser den Bauch aufschlitzten. Mit weidwundem Blick verblutete das Tier langsam und qualvoll unter dem Gelächter der erbarmungslosen Sadisten. Das Blut tropfte vom Sims hinunter auf die darunterliegende Wiese, versickerte allmählich in der Erde, oder vertrocknete auf den Grashalmen. Später sezierten die beiden herzlosen Tierquäler den kleinen Kadaver fein säuberlich mit ihrem Essbesteck.

Mit dem gleichen Besteck, das sie nur mit einem Lumpen und danach an ihren Hosen abgewischt hatten, setzten sie sich anschließend zu Tisch und zerteilten und verzehrten ihr Abendbrot.

Ein anderer Junge fing eine Ringelnatter ein und steckte sie in die Hosentasche. Für seine schaulustigen Kameraden holte er das Reptil hervor und zog es mehrmals von der Seite durch seinen geöffneten Mund hindurch. Zwischendurch hielt er das wehrlose Geschöpf mit den Zähnen fest, sodass es links und rechts skurril aus seinen Mundwinkeln herunterbaumelte. Er peinigte das arme Tier, bis es aus dem Maul blutete und schließlich qualvoll verendete. Die tote Schlange stellte er noch einige Tage belustigend zur Schau, indem er sie immer wieder zwischen die Zähne nahm und die leblosen Enden aus seinen Mundwinkeln herausbaumeln ließ.

Zahlreiche Extrembeispiele von Verhaltensstörungen hat Hardy im Heim kennen gelernt und miterlebt. Die mannigfaltigen Anzeichen der irreparablen, seelischen Schäden reichten von „aggressiv" bis „wehleidig".

XV

Schneller als erwartet kam für Hardy völlig überraschend der Tag seiner Entlassung.

Trotz aller Unbilden hatte er seine Lehrzeit abgeschlossen und die Gehilfenprüfung bestanden.

Dass er schon mit achtzehn Jahren seine Heimkarriere vorzeitig beenden konnte, obwohl die Volljährigkeitsgrenze erst bei einundzwanzig Jahren lag, verdankte er allein dem hartnäckigen Kampfesgeist seines großen Bruders Jürgen. Dieser überzeugte die Jugendbehörden und Hardy wurde nicht - wie die übrigen Jugendlichen seiner Altersstufe - bis zur Vollendung des einundzwanzigsten Lebensjahres in ein weiteres Wohnheim überstellt.

Jürgen hatte ihm eine kleine Bude im Milchgeschäft seines Freundes besorgt, wo Hardy nach seiner Heimentlassung einziehen konnte.

Die Erzieher wollten diese Lösung bis zuletzt allerdings nicht recht wahrhaben und hielten nach wie vor an Hardys Überstellung ins Jugendwohnheim *Rädda Barnen* fest.

Jürgen ließ seine verbalen Muskeln spielen und setzte sich beim Jugendamt durch.

Noch am Abend vor Hardys Entlassung wetterte Herr Täschner ihn an: „Du glaubst wohl, für dich wird eine Extrawurst gebraten! Du marschierst morgen dorthin, wo wir dir sagen!"

Aber Hardy marschierte nicht dorthin.

An seinem letzten Abend im Orfan stand Hardy im Waschraum vor dem Spiegel und besah sich die Person, die ihm entgegenglotzte.

Die Hände auf den Rand des Waschbeckens gestützt, starrte Hardy sein Spiegelbild an.

Was ist das für ein Mensch, da drinnen im Spiegel?

Hardy sah nur einen Körper vor sich, in dessen Inneres er aber keinen Einblick hatte.

Was sollte er mit diesem Körper anfangen? Draußen, im wirklichen Leben?

Welche Fähigkeiten steckten in diesem Körper, über den er bisher nie selbst bestimmen und auch nie eine eigene Entscheidung treffen durfte?

Den Menschen im Spiegel kannte Hardy nicht, kannte nicht seine Gedanken und nicht seine Wünsche, sah nur die vage Angst in seinen Augen.

Angst vor dem Leben da draußen.

Laufen lernen, muss dieser Körper als Erstes, mit weichen Knien und wackligen Beinen. Die Welt wie ein Kleinkind neu ertasten lernen, muss er.

Dabei wird er sich immer neue Blessuren holen und ratlos nach dem Sinn des Lebens suchen, weil die alten Wunden, die Verletzungen seiner liebeleeren Kindheit noch nicht verheilt sind, vielleicht auch niemals verheilen wollen. Umherirren wird er in einer ihm fremden Welt und häufig anecken.

Vielleicht wird auch der Verstand dieses Körpers den Sinn des Lebens nie kapieren, weil die dunklen Wolken der Vergangenheit wie düsterer Schatten über seiner verarmten Seele schweben werden, egal, wohin er auch gehen würde.

Zu tief sitzen die Narben im Herzen.

Hardy wusste nichts über den Menschen, der ihn anstarrte.

Er kannte nur dessen Opportunismus und seinen Kadavergehorsam.

Er hatte kein Vertrauen zu dem Menschen im Spiegel und kein Vertrauen zu den Menschen außerhalb des Spiegels und außerhalb des Zaunes, welcher das Orfan umschloss.

Vertrauen brachte er wirklich nur einer einzigen Tatsache seines Daseins entgegen, nämlich dem Tod, der kein Feind für ihn war und vor dem er sich nicht fürchtete.

Mitten in seine Gedanken hinein vernahm Hardy das Summen eines Nachtfalters, der stupide gegen die Fensterscheibe ankämpfte und flatternd versuchte, ins Freie zu gelangen.

Hardy ging zum Fenster; gleichzeitig verschwand der junge Mann im Spiegel.

Eine Zeit lang beobachtete er den verzweifelten Kampf des Nachtfalters, der hinter der Scheibe gefangen war und sich nach der Freiheit draußen sehnte.

Schließlich öffnete Hardy das Fenster und entließ das Insekt ins Freie. Ungestüm flog der graubraune Falter hinaus in den sommerlichen Abendhimmel. Hardy konnte förmlich die Freude des kleinen Kerls und dessen instinktiven Lebenshunger mitfühlen.

Kerzengerade und zielstrebig flog er kraftvoll fort.

Hardy sah ihm nach.

Doch die Freude des Winzlings über die neu gewonnene Freiheit währte nicht lange. Eine Rauchschwalbe kreuzte seinen Weg, riss ihren kurzen, abgeplatteten Schnabel weit auf und schnappte zu.

Nachdenklich stand Hardy noch lange am Badfenster.

Von unten drang der Lärm seiner Kameraden herauf, die im Hof Fußball spielten.

***

Am nächsten Morgen trat Hardy ein letztes Mal in den Orfanschen Hof hinaus, stellte das halb leer gepackte Köfferchen seines Bruders auf dem Asphaltboden ab und sah hoch zu den Fenstern der Gruppe vier, im Bau der Kinderabteilung, wo alles begann.

Viele Reminiszenzen schossen ihm durch den Kopf.

Langsam drehte er sich zur Seite und schaute zur nächsten Station seiner unliebsamen Kinderzeit hinauf, der Schulbubenabteilung im fünften Stock. Wieder lief ein Film von Erinnerungen an seinem geistigen Auge vorbei.

Zuletzt blieb sein Blick auf der Balkonreihe der Lehrlingsabteilung hängen und abermals tauchten Bilder aus einem Leben auf, das für Hardy mit einem Male zu Ende war.

Auch wenn es ein verhasstes Leben war, so war es doch „seine" Welt, in der er gelernt hatte, sich zu bewegen und den gestellten Erfordernissen anzupassen. Hier kannte er sich aus. In diesem Leben, mit seinen verheerenden sozialen Erlebnissen, die wiederum geeignet waren, zu Deformationen und Missbildungen des Charakters zu führen, fand er sich zurecht.

Die Welt da draußen war ihm fremd und flößte ihm plötzlich Unbehagen ein. Seit er denken konnte, sehnte er sich diesen einen Tag, diese Stunde seiner Entlassung herbei. Um diesen einzigen, wirklichen Wunsch drehten sich seine Gedanken während des letzten Jahrzehnts und noch länger. Aber nun stand er da und fürchtete die bevorstehende Verantwortung des freien Lebens.

An jenem Tag seiner Entlassung spürte Hardy, dass er das Orfan schließlich auch als vertrauten Ort der Geborgenheit erlebt hatte.

Das letzte Mal stieg Hardy die Stufen zum Abstellkeller hinab und holte sein Fahrrad hervor.

Wie gewöhnlich prüfte er die Luft seiner Reifen. Doch heute fehlte kein Ventil und auch der Sattel war noch dran.

Sein Rad war startklar für seine endgültige Abreise.

Nichts hielt ihn mehr zurück.

Er trug sein Gefährt die schmale Stiege empor und schnallte das Köfferchen am Gepäckträger fest.

Vorschriftsmäßig schob er sodann - weil Rad fahren im Hof ja verboten war - das Fahrrad zum Hof hinaus auf die Straße.

Ohne sich noch einmal umzudrehen, stieg er auf den Sattel und trat in die Pedale.

Literaturempfehlungen

Zu diesem Buch ist ein **Hörbuch** (Hörfunkerzählung) unter dem gleichen Titel „Misshandelte Zukunft - Erschütternder Erlebnisbericht eines Heimkindes im Nachkriegsdeutschland" erhältlich
ISBN 3-937624-62-7
www.pg-belletristik.de

Peter Wensierski
Schläge im Namen des Herrn
Das verdrängte Schicksal der Heimkinder in der Bundesrepublik
DVA, Februar 2006
www.wensierski.info

Weitere Titel im pg verlag

Belletristik
www.pg-belletristik.de

Fach- und Sachbücher
zu Neuen Medien, Wirtschaftsinformatik, Open Source und Marketing
www.pg-verlag.de

Gerald Fränkl
Wissenschaftliche Arbeiten: Schritt für Schritt zu Diplomarbeit und Dissertation mit OpenOffice.org 2 Writer
Februar 2006

Gerald Fränkl / Philipp Karpf:
Digital Rights Management Systeme - Einführung, Technologien, Recht, Ökonomie und Marktanalyse
Januar 2004

Sachbücher
zu Freizeitsport
www.pg-verlag.de

Gerald Fränkl
Mein erster Triathlon: Schwimmen, Rad fahren, Laufen für Einsteiger
Mai 2006